U0918035

汽车销售实务

主　编　吕思瑾　覃信举

副主编　李金花

参　编　杨舒淇　刘科娟

北京理工大学出版社
BEIJING INSTITUTE OF TECHNOLOGY PRESS

内 容 简 介

在本教材的开发过程中，编者注重以下几点：

（1）注重体系的完整性。本教材以“工学结合”模式编写，设“开发客户”“接待客户”“需求分析”“车辆展示与介绍”“试乘试驾”“处理客户异议”“签约成交”“交车服务”“客户关系管理”9个项目，涉及汽车销售的售前咨询、售中服务和售后服务环节。每个项目均详细阐述了在汽车销售各环节客户的心理与汽车销售人员的心理，以及在双方的心理条件下应采取的销售流程与技巧，这能使学生比较系统地掌握汽车客户心理、汽车销售流程和销售技能。

（2）注重内容的实用性和融合性。实用性是指本教材以校企合作的形式深入了解行业、企业岗位工作流程，强调理论联系实践，有针对性地精选一批汽车销售案例以促使学生更好地掌握汽车销售理论，通过任务实施训练技能。融合性是指本教材注重汽车销售人员知识面的拓展，适度地将汽车专业知识、汽车市场营销、商务礼仪等内容与销售技巧结合，培养学生综合应用相关知识与技能的能力，相应提高学生的沟通能力和礼仪形象塑造能力。

（3）注重学生职业能力的提升。本教材根据高职高专学生的学习特点，以“掌握理论知识：练习技能”的方式循序渐进地提高学生的知识应用能力和职业技能。

图书在版编目（CIP）数据

汽车销售实务 / 吕思瑾，覃信举主编. —北京：北京理工大学出版社，2018.8（2018.9 重印）
ISBN 978-7-5682- 6082-4

Ⅰ. ①汽…　Ⅱ. ①吕…　②覃……　Ⅲ. ①汽车–销售–教材　Ⅳ. ①F766

中国版本图书馆 CIP 数据核字（2018）第 184890 号

出版发行 / 北京理工大学出版社有限责任公司
社　　址 / 北京市海淀区中关村南大街 5 号
邮　　编 / 100081
电　　话 /（010）68914775（总编室）
（010）82562903（教材售后服务热线）
（010）68948351（其他图书服务热线）
网　　址 / http://www.bitpress.com.cn
经　　销 / 全国各地新华书店
印　　刷 / 北京国马印刷厂
开　　本 / 787 毫米×1092 毫米　1/16
印　　张 / 12
字　　数 / 275 千字
版　　次 / 2018 年 8 月第 1 版　2018 年 9 月第 2 次印刷
定　　价 / 32.00 元

责任编辑 / 钟　博
文案编辑 / 钟　博
责任校对 / 周瑞红
责任印制 / 李　洋

图书出现印装质量问题，请拨打售后服务热线，本社负责调换

前　言

如今，科技的进步，“互联网+”技术、智能制造在汽车产业中的运用，不仅使汽车生产技术飞速发展，还带来了汽车营销模式的突破和汽车销售模式的创新。在新形势下，汽车营销人员的培养要紧扣汽车产业发展变化的趋势，满足行业和企业的需求，符合高职高专学生的特点，适应高等职业教育发展的需要。近年来，各大职业院校在汽车营销人员的培养上不遗余力，在改善教学条件、改革教育模式和方法等方面做了大量的工作，也取得了一定的成效，但是汽车营销从业人员还存在着服务态度欠佳、专业知识匮乏、销售技巧与能力不足等情况。

基于此，我们组织长期从事汽车营销与技术服务教学与研究的教师、一线工作者，在对汽车营销企业进行深入调研的基础上，共同编写了本书。这是一本参照行业、企业相关标准与规范，汽车销售及其相关岗位职业技能标准，会同多位企业、行业专家和专业教师共同开发的教材。

本书将理论知识、汽车销售人员话术技巧、工作流程、案例分析、训练活动和测评要点结合起来，为授课教师提供行业和岗位标准、创新教学方法、增强教学实践，为学生实践训练、学习效果检测提供素材和实用工具，充分体现“项目驱动，任务引领”工学结合的职业教育模式，提高汽车技术服务与营销专业学生的职业能力与技能。

本书由吕思瑾、覃信举任主编，李金花任副主编，参加本书编写工作的还有刘科娟、杨舒淇，最后由吕思瑾对全书进行统稿。

本书的编写得到了四川建国汽车销售公司黄立锋、蒋诚、卢露的大力支持与帮助，在此表示衷心的感谢！

编　者

目　录

项目一　开 发 客 户

项目描述

开发客户是汽车销售的第一步。汽车销售人员要以充分的准备和有效的方法尽可能多地寻找潜在客户，建立客户档案，为后续的销售工作奠定基础。

学习目标

- 理解潜在客户的含义；
- 能够找到潜在汽车客户；
- 能够评审与鉴定潜在汽车客户的购买资格；
- 能够制定开发潜在汽车客户的方案；
- 能够建立潜在汽车客户档案；
- 能够管理潜在汽车客户，使之成为现实客户。

引例

上汽大众 CRM 系统

在上汽大众 CRM 项目中，通过经销商 CRM 系统，经销商可以每天获得由上汽大众开发和维护的热切潜在客户，交由自己的销售人员进行销售跟进，以促进销售的实现。通过和经销商面对面地沟通，CRM 小组成员深刻地体会到，每个经销商都清楚地意识到对潜在客户和现有客户进行关系营销是市场销售的必然趋势，也有迫切的需求对自己的客户数据进行关系营销。

上汽大众还开发了一个经销商自我管理、自我经营的经销商 CRM 系统，免费向所有的上汽大众特许经销商提供，用于经销商管理通过市场拓展获得的、属于自己的潜在客户信息。目前，它已成为上汽大众总部和分销中心管理经销商的基础系统，总部和分销中心可以实时查看各种数据，并且根据数据分析自动生成的报告及时制定和改变市场策略。

任务一　寻找汽车客户

任务分析

由于汽车客户的来源非常广，因此，寻找汽车客户的重点是掌握汽车客户的来源和渠

道，运用有效的方法与技巧开拓汽车客户，从而获得丰富的汽车客户资源。

相关知识

一、潜在客户的概念

潜在客户是指对某类产品（或服务）存在需求且具备购买能力的待开发客户，这类客户与企业存在销售合作机会。经过企业及销售人员的努力，可以把潜在客户转变为现实客户。寻找潜在客户是汽车销售的首要任务，是制订销售计划和确定销售策略的前提条件，是提高销售成交率的保证。汽车销售大王奥诚良冶曾说“客户就是我的最宝贵的财产”，可见寻找潜在客户对汽车销售工作开展的重要性。但是，如何在成千上万的企业和人海茫茫的消费者中找到潜在客户，又是汽车销售活动的始点和难点。因此，每个汽车销售人员只有应掌握一些寻找潜在客户的技巧与方法，苦练基本功，才能突破这个难点，得到丰富的客户资源。

每个销售人员都要对自己的商谈率和成交率进行分析，并且根据自己的销售目标和成交率来制定开发汽车客户的目标。

二、潜在汽车客户的来源

商场如战场。在我国汽车产能严重过剩的环境下，汽车生产出来以后如何尽快地销售出去，尽快回笼资金、减少库存成本是所有汽车制造企业都很关注的问题，而作为汽车制造厂的各级汽车销售企业无疑成了该艰巨任务的最终执行者，所以怎样有效地开发客户、保留客户、维系客户忠诚、挖掘客户的终生价值成为汽车销售企业取得佳绩的关键环节。这些工作要想取得成效，当务之急就是找到大量的潜在客户，其渠道包括以下几个方面。

（一）4S 店（汽车销售卖场）展厅渠道

4S 店（汽车销售卖场）展厅渠道主要是指各个汽车品牌专卖店或各大汽车销售卖场，比如汽车超市、汽车大道、汽车销售一条街等汽车销售企业的现场展示场所。通过该渠道开发的客户主要是来现场看车的客户或来电话咨询的客户。

（1）来店客户的开发。该渠道的客户开发主要以汽车销售人员与客户的接洽为展开形式。一般来说通过该渠道开发的潜在客户都有很强的购车意向，并且最终成交率相对比较高，因此正规的汽车销售卖场对来店客户的接待都有硬性的管理标准。一般来说，在来店客户进门的瞬间，销售人员要礼貌相迎并使客户进入最佳客户舒服区，创造最好的客户看车环境，这既能给客户一个独立看车的空间，又能保证在客户有需要帮助的时候能注意到并及时提供具有专业水准的帮助。

（2）来电客户的开发。对于来电客户，要求必须在电话铃响三声内用左手接听电话，首先自报家门（“您好，××汽车销售公司”），并适当记录对方的谈话细节，同时迅速切入主题，接听电话的时间一般要控制在 3～5 分钟内，并尽量邀请其来店详谈，一般来说接听电话的最长时间不要超过 5 分钟，以免影响其他客户的来电，电话结束时要感谢客户的来电，并让对方先挂电话。接完电话，要详细地记录谈话内容并及时将谈话内容登记在专用的“来店/来电客户登记表”上，养成定期整理归档，上报相关部门的习惯，以便在日后的管理中有案可查以及及时跟踪。

（二）汽车售后服务组织渠道

汽车的售后服务组织渠道主要指汽车销售以后，为保证汽车的正常使用而提供的保养、维护、修理以及其他服务的各类服务性汽车组织机构。这些汽车服务组织因为业务需要通常都会拥有大量的汽车客户信息，汽车销售人员首先要想方设法拿到这些客户信息，然后再对这些信息通过一定的管理工具按照自定义字段进行汇总、筛选，并作进一步分析，从而锁定潜在客户并制定具体的潜在客户开发对策。比如对于汽车 4S 店中有重大维修记录的客户，汽车销售人员可以断定在最近一段时间内该客户定会有选购新车的倾向，而汽车维修记录中维修比较频繁的客户也有可能隐藏着重购汽车的信息，同样在汽车租赁公司客户登记表上名字出现频率较高、租赁车辆的时间又相对较长，并且具有一定规律性的客户也很有可能就是优质潜在购车客户，而二手车交易客户登记记录表中的年轻客户、购车主要用于公司用车的客户、汽车俱乐部的会员客户等都是汽车销售人员应该紧密跟踪并重点挖掘的潜在客户。当然在利用这些客户信息时有时候需要对客户信息进行深度挖掘，比如汽车俱乐部的会员客户，表面上看起来他们已经是汽车保有客户，并且对目前使用的车辆很满意，所以再次购车的可能性几乎为零，这个时候汽车销售人员也不应放弃此类客户，有经验的汽车销售人员会在这些俱乐部客户中首先找到在汽车行业中有影响力的权威客户，然后再以“中心开花”销售法为指导思想，实现开发潜在客户的目的。

（三）书面资料渠道

通过查阅各种书面资料来寻找潜在客户也是一种非常有效的渠道。很多汽车销售企业都要求其销售人员把经常在当地报纸、电视、广播及街头广告载体上露面的企业作为收集信息的重点对象。这就是一种典型的通过书面渠道收集潜在客户的方法。该渠道具体来说包括以下三个方面的资料：

（1）统计资料。其主要指国家汽车相关部门的统计调查报告，如中国汽车统计年鉴、汽车行业统计调查资料、汽车行业团体公布的调查统计资料等。

（2）名录类资料。其主要指各大企事业单位内部成员名录或社会上各种正式或非正式的团体的会员名录，包括企业客户名录、同学名录、会员名录、协会名录、职员名录、电话黄页、公司年鉴、企业年鉴等。

（3）报刊类资料。其主要指与该汽车销售企业市场范围相关性较大的各类地方报纸、全国甚至全球范围内颇具影响力的汽车专业性报纸和汽车杂志等。

在利用这些信息的过程中需要对资料的来源与资料的提供者进行分析，以确认资料与信息的可靠性，同时还要注意资料可能因为时间关系而出现的错漏等。总之，汽车销售人员在利用这些二手资料的过程中要结合自己的经验有选择性地分析利用。

（四）汽车展示会渠道

各种专门的汽车展示会是汽车销售人员收集潜在客户的一种重要途径。常见的汽车展示会分为两种，一种是自己公司举办的专场汽车展示会，另一种是其他公司或组织举办的汽车展示会。这两种类型的展示会都可以作为汽车销售人员收集潜在客户的重要途径。在参加此类会议之前汽车销售人员必须做到“有备而战”：

（1）对于自己公司的专场汽车展示会，要参与策划整个展示会的方案设计，了解展示会的整个流程和具体环节，有针对性地设计潜在客户信息收集问卷或表格，预测客户的兴趣点，并准备一些客户关心较多的问题，以便实现最佳现场解答。

（2）对于大型的其他组织举办的展示会，要收集全面的、准确的最新展会信息，了解参展单位以及参展品的特征；收集竞争对手和潜在客户的资料，制定有效的间接收集潜在客户的方案并充分论证其可行性；准备好专门的客户信息收集工具，比如纸、笔、名片、公司宣传册、客户信息登记表、数码相机、笔记本电脑等。

（五）身边的人

大多数销售人员都未意识到家庭成员、朋友和熟人通常是一个很大的潜在消费群体。事实上，大多数汽车销售人员都是从身边的人开始进行销售的。有的销售人员说，“销售靠的是 30%的知识加上 70%的人脉”，可见建立和经营人脉对销售人员的重要性。销售人员要建立并尽力挖掘人脉资源，可以将朋友、同学、校友、家庭成员及其朋友、同学等身边的人作为自己的潜在客户，这将是一张潜力巨大的人脉关系网。销售人员也要与身边的人建立良好的人际关系，当其他人听到有价值的信息时就会想到告知销售人员。比如财务部的某人知道银行可能买车的消息，这是销售中有价值的信息，得到此消息后汽车销售人员可以安排拜访。

参考阅读 1－1

乔·吉拉德与“250 法则”

乔·吉拉德是美国历史上著名的汽车销售员。有一天，刚刚任职不久的乔·吉拉德去殡仪馆，哀悼朋友辞世的母亲。他拿着殡仪馆分发的弥撒卡，突然想到了一个问题：他们怎么知道要印多少张卡片？乔·吉拉德向做弥撒的主持人打听，主持人告诉他，他们是根据签名簿上的人数算出来的，来这里祭奠一位死者的平均人数大约是 250 人。

不久，一个殡仪馆业主向乔·吉拉德购买一辆汽车。成交后，乔·吉拉德再次问他每次来参加葬礼的平均人数是多少，该业主回答说：“差不多是 250 人。”又有一天，乔·吉拉德和太太去参加一位朋友家人的婚礼，婚礼是在一个礼堂举行的。碰到礼堂的主人时，乔·吉拉德又向他打听每次婚礼有多少客人，那人告诉他：“新娘方面大概有 250 人，新郎方面大概也有 250 人。”

这一连串的“250 人”，让乔·吉拉德悟出一个道理：每个人都有许许多多的熟人、朋友，甚至远远超过了 250 这一数字。事实上，250 只不过是一个平均数。因此，对于销售人员来说，如果你得罪了一个客户，也就得罪了另外 250 个客户；如果你赶走一个买主，就会失去另外 250 个买主；只要你让一个客户难堪，就会有 250 个客户在背后使你为难；只要你不喜欢一个人，就会有 250 人讨厌你。

乔·吉拉德由此得出结论：在任何情况下，都不要得罪任何一个客户。于是，在销售生涯中，乔•吉拉德每天都将“250 法则”牢记在心，坚持生意至上的态度，时刻控制自己的情绪，绝不会因任何原因怠慢客户。乔•吉拉德说：“你只要赶走一个客户，就等于赶走了潜在的 250 个客户。”营销行业的著名营销法则——“250 法则”由此诞生。

（资料来源：中国工商报，于智敏）

（六）现有客户

企业一般有成百上千的现有客户，销售人员应该时常关注这些客户并请他们再度惠顾。利用这些既有老客户，可以实现企业一半以上的产品销售目标。销售人员应该主动拜访、关心这些客户，根据过去的销售和服务记录、客户对服务的满意状况，以促成新的购买机会。

根据对汽车营销企业的调查发现：企业八成的利润来自两成的客户，而这两成的客户大部分是老客户；开发新客户的费用成本是维护老客户的费用成本的 6～8 倍；一个满意的客户会吸引 3～5 个潜在客户，一个不满意的客户会影响 25 个人的购买意愿。这些数字说明了现有客户对企业的重要性和汽车营销企业进行保有客户关系管理的必要性。企业通过建立客户信息系统，可以更好地主动进行客户关怀、积极处理客户投诉以提高客户的满意度、忠诚度和客户保持率，从而拓宽潜在客户的渠道。

（七）中止往来的客户

以往的客户由于种种原因没有继续联系或者交易，但他们仍然是销售人员的重要潜在客户。例如先前与客户联系的销售人员已离开公司，目前无销售人员与之联系，可以与此类客户重新联系，建立并保持良好的关系。事实上，许多中止往来的客户都在期待销售人员的再度拜访，销售人员必须鼓起勇气联系他们，并探究他们不再购买本企业产品的真正原因，制定可以满足他们需求的对策。

（八）从竞争者处获得客户

当竞争者无法提供满足其客户需要的产品时，就是销售人员及其所在企业需要介入的时候。首先要分析竞争者不能满足其客户需求的原因，分析企业自身的优势；当竞争者的客户成为本企业的客户后，要采取措施使其对企业产生“感情”，建立并提升客户的忠诚度，与客户形成稳定的长期合作关系。

三、寻找潜在汽车客户的方法

随着科技的发展和进步，根据汽车产品的特点，要有针对性、有计划、有技巧地开发潜在客户，获得丰富的客户资源。在汽车销售人员的日常工作中，使用最多、最普遍的寻找潜在汽车客户的方法有电信寻访法、网络寻访法、信函寻访法、逐户寻访法、连锁介绍法，以及其他方法。

（一）电信寻访法

电信寻访法是指销售人员可以从来访客户记录、来电话客户记录、网站查询等信息中选出最易于销售的客户范围，根据客户的联系方式，依次使用电话、手机短信、传真和电子邮件等方式访问客户。

电信寻访法的优点是节省时间。由于使用电话，潜在客户可能一开始就表明态度，这样便于快速转移到下一个客户，提高了销售效率。电信寻访法的缺点是因为不了解潜在客户的情况，遭到拒绝的可能性较大。此外，该方法只能使用电话对话、手机短信、传真、网络交流等形式来销售，销售形式受到限制，无法在关键的时候利用其他方式协助销售活动，降低了销售成功的概率。

为了弥补电信寻访法的缺点，汽车营销企业不断研究提高电信寻访成功率的方法，销售人员不断钻研利用电信工具完成销售的技巧。例如，电话访问客户时，说好开场白是获得客户，打开销售局面的关键。

参考阅读 1－2

手机信息在客户开发过程中的作用

某汽车公司的万经理，自结识了某知名公司的项总之后，在销售方面一直没有取得进展，原因是项总一直在进行车型的比较，同时也是另几家汽车公司重点公关的对象。大家都明白，如果能把项总搞定，不但可以影响他的朋友，而且可以影响他的单位、他的同事、他身边的人。对于项总本人，各汽车公司所推荐的几款车型各有利弊，各汽车公司所承诺的售后服务也各有千秋，他无法作出选择，加上不同汽车公司的销售人员以其销售经验和技巧成功地影响了项总的购车观点，想要这个又舍不得放弃那个，这使他陷入了左右为难的境地。因此，项总一时也拿不定主意究竟买谁家的产品好，再加上工作繁忙，项总决定把购车的事情暂时放一放。

几家汽车销售公司的主办人依然在紧盯项总不放，一来二去就把项总给惹烦了，一气之下说道："我不买了！"事情陷入了僵局，怎么办？其他公司的策略与方法姑且不说，我们来看看万经理是怎么做的。万经理认为，在这种情况下登门面谈已不合适，于是他决定采取软接触的方法，发手机信息，内容包罗万象：

天气冷热提醒："项总，明天有冷空气来临，注意穿着保暖。"

节假日祝贺："项总，祝您生日快乐。"

轻松愉快：发送笑话等。

休闲放松：提示项总经常听听音乐，放松一下。

……

刚开始，项总并不以为然，因为他知道销售人员的用意和目的，但时间一长，项总不仅渐渐习惯了，而且被万经理的这种方式所感动。这个时候已经距离项总声称不买车快三个月了，终于有一天万经理能够与项总用电话进行交流了，于是万经理在电话里说道："项总，别老是忙于工作，身体重要啊，知道您也喜欢钓鱼，下周日我们一起去一个好地方钓鱼吧！"项总愉快地接受了万经理的邀请，当然再往下发展，其结果是不用说了，最终万经理赢得了项总及其周围客户的购车订单。

（资料来源：韩宏伟. 汽车销售实务［M］. 北京：北京大学出版社，2006.）

（二）网络寻访法

互联网的崛起为汽车营销企业和销售人员提供了一个寻找潜在客户的创造性机会。根据调查，有 54%的汽车客户表示他们在购车过程中，借助网络咨询以及了解汽车产品信息。网络寻访法既指汽车营销企业通过互联网发布汽车产品信息，也指汽车营销企业通过网络搜集潜在客户信息，因此，网络寻访法从某种意义上来说是以电信寻访法为基础的。

网站的类别很多，网站所提供的内容、信息也包罗万象。下面介绍汽车客户经常浏览的网站，以及汽车营销企业和销售人员利用网络手段寻访客户的方法和注意事项。

1. 利用汽车门户网站

专业汽车门户网站拥有专业的团队策划和编辑汽车行情信息，网站上也有汽车厂商、经销商等企业的宣传和推广活动等信。因此，汽车客户更多地选择专业网站咨询汽车信息，如车型、价格、汽车性能、汽车质量、汽车保险、购车流程、售后服务等问题。汽车销售人员应该经常浏览汽车专业网站，及时跟踪新车上市、竞争车型对比、车型推荐等信息；浏览客户的留言、回复、评论等信息，了解客户的需求和异议；也可以借助汽车门户网站发布车型推荐、降价优惠等信息。

2. 熟悉网络社区操作

在现代社会学中，社区是指地区性的生活共同体。网络社区与现实社区最明显的区别就是，在现实社区中，社区中的人口数量是有限的，而网络社区的人口数量是“无限”的。网络社区的主要特点是互动性强，BBS、博客、问吧、贴吧等是网络社区的主要表现形式。随着网络的发展，网络社区逐渐细分，出现了汽车群、汽车社区、车迷群、车友群、试驾群等。

汽车生产厂家和营销企业可以利用网络社区开展创意互动活动或邀请写手撰写网络软文并发布，起到建立品牌形象、宣传企业形象、推广企业产品和吸引客户的目的。汽车销售人员作为网络社区中的一名汽车专业人士，可以及时为客户提供购车咨询服务，解决客户在购车过程中遇到的难题，并且留下自己的联系方式，如电子邮箱、微信、QQ 等。

（三）信函寻访法

信函是卖方主动向新老客户销售产品的信函，如介绍新产品、清理积存、扩大生产、设立分公司、价格调整等，这些都是销售的好时机。因此有关产品的特点、用途、信誉要详尽。为促成销售，可就市场行情说明此产品价格的竞争力，亦可从购买趋势或有关来函询问等情况预测价格变化的趋势。总之，在实事求是地介绍产品质量的同时，应极尽销售之能事，语言要新鲜活泼，以刺激对方的购买欲望。实践证明，以情感化的方式说明产品给对方带来的利益往往比科学、客观的资料更有效。实事求是是买卖双方长期合作的基础，因此对产品的介绍要掌握分寸。

在开发客户时，可以给客户寄一封销售信函，直接向客户推荐产品或服务，或请求获得与客户见面的机会，或邀请目标客户参加公司的试乘试驾活动、新车上市发布活动、汽车展示会等，以扩大接触面，增加销售机会。

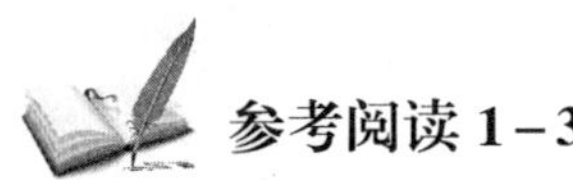

参考阅读 1-3

以下是一封汽车经销商写给潜在汽车客户的邀请信函。

邀　请　函

尊敬的张女士:

我非常荣幸地邀请您光临本经销店，以使我们有机会向您展示我们最新的汽车。

我们森宏汽车是北京现代汽车的特约经销商,竭诚为您提供优质的产品和周到的服务,确保满足您对车辆购买、维修以及购后使用的全部需求。

我们期待您的惠顾，并希望您知道您是我们的重要客户，为此，我们为您精心准备了特别的精美礼品。

请在营业时间光临本经销店，我们随时恭候您的到来。如果您愿意预约，我将非常乐意安排您参观本经销店，并亲手送上为您准备的精美礼品。请随时与我联系，经销店电话:010—213×××××。

期待着您的光临，并愿意为您现在或将来的任何车辆需求提供帮助。

森宏汽车销售有限公司
销售顾问　张宏
2018 年 2 月 16 日

（四）逐户寻访法

逐户寻访法是成功销售的一大法宝，如果销售人员能够灵活运用该方法，就可以把大部分客户列在自己的客户名册上。

逐户寻访法也称为“地毯式寻访法”，如果寻访是彻底的，那么总会找出一些客户，且会与其中一些客户达成交易。换句话说，销售人员所要寻找的客户是平均地分布在某一地区或某一群人当中。因此，销售人员在不太熟悉或完全不熟悉销售对象的情况下，可以直接访问某一特定地区或某一特定职业的所有个人或组织，从中寻找自己的客户。

汽车销售人员在采用逐户寻访法寻找客户时要注意，首先应该根据自己所销售汽车的各种特性和用途，进行必要的可行性研究，确定一个比较可行的销售地区或销售对象范围。如果销售人员毫无目标，胡冲乱撞，则犹如大海捞针，难以找到客户。因此，在开始地毯式访问之前，销售人员应该先确定理想的销售范围。其次，汽车销售人员要作好必要的访问计划和访问方案，特别是拟定销售话术，如见面问候话术、接近客户话术、客户异议话术、新员工不能解答客户异议的话术等。最后，汽车销售人员要争取给潜在客户留下良好的印象，要谈吐大方、自信，保持微笑，使潜在客户感到亲切，这样不易被拒绝。

通过逐户寻访法，销售人员可以借机进行市场调查，这样能够比较客观和全面地了解客户需求情况。因为销售人员原来不认识客户，客户可以毫不客气地表明自己的真实看法，而且逐户寻访法接触面比较广，销售人员可以听到各方面的意见，还可以扩大商品的影响，使客户形成共同的商品印象。另外，对于销售人员来说，采用逐户寻访法可以积累工作经验，尤其是对新销售人员来说，这是必经之路。

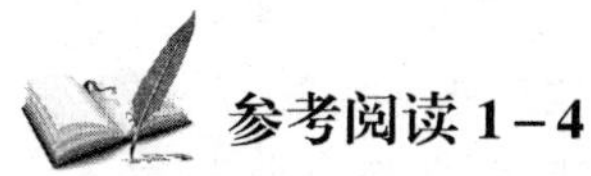

参考阅读 1－4

逐户寻访法在汽车潜在客户开发中的应用

某汽车公司销售人员张颖采用逐户寻访法外出派发公司产品和活动单页。

小张：您好，打扰一下，我是××汽车公司的张颖，这是我们公司的产品和活动单页，麻烦您看看。

情况一：客户不愿接单。

小张：不好意思，打搅您了。

（点头微笑离开）

情况二：客户表示现在忙，没有时间。

小张：我把单页给您留下，上面有我们的产品、活动介绍，还有我们公司的联系方式与地址，您可以先到我们的展厅看看，您能了解得更直观，也知道我对您说的是不是真的。您明天有时间吗？好的机遇是不等人的，您可要把握好呀。

情况三：客户提出购车异议。

客户：你们的车太贵，人家的车比你们的便宜多了。

小张：想请教您，您认为我们的车比您之前看到的哪款车价格高呢？

客户：……

有经验的销售人员可以根据客户的异议详细解答；新销售人员不能回答时，可以说："对不起，我是新员工，方便的话我请经理给您打电话解答可以吗？麻烦您留下您的联系方式和基本信息，如果您有兴趣的话还可以到我们的展厅看看，我们随时欢迎您的光临。"

（五）连锁介绍法

连锁介绍法也叫客户引荐法，是指销售人员请求现有客户介绍有可能购买产品的潜在客户的方法。

连锁介绍法几乎被销售界认为是最好的寻找客户的方法，实际上也是最常用的方法，因为人们往往愿意与他们了解、喜欢、信任的人做生意。销售人员的许多朋友都可能成为自己的商业伙伴。如果销售人员和其朋友之间能找到相同的利益结合点，许多朋友都乐意去帮助寻找客户。销售人员求助的朋友包括同学和校友、家人和亲戚、邻居和同乡、球友、牌友等。

参考阅读 1－5

乔·吉拉德的"猎犬"计划

世界销售大王乔·吉拉德认为，销售人员需要别人的帮助。乔·吉拉德的很多生意都是"猎犬"（那些会让别人到他那里买东西的客户）帮助的结果。乔·吉拉德的一句名言就是“买过我汽车的客户都会帮我销售”。

在生意成交之后，乔·吉拉德会把一叠名片和“猎犬”计划的说明书交给客户。说明书告诉客户，如果他介绍别人来买车，成交之后，他会得到每辆车25美元的酬劳。

几天之后，乔·吉拉德会寄给客户感谢卡和一叠名片，以后每年客户都会收到乔·吉拉德的附有“猎犬”计划的信件，提醒客户乔·吉拉德的承诺仍然有效。如果乔·吉拉德发现客户是一位领导人物，其他人会听他的话，那么，乔·吉拉德会更加努力促成交易并设法让其成为“猎犬”。实施“猎犬”计划的关键是守信用——一定要付给客户25美元。乔·吉拉德的原则是：宁可错付50个人，也不要漏掉一个该付的人。“猎犬”计划使乔·吉拉德的收益很大。

1976年，“猎犬”计划为乔·吉拉德带来了150笔生意，约占总交易额的三分之一。乔·吉拉德付出了1 400美元的“猎犬”费用，而收获了75 000美元的佣金。

（六）个人观察法

个人观察法又称为现场观察法，是指销售人员根据个人的知识、经验，通过对周围环境的直接观察和判断寻找客户的方法。对销售人员来说，个人观察法是寻找客户的一种简便、易行、可靠的方法。

（七）中心开花法

中心开花法又称为名人介绍法、中心辐射法、权威介绍法等，是指销售人员在一定的销售范围内发展一些具有较大影响力的中心人物或组织来消费自己的销售品，然后再通过他们的影响力把该范围内的其他个人或组织变为自己的准客户。

（八）交易会寻找法

交易会寻找法是指利用各种交易会寻找准客户的方法。它的优点是效率高，能在最短时间内接触到最多的潜在客户，因为参加交易会的人是对该行业感兴趣的人。该方法的缺点是费用较高，参加交易会要给主办单位交一定的展位费。

（九）企业活动寻找法

企业通过公共关系活动、市场调研活动、促销活动、技术支持和售后服务活动等，一般都会直接接触客户，在这个过程中对客户的观察、了解以及与客户的相互沟通都非常深入，因此该方法也是一个寻找客户的好方法。

（十）广告“轰炸”法

广告“轰炸”法是指利用广告宣传攻势，向广大消费者告知有关产品的信息，刺激或诱导消费者的购买，然后销售人员再向被广告宣传所吸引的客户进行一系列的销售活动。

总之，汽车营销企业和汽车销售人员要多作宣传，多在电台、电视台、报纸杂志等媒体上投放广告；以夹车、夹报、电信寻访、网络寻访、逐户寻访、信函寻访等形式进行产品和企业宣传，以提高企业的知名度以及来店、来电的潜在客户数量；在潜在客户集中和产品占有率较低的地区举行活动，企业可以采取举办产品展示会、进行产品促销活动、策划事件营销、发放产品宣传资料等方式，提高企业在该地区的知名度。

四、客户开发技巧

在进行客户开发时，为了能够提高成功率，销售人员可以使用以下客户开发的技巧：开发客户时巧用寒暄，寒暄可以让客户放松心情，产生舒适的感受，让双方的关系立即变得友好融洽；寻机自然接近潜在客户；善用赞美的语言开发客户；在接待客户时要多和客户聊天，想办法让客户多说话，激发客户的谈话兴趣，客户说得越多，透露的信息就越多；开发客户时要争取留下客户的资料，以方便以后联系跟踪。

任务实施

一、任务描述

最近，某汽车 4S 店要开展为期两天的周末免费试乘试驾活动，如果你是销售人员，请制定一份潜在汽车客户开发方案，邀请客户来店试乘试驾。以小组为单位，一名同学扮演销售人员，其他同学扮演客户，进行客户开发情景模拟演练。情景模拟演练完成后，其他同学按照“任务实施评估标准”中的项目对这名扮演销售人员的同学进行评价并给其打分，然后进行角色互换。

二、任务目的

（1）培养学生分析目标客户特点的能力。

（2）培养学生寻找潜在汽车客户的能力。

（3）学生能够制定寻找潜在汽车客户的计划和方案。

（4）学生能够找到潜在汽车客户。

（5）培养学生将汽车营销知识中的汽车市场定位和细分知识应用于汽车销售中的能力。

（6）培养学生的语言表达能力和沟通能力。

三、任务实施步骤

潜在汽车客户开发的任务包括明确客户开发目标、确定客户开发渠道、选择客户开发方法、运用客户开发技巧邀约客户来店试乘试驾，如图 1－1 所示。

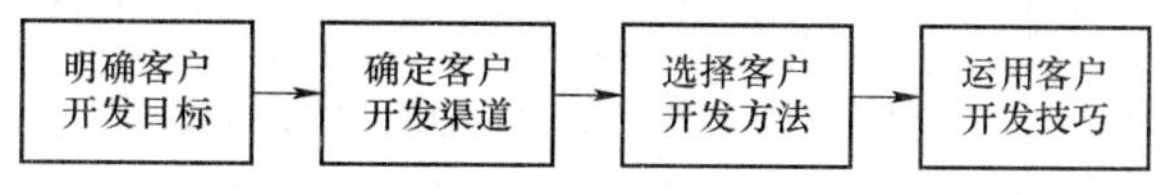

图 1－1　汽车潜在客户开发步骤

第一步：明确客户开发目标。每个销售人员都要对自己的商谈率和成交率进行分析，并根据自己的销售目标和成交率来制定潜在客户开发的目标。

第二步：确定客户开发渠道。寻找客户的渠道比较多，可分为“走出去”和“请进来”两种。“走出去”是指利用各种形式的广告、参加车展、召开新闻发布会、进行新车介绍、进行小区巡展、参加各类汽车文化活动、发送邮件、进行大客户的专访、参与政府或一些企业的招标采购等。“请进来”主要是指在展厅里接待客户、邀请客户前来参加试乘试驾、召开新车上市展示，或接受客户电话预约等。

第三步：选择客户开发方法。寻找客户往往是一个销售人员销售活动的开端。销售人员需要具备发现和识别客户的能力，并通过自己的工作来提高寻找客户的成效。客户开发的方法非常多，而且具有灵活性和创造性。

第四步：运用客户开发技巧邀约客户试乘试驾。

四、成果与检测

（1）以小组为单位制定潜在客户开发（试乘试驾邀约）方案。
（2）进行潜在客户方案交流会。
（3）学生对各组的方案进行点评。
（4）教师点评。
（5）教师根据学生的方案、在交流和点评中的表现进行评估。

五、评估标准

评估标准见表1-1。

表1-1　任务实施评估标准

评估等级 / 评估指标	评估标准	分值/分	得分/分
潜在汽车客户开发方案	目标明确，内容具体，结构完整；分析准确，方案有预见性、可行性	好（40～50）	
		中（30～39）	
		差（0～29）	
在交流、点评中的表现	能自然、大方地表达自己的观点；表述完整，语言流畅	好（16～20）	
		中（12～15）	
		差（0～11）	
运用知识的能力	能够正确、熟练地运用知识解决问题	好（16～20）	
		中（12～15）	
		差（0～11）	
学习态度	态度认真，积极努力，能够完成任务	好（8～10）	
		中（6～7）	
		差（0～5）	

任务二 管理潜在汽车客户

任务分析

客户资格评审与鉴定是汽车销售环节中的重要内容之一，其目的在于发现真正的汽车销售对象，避免徒劳无功的销售活动，为汽车销售人员节约大量宝贵的时间，提高工作效率。另外，汽车销售人员要针对潜在汽车客户的情况，如需求、购买力、购买信心、购买的迫切程度等进行分类管理，持续跟进，坚定客户的购买信心，使之购买自己的汽车产品。

相关知识

现代销售学的基本观点认为，作为客户的“人”（man）是由金钱（money）、权力（authority）和需要（need）这三个要素构成的，只有三个要素均具备者才是合格的客户。汽车销售人员应该按照对汽车是否有需求、是否有决策权、是否有购买能力这三个重要要素来筛选客户，这个过程称为汽车客户资格评审与鉴定。

审查与鉴定潜在汽车客户的资格，为汽车销售人员开展销售工作确定了明确的目标。根据调查，能在第一次接触客户就签订订单的比例只有 5%，汽车销售人员放弃对潜在客户的跟进发生在第四次接触，而销售成交常常发生在第十一次跟进后，也就是说对潜在客户的管理和销售跟进成了销售工作的重要内容。

在汽车销售中，常常根据潜在汽车客户的情况进行分类管理与跟进，这种管理模式的应用是建立在 ABC 分类法的基础上的。

一、建立客户资料档案

客户资料档案，顾名思义就是有关客户情况的资料，是反映客户本身及与客户关系有关的商业流程的所有信息的总和。它包括客户的基本情况、市场潜力、经营发展方向、财务信用能力、产品竞争力等有关客户的信息。

建立客户资料档案的目的是缩减销售周期和销售成本，有效规避市场风险，寻求扩展业务所需的新市场和新渠道，并且通过提高、改进客户价值、满意度、赢利能力以及客户的忠诚度来改善企业的经营有效性。

（一）客户资料档案的内容

建立客户资料档案要专门收集客户与公司联系的所有信息资料，以及客户本身的内/外部环境信息资料。它主要包括以下几个方面：

（1）有关客户最基本的原始资料，包括客户的名称、地址、电话以及他们的性格、兴趣、爱好、家庭、学历、年龄、能力、经历背景等，这些资料是客户管理的起点和基础，需要通过销售人员对客户的访问来收集，整理归档而形成。

（2）关于客户特征方面的资料，主要包括客户所处地区的文化、习俗、发展潜力等。其中对外向型客户，还要特别关注和收集客户市场区域的政府政策动态及信息。

（3）关于客户周边竞争对手的资料，包括其与竞争者的关系、其对竞争者的关注程度等，并进行分类比较。

（4）关于交易现状的资料，主要包括客户的销售活动现状、存在的问题、发展潜力、财务状况、信用状况等。对于客户产品的市场流向，要准确到每一个“订单”。

（二）建档工作的注意事项

（1）档案信息必须全面详细。客户资料档案所反映的客户信息，是对该客户确定一对一的具体销售政策的重要依据。因此，档案的建立，除了客户的名称、地址、联系人、电话这些最基本的信息之外，还应包括企业或组织客户的经营特色、行业地位和影响力、分销能力、资金实力、商业信誉、与本公司的合作意向等这些更深层次的因素。

（2）档案内容必须真实。这就要求业务人员的调查工作必须深入实际，那些为了应付检查而闭门造车，胡编乱造客户资料档案的做法是最要不得的。

（3）对已建立的档案要进行动态管理。

二、审核与鉴定潜在汽车客户资格

客户购买力是客户购买产品时的支付能力，支付能力是判断一个准客户能否成为目标客户的首要条件。从心理学的角度看，人的需求是无限的，但只有建立在购买力基础上的需求才是真正的市场需求。

客户的支付能力可以划分为现实支付能力和潜在支付能力。具有现实支付能力的客户当然是最理想的客户，但是一味强调现实支付能力往往不利于打开销售局面，掌握客户的潜在支付能力，可以开拓更广阔的销售前景，增加销量。当确认客户具有潜在支付能力时，销售人员应主动协助客户解决财务问题。为了帮助更多具有潜在支付能力的客户解决支付问题，汽车营销企业可采取更加灵活的付款方式。目前，购买汽车的付款方式有全额付款、向银行申请贷款、向汽车金融公司申请贷款，以及汽车营销公司为了促进销售所开展的分期付款零利息促销活动等。

大多数客户的财务状况都是严格保密的，这为准确判断客户的支付能力增加了难度。因此，销售人员要做大量的调查、分析工作才能得出结论。

1. 汽车家庭用户购买力鉴定

影响汽车家庭用户购买力的因素很多，销售人员通过了解家庭成员的经济收入、社会阶层、消费支出、消费储蓄、信贷、目前拥有的产品等情况对其进行支付能力审查。

（1）经济收入。经济收入中可支配收入部分是影响消费需求构成最活跃的经济因素，也是影响高档耐用消费品，旅游、汽车等商品销售的主要因素。可支配收入是指居民家庭总收入中扣除缴纳给国家的各项税费、缴纳的各项社会保险后余下的收入中可以由居民自由支配的部分。按照世界经济发展的一般规律，人均年收入超过 3 000 美元就会引发大规模对汽车的刚性需求，这就不难理解，为什么从 2008 年年底开始，中国汽车产业不仅没有受到金融危机的影响，反而高速增长了。这部分收入越多，人们的购买力就越强，人们的消费水平也越高，企业的营销机会也就越多。根据国家统计局网站的消息，截至 2016 年，我国城镇居民人均总收入为 33 616 元，其中，城镇居民人均可支配收入为 31 554 元，比 2015 年名义增长 7.8%，扣除价格因素，实际增长 5.6%。农村居民人均纯收入为 12 363 元，比 2015 年名义增长 8.2%，扣除价格因素，实际增长 6.2%。

（2）社会阶层。社会阶层是指社会系统中不同社会成员之间的构成方式与比例关系。它是依据某些特定的原则、标准和方法，对社会成员阶层归属的划分，从而确定各社会成员在社会结构中的位置。社会阶层是基本国情的一个重要组成部分，是党和国家制定实施正确路线、方针和政策的基本依据和重要保证，是政府部门有针对性地进行经济、社会发展重大决策的依据。对于汽车销售人员来说，分析各社会阶层的汽车客户在价值观念、态度、行为等方面的特点和规律，对促进汽车销售具有指导意义。

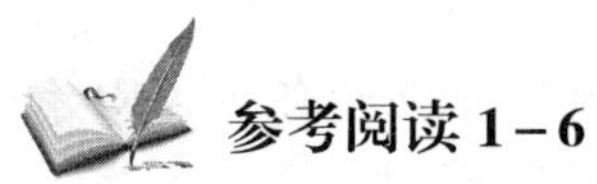

参考阅读 1－6

中国汽车消费者群分析

当下的中国，汽车消费者呈现出多种特点，我们将之区分为 9 大人群 4 个阶层，他们对汽车各有所好。

在很长一段时间内，中国消费者主要以首次购车为主，有车族为少数，有车就有面子，而车也是攀比、显示身份、赢得生意的工具。未来随着私家车的普及，二次购车者逐渐增多，同时伴随汽车知识的普及，人们购车将更加理性。

一线城市的汽车消费者现在主流强调个性，未来更看重性价比，因而在一线城市讲“精彩”、讲“自在追求”、讲“畅意畅行”、讲“卓越”、讲“当红”都能起到一定的效果。

二线城市的汽车消费者更为感性，在意身份地位的体现；三、四线城市的汽车消费者更看重社会归属感，买什么档次的车，无疑贴上什么档次的标签。在三、四线城市，发掘当地较权威的意见领袖开展 BTL 活动（策划与执行线下推广活动，包括：公关、路演、渠道与终端促销等）的营销效果更好。

总体来看，中国消费者可分为四大类别：富人阶层（新贵人士+传统成功人士）、中产阶层（内敛型中产者+张扬型中产者）、小资阶层（价值乐趣者+感性主义者）、大众阶层（传统主义者+个人效率者+节俭主义者）。

1. 富人阶层（新贵人士+传统成功人士）

（1）人口学特征。该阶层占中国总体人群的 2%左右，家庭年收入在 200 万元以上。其主要是房产投资商、公司 CEO 及合伙人、MBO 企业主、矿主等，他们不一定有高学历，但一定有重大的机遇。新贵人士一般为 40 岁以下，较年轻；传统成功人士一般较年长。

（2）价值观。他们自信、有胆有识、相信机遇、目光敏锐。较之新贵人士，传统成功人士更崇尚仁、义、信，追求更大的成功，崇尚“成功，无非是新的起点”。

（3）家庭及朋友观。他们懂得最大化地利用资源，与人为善，注重家庭团聚，注重企业接班人的培养。

（4）购物观。他们购车以 C+、D 级车为主。传统成功人士购车要体现自己的身份地位，而且要庄重，以奔驰 S、奔驰 E、宝马 7L、宝马 5、奥迪 A8、奥迪 A6L、雷克萨斯 LX 等车型为主。新贵人士奉行较为极端的享乐主义，较为张扬，购车以保时捷卡宴、宝马 Z4 或 X5、奔驰 SL、奥迪 Q7、VOLVO XC90 等车型为主。

（5）媒体习惯。他们以传统媒体电视、报纸、杂志为主，网络习惯为以新闻阅读为主。

关注财经类网站和信息。

（6）兴趣爱好。相当一部分人相信风水，崇信佛教；喜欢高尔夫球、斯诺克等绅士运动；三线城市的汽车消费者仍然喜欢KTV、桑拿、高档会所等。

2. 中产阶层（内敛型中产者+张扬型中产者）

（1）人口学特征。该阶层占中国总体人群的17%左右，大部分生于20世纪70年代，年龄为32～45岁（大学毕业10年以上）；该阶层一线城市家庭年收入为50万～200万元，二、三线城市家庭年收入为30万～100万元；他们受教育水平较高；已购房产，大部分已婚，有小孩。

（2）价值观。他们是时代的中坚，其关键词可以概括为独立思维、生活责任、内心矛盾。他们吸纳不同时代的特征，活在混杂多元状态，对世界和事物有独到的观点，不惮于与众不同，甚至对此感到自豪；工作生活的稳定、经验的积累，使他们更有精力和能力来思考有关社会责任与社会公益的问题；他们小有成就，大部分来自个人奋斗，必须面对家庭和事业的压力，内心充满矛盾。

（3）家庭及朋友观。他们面临事业和家庭平衡的矛盾，渴望释放自我；相信真爱，信奉"糟糠之妻不下堂"；对待朋友真诚。

（4）购物观。内心的矛盾决定他们把地位作为一种工具，将拥有的座驾、配饰也作为一种地位展示。内敛型中产者乐于在平凡中展示个人的成功和地位，不排斥成为众人注意的焦点，但不会刻意营造极致氛围来宣扬自我，不会主动炫耀。购车以偏低调的B+和C－级车为主，如VOLVO S40、凯美瑞、领驭、雅阁、新天籁、荣威750等；张扬型中产者个性张扬，充满激情，有强烈的进取欲望，乐意展示和炫耀个人的成功和地位，寻求刺激和冒险，购车以偏感性的B+、C－级车和高端SUV为主，如宝马3、奥迪新A4L、皇冠、迈腾、锐志、普拉多等。

（5）媒体习惯。他们心态年轻，愿意体验新的科技产品，如PSP、IPOD等，会参与网络购物、网络视频、网络社区、网络论坛等，但对新潮和时尚并不太感兴趣。

（6）兴趣爱好。中产阶级的三个主要特征是对家庭和社会有责任感、争取工作和事业的进步、懂得时尚生活乐趣；他们喜欢和朋友聚会，如KTV唱歌、泡吧；竞争压力迫使其进一步深造，如在职读MBA。

3. 小资阶层（价值乐趣者+感性主义者）

（1）人口学特征。该阶层占中国总体人群的39%左右，大部分生于20世纪70年代末80年代初，年龄为26～32岁（大学毕业5～10年）；未婚，以同居为多；一线城市家庭年收入为30万～50万元，二、三线城市家庭年收入为15万～30万元；供职外企小部门经理或专业技术人员等。

（2）价值观。他们被感性价值所驱动、理想主义至上、喜欢被认可；没有太多的生活压力，在同龄人中较早取得一定成绩，随心所欲，不受规则束缚；追求生活快乐和自由，拥有乐观、积极的人生态度，寄希望于在非现实中实现自己的梦想，对他们而言，常规工作毫无乐趣和成就感；喜欢被人注意并成为目光聚集的焦点，如有必要，他们会自己制造关注点以吸引别人的注意。

（3）购物观。他们的共同特征是偏感性，有自己独到的审美观点。价值乐趣者注重明智购物，最大的乐趣即花费最少的成本获取最大程度的自我满足，侧重B级车、轿车化

MPV、轿车化 SUV，如致胜、马自达 6、新君威、凯旋、毕加索、CR－V 等。极致感性者主要购买 A+、A0+级车，追求新潮时尚和刺激，喜欢炫耀，购物时比较冲动和感性，重外观重品牌，购买车型如卡罗拉、福克斯、思域、骐达、POLO 劲情、锋范、飞度、C2、新嘉年华等。感性偏理性者主要购买 A+、A0+级车，一般按自己的需要购买，购买时会先考虑汽车对自己的适合程度，重性能重空间，购买车型如速腾、标致 307、明锐、马自达 3、颐达、骊威、POLO 劲取、新威驰、天语、晶锐等。

（4）媒体习惯。他们对新媒体、时尚类杂志有较强的兴趣。该阶层人士经常接触的媒体为移动、互联网门户和垂直媒体、搜索引擎，同时广泛接触 4G、PSP、视频网站、SNS 社区、博客、论坛、IM 及基于各种生活服务的“泛媒体”等。开心网、世纪佳缘、MSN、天涯、优酷、淘宝、POCO、过影、网易博客等汇聚了大量的小资族群。

（5）兴趣爱好。他们喜欢聚会交友、上网聊天、逛街、约会、看电影、阅读时尚杂志、网上购物、旅游等。

4. 大众阶层（传统主义者+个人效率者+节俭主义者）

（1）人口学特征。该阶层占乘用车消费人群的 42%左右。其共同特征是收入并不高，一线城市家庭年收入为 30 万元以下，二、三线城市家庭年收入为 15 万元以下。传统主义者各地都有，主要是 50 岁左右，在政府（甚至村镇干部）、国企、教育和事业部门工作，职员居多；另两类的年龄为 22～35 岁，包括大学生，企事业单位的中低层管理者，小生意者，二、三、四线城市富裕起来的农民等。

（2）价值观。因为生活在社会的较低层，儒家文化中的“明哲保身”思想在他们身上表现得更为明显。传统主义者非常看重传统儒家文化，喜欢按照常规和原则办事，对待工作认真努力。个人效率者遵循极端理性价值导向，注重便捷、效率和定制化，关注结果和实效。节俭主义者随和，稳重，保守，讲究归属和社会认同，不冒险激进，性格内向、含蓄，不愿出风头和承担责任。

（3）家庭及朋友观。其共同特征是传统的家庭观表现得更为强烈，“父为子纲，夫为妻纲”在这些人的头脑中根深蒂固；即使年轻人也向往温馨的生活，用“家庭美满”“有爱相随”这样的词语一定能打动这部分群体。

（4）购物观。传统主义者消费观念合理，不会过分追求价格，侧重 B－、A 级车，如索纳塔、骏捷、东方之子、桑塔纳、捷达、福美来二代、比亚迪 F3、奇瑞 A5 等。个人效率者购车是为了提高赚钱的效率，更讲求低新车成本、低服务成本，侧重 A、A0－级车，低端 SUV，如凯越、伊兰特、赛拉图、新宝来、乐风、RIO 千里马、利亚纳、哈弗等。节俭主义者消费较谨慎，对价格比较敏感，通常只会购买必需的东西，更信赖已用过的产品和服务，不愿尝新，侧重 A0－、A00 级车，如 QQ、北斗星、奔奔、威姿、路宝等。

（5）媒体习惯。他们最信赖的媒体渠道是朋友口碑。大部分更关注传统媒体，包括电视、报纸、广播，同时关注公交媒体、地铁媒体；年轻族群更关注各种新媒体、泛媒体，甚至游戏媒体。

（6）兴趣爱好。个人效率者喜欢安静放松，如旅游、泡温泉等；传统主义者喜欢安静休闲，如看电视、看新闻、看相声等；节俭主义者喜欢看电视和碟片。

［资料来源：屈志超（雷神咨询研究员），全景网，2015.5.14］

（3）消费支出。经济学家通过研究认为，当一个国家或地区的恩格尔系数降低到43%以下时，这个国家或地区人民的支出结构就会发生变化，即随着家庭收入的增加，用于购买食物的支出比例将会下降，用于保健、娱乐、教育、汽车等方面的支出比例会大幅上升。除此之外，消费者支出模式还受两个因素的影响：一个是家庭生命周期，另一个是消费者家庭所处的地点。同样是年轻人，没有孩子的家庭与有孩子的家庭，其消费方式差异较大；居住在农村与居住在城市的家庭，其各自在住宅、交通以及食品等方面的支出情况也不相同。分析消费者支出模式对汽车营销企业和销售人员具有重大意义。

由于社会保障体系不完善，居民不敢消费，但这仅仅是表面上的理由。从2005年以来我国居民收入占GDP的比例在不断下降就可以得到结论：人均收入很高，但是整体收入分配不合理，过多依靠政府支出，公款消费支撑社会零售总额的增长。中国人口规模大，一直被营销者认为是最后一个巨大的汽车市场，但实际情况往往与预计有很大出入，中国的市场对营销者来说具有挑战性，准确把握政策导向可以预计哪些人会先富起来，这是汽车营销者和销售人员需要密切关注的热点。

麦卡锡咨询公司对中国消费品市场的调研表明，中国消费者愿意支付的溢价相对较小，所有消费者细分群体的平均值为2.5%，但在中国的高收入（每月收入超过10 000元人民币，约合1 600美元）群体中，潜在的溢价空间要大得多。该细分群体目前在私人消费额中所占的比例为15%。最新调查显示，这些高收入群体愿意为许多门类的产品支付超过60%的溢价，从这组数据也能理解为什么中国汽车市场中，中、低档车的竞争是最激烈的，因为中产阶层规模扩大的速度远远大于高收入群体，而低收入群体的规模实际上每年在缩小。据此分析就不难理解为什么汽车营销企业对销售中、高档汽车的销售人员的培训投入最多。

（4）消费储蓄。客户的购买力除了受消费者收入和支出的影响，还受消费者储蓄和信贷因素的影响。当消费者的收入一定时，储蓄数量与现实支出数量是成反比关系的。我国是一个提倡艰苦奋斗的国家，并在一个相当长的时期内向人民灌输“勤俭节约”“储蓄爱国”的思想。1996年以来，我国实施了积极的财政政策，先后7次降低利率，以求达到刺激消费、激活市场的目的。销售人员必须了解影响居民储蓄的诸多因素和储蓄目的的差异，以便准确地预测消费需求的发展趋势和发展水平，寻找市场机会。

（5）信贷。消费者信贷对客户的购买力影响也很大。汽车作为一种消费品，其消费群体的收入高低直接影响他们购买汽车兴趣的大小以及购买方式。通过调查，选择贷款方式购买汽车的消费者以月收入为3 000～5 000元的群体为主。这类消费群体对汽车消费贷款的需求量相对较大，选择按揭贷款方式的较多。

汽车销售人员在向家庭客户推荐汽车时，要结合上述因素充分考虑客户在收入、社会阶层、支出、储蓄、信贷等方面的具体情况，为客户制定合理的购车预算计划。

参考阅读1－7

北京地区北京现代ix35车型月花费数计算

北京现代 ix35 车型凭借时尚前卫的外形设计受到众多消费者的欢迎。时尚的外形和SUV车型本身对于汽车用户来说都是不小的诱惑，不过这类车型的用车养车费用高是让很多人犹豫不决的重要原因，“买得起养不起”的担忧让很多人远离SUV。那么ix35的养车费用究竟如何呢？我们以19.58万元的ix35自动前驱精英版为例来计算。

计算的使用成本包括燃油费、保险、车船使用税、验车费、维修保养费、停车费、美容装饰费、交通罚款等。在以上费用中，车船使用税、验车费都是固定的，差异在于燃油费、保险（选择险种因人而异，另外不同保险公司费率也不尽相同）和维修保养费，如果车主一直在4S店定期保养，维修保养费基本上也是固定的，另外还包括其他不可预见费用（如停车费、意外维修费和交通罚款等）。计算公式如下：

用车费用=燃油费+车船使用税+保险+维修保养费+停车费+意外支出费用

（1）燃油费。我们从工信部网站上公布的“轻型汽车燃料消耗量通告”中查到，ix35的2.0 L自动挡前驱车型的综合路况油耗为8.5 L/100 km，对于这一排量的自动挡车型来说这是一个令人满意的数字。当然，由于油耗与驾驶环境和驾驶者的操作习惯有很大关系，车主在实际使用中的油耗可能会与此有所出入。当前北京地区93号汽油的价格为6.74元/L，按照一年行驶2万千米计算，可以得到燃油费为：

年平均行驶里程÷100×百千米油耗×燃油价格=20 000÷100×8.5×6.74=11 458（元）

（2）车船使用税。此项税费目前为480元。

（3）保险。在汽车保险方面，由于投保的项目和公司不同，价格的浮动余地比较大，以新车八项全险计（以中国平安保险为例），包括交强险、第三者责任险（10万）、车辆损失险、全车盗抢险、玻璃单独破碎险、自燃损失险、车上人员责任险、不计免赔损失险，车辆的保费为6 575元。

说明：保险费用都会有相应的优惠，车主在上保险时需要“货比三家”，选择价格优惠、服务到位（比如提供上门服务、代步车服务等）的保险公司。

（4）维修保养费。与大多数国产轿车一样，ix35的保养周期为5 000 km，ix35每次小保养的费用为330元，每6万千米的保养费用总共为6 600元。按照每年行驶2万千米计算，平均每年的保养费用约为2 200元。

（5）停车费。停车费按照每个月300元计，一年为3 600元。

（6）意外支出费用。这部分费用通常是不可预测的，比如因违反交通规则所缴纳的罚款、高速公路通过费、保险没有涉及的索赔范围等一些不可预知性的支出，这部分因人而异，暂且以500元计。

综合以上费用，ix35自动前驱精英版的一年用车成本为：

燃油费+保险+车船使用税+维修保养费+停车费+意外支出费用

=11 458+6 575+480+2 200+3 600+500=24 813（元）

（资料来源：卓众汽车网，2016.6.24）

2. 组织客户购买力的鉴定

对组织或企业的支付能力审查要从不同的角度进行，总的来说要考虑四个方面的因素。第一是了解企业的经营状况和组织的管理状况。第二是了解不同的时间里企业的支付能力。由于企业从投入到产出有一定的时间间隔，因此，在不同时间，企业的支付能力是不同的。第三是了解组织或企业的现行规章制度，掌握支付的可行性。如有的企业可以买汽车，却不能买摩托车和自行车；对于政务机关，国家出台了《党政机关公务用车配备使用管理办法》，明确了公务车配备、采购标准。第四是了解组织与企业的潜在支付能力与延期支付能力，以决定是否给予赊销或延期付款、分期付款等商业信用。

对组织客户支付能力的审查，可以通过许多合法途径进行：

（1）从主管行政部门与司法部门了解。销售人员可以从工商管理部门、税务部门、财政部门与审计部门了解销售对象的经营状态、财务盈亏、款项的划拨与往来等；从司法部门可以了解其有无经济方面的纠纷等。这些部门提供的资料对客户的支付能力审查具有决定性的意义。

（2）从客户内部了解。销售人员可以通过各种关系与途径从内部摸清客户的支付能力，还可以时刻关注客户的财务状况的变化。但应注意避免采用不正当的调查手段。

（3）根据公众信息分析判断。销售人员可以通过大众传媒提供的信息、社会的评价与舆论进行分析判断，或通过他人或咨询公司进行了解。

（4）根据个人观察与经验进行推断。在了解客户的生产经营规模、从业人员数量、技术设备条件、产品花色品种及其销路等外在特征的基础上，销售人员可以凭借个人经验进行判断，鉴定客户的支付能力。

3. 购买需求的鉴定

购买需求的鉴定是指事先确定潜在客户是否真正需要销售人员所销售的商品和服务、何时需要、需要多少等问题。对于汽车客户，可以通过选购车型的排量、资金预算、需要时间、功能配置需求、颜色、造型等方面鉴定其需求。

当人们有缺乏、不足之感时，就会产生渴望、求足之心，继而采取行动来满足这种心理和生活的需要，可见需要是购买行为的根本动力。因此客户是否需要所销售的产品，是销售活动成功的关键，如果客户根本不需要销售的产品，那么对其展开销售攻势肯定是徒劳的。

要特别指出的是，需要是可以被激发和诱导的。销售人员的工作职责除了要了解客户的需要，提供合适的产品和服务以满足客户的需要外，还要激发、诱导客户的需要，创造需要，引导消费，倡导新的生活方式和生活理念。

在商品越来越丰富的今天，部分客户没有产生需要的原因是未对产品进行充分的了解和认识，还有部分客户虽然知道某一产品能更好地满足自己的需要，但由于种种原因没有把它列入购买计划。这并不等于客户真的不需要或永远不可能成为潜在客户。

汽车销售人员在进行购买需求的鉴定时，不仅要了解客户的需求，还要采用展示产品、介绍产品和演示产品等方法，启发、引导、影响、培育、激发客户的需求，使他们强烈地认识到内心深处对产品或服务的渴望，将将其转化为购买行为。

4. 购买决策权的鉴定

为了提高销售效率，汽车销售人员要把主要精力放在有购买决策权的潜在客户身上。判断潜在客户是否具有购买决策权，需要销售人员具有敏锐的洞察能力和一定的消费者心理学知识，能够从客户的表情、神态、语言和动作判断出客户的类型，即购买的发起者、影响者、决策者、购买者和使用者。除此之外，还可以通过向客户提出问题作出判断，如“您以后是独自使用这辆汽车吗？”“除了您以外，还有谁会乘坐这辆车？”“您还要与谁商量一下吗？”等。

汽车家庭消费者的购买决策状况具有一定的规律。在购车过程中，男士一般对汽车的品牌、车型、性能、配置、价格、售后服务等购买因素具有决策权，女士一般对车身颜色具有购买决策权。

在企业或组织中，汽车购买决策人的认定非常重要，否则销售对象范围太大，会造成销售的盲目性。由于每个组织客户的职能机构和管理权限的分配不同，判断谁拥有购买决策权不是一件容易的事。判断的方法，一是审查客户单位的所有制性质、决策程序和运行机制、规章制度、经营权限等；二是审查具体人物在购买行为决策过程中的地位和角色，根据具体销售对象在客户内部的职务、权限、声望与人际关系等情况来确定其购买权力，从中挑选能够作出购买决策的关键人物进行销售，以增强销售的针对性。

三、潜在汽车客户分类管理

（一）ABC 分类法的定义

1. 概念

ABC 分类法，又称为巴雷托分析法，指销售人员按照一定的标准对客户进行分级管理的方法。对客户进行分类管理，能够使销售工作程序化、系统化、计划化，有助于销售人员开展重点销售和目标管理，稳定地取得最佳的销售效益。

（1）A 类客户。它代表“重要的少数”，是指在目标客户群中选取重点客户，投入比竞争对手更多的人力、物力和财力。这类客户量少价值高，他们应受到重视而享有最佳的客户开发管理，包括最完整的服务记录、最充裕的服务时间、最细心周到的服务措施等。及时执行公司营销计划并反馈客户信息，选择最佳的服务方案，建立最佳的客户跟踪档案，从而能够在短期内迅速赢得该类重点客户。

（2）B 类客户。它指数量和质量介于 A 类与 C 类之间的客户。通常要把对这类客户的跟踪工作作为管理的重点，不时地拜访他们，听取他们的意见加以改进。可采用培育的方式进行，当该类客户数量由于变动降到某一特定水平时，应自动增补该类客户并加以培育。

（3）C 类客户。它指“琐碎的多数”，这类客户量多而价值低。对这类客户来说，不宜有过多的管理，但也不能缺少关注。因为若进行过多的管理，则所花的时间和费用可能超过这些客户本身的价值。因此在一般情况下，对 C 类客户可以按部就班地管理，但还要仔细分辨其是否能上升为 B 类或 A 类客户，以避免误判而导致损失。当发觉这类客户数量过少时，应设法加以补充和关注。

2. 使用 ABC 分类法应注意的问题

（1）根据客户特点、产品特点制定分级标准。

（2）根据客户情况的变化，相应改变分级标准，或调整客户的级别。

（3）要从各方面鉴定客户的资格，如客户现在可能存在的需要与欲望、客户的支付能力等，对不符合分类要求的客户，返回潜在客户重新分类或作其他处理。经过分析之后，分类正确的客户，确定为目标客户。

（4）在可能的情况下，工作要尽量使所有的人都满意。如果不能让所有人满意，则让所有 A 类客户非常满意，让 B 类客户满意，逐渐提高部分 C 类客户的满意度。

（5）在无须对客户进行分类和不必要分类的情况下，对目标销售区域进行分类。

（二）ABC 分类法的应用

在销售实践中，销售人员可以根据具体的情况科学地制定不同的分级标准。最基本的分组标准为以客户的购买概率作为分级标准和以客户的购买量作为分级标准。汽车营销企业制定潜在客户分级管理的标准主要有：客户的购买欲望、计划购车的时间、购买的经济能力等。

某汽车营销企业制定了十分细致的潜在客户管理规范，按照潜在客户的预期购买时间、购买欲望的强烈程度、购买的经济能力、对汽车的需求、购买信心等因素，将潜在客户划分为六个级别（表 1－2），分别是 O 级、H 级、A 级、B 级、C 级、N 级。根据潜在客户的级别制定首次跟进的时间和跟进频率。

表 1－2　潜在客户分级管理

级别	分级标准	首次跟进时间	跟进频率
O 级	当场签约成交的客户	—	—
H 级	有需求、有购买力、有信心、迫切购买的客户	24 小时内	2 天至少 1 次
A 级	有需求、有购买力、有信心、不迫切购买的客户	3 天内	3 天至少 1 次
B 级	有需求、有购买力，但缺乏购买信心的客户	7 天内	4 天至少 1 次
C 级	有购买力、有信心，暂无需求的客户	15 天内	7 天至少 1 次
N 级	无信心、无购买力的客户	1 个月内	15 天至少 1 次

四、收集潜在汽车客户资料的技巧

销售人员的产品销量与其潜在客户的多少成正比，潜在客户越多，成交的机会就越大。销售人员在和客户沟通的过程中，要让客户留下信息资料，这样才可能进行进一步的沟通和交流。留下潜在汽车客户资料的时机有以下 7 个。

（一）初次接洽客户的电话

对于初次打电话到销售公司来的客户，要争取留下客户的信息，接听电话时要注意的问题有：告知客户公司可以将汽车资料邮寄给他，从而获取客户资料；电话中要邀约客户来展厅并确定时间；电话结束后，记得为客户准备完整的资料。

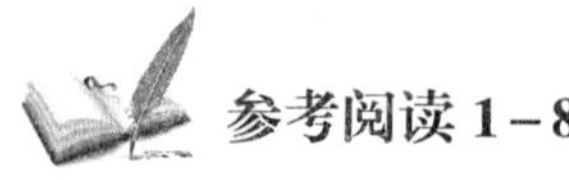

参考阅读 1－8

电话留档的方法示例

销售人员：您好！欢迎致电英朗汽车销售公司，我是销售人员李帆，很高兴为您服务。

客户：你好！我今天看报纸，请问×××车怎么卖啊？

销售人员：您是考虑该车的标准配置吗？

客户：是的。有优惠吗？

销售人员：我们公司最近针对这款车有活动，有几种促销方案。

客户：什么方案？

销售人员：有 A/B/C/D 方案，您看是我请行政助理将资料寄给您，还是请您到展厅我亲自跟你解说并顺便看下车，您觉得哪个好呢？

客户：我过去好了。

……

销售人员：周先生，跟您确认一下 139××××××××是您的手机号码吗？

客户：嗯！没错。

销售人员：周先生，我叫李帆，星期五我再跟您联系，确定一下来店的时间好吗？

客户：好！

（二）在展厅接洽初次到店客户

在客户刚进入汽车销售展厅时，销售人员向客户作自我介绍并递名片，同时请教客户的姓名，询问是否可以交换名片。此时，客户对销售人员仍存在疑虑，销售人员要想办法获得客户的信任，最低要求是获得客户的姓氏，并重复以加强记忆。

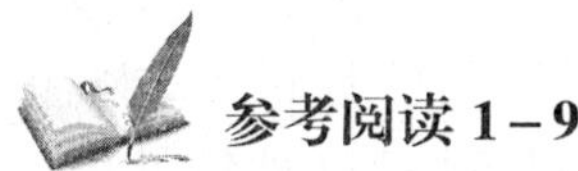

参考阅读 1－9

展厅接洽留档的方法示例

销售人员：先生您好！欢迎光临！请问有什么可以为您服务的？

客户：我想看看车。

销售人员：这是我的名片，我叫李帆，请指教！先生，请问您怎么称呼？可否和您交换一张名片？

客户：不好意思，今天没带名片，我姓周。

销售人员：周是周润发的周吗？

客户：没错。

销售人员：周先生，您要不要到这边坐着喝杯水休息一下？

客户：谢谢！不用了。

……

（三）为客户编写报价单

很多汽车销售公司准备了报价单，方便客户了解车辆价格、配置价格、支付方式等信息。销售人员在接洽过程中要引导客户洽谈购车预算，运用报价单表格，请客户留下信息，以了解客户需求，掌握客户信息。

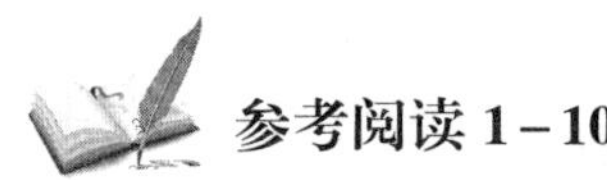

参考阅读 1－10

编写报价单留档的方法示例

销售人员：周总，需要帮您写一份报价单吗？

客户：好啊！

销售人员：周总，麻烦一下，您的全名是？

客户：不用留吧！

销售人员：因为这个报价单仅在本周有效，为保障您的权益，所以请留下您的全名，这边有我的签名，您在本周决定购买时，只要拿这张报价单，我会依照上面承诺的条件给您优惠，请问您的全名是什么？

客户：周绍全。

销售人员：您的电话是？

客户：139××××××××。

……

（四）邀请客户试乘试驾

销售人员要主动邀请客户参加试乘试驾。通过试乘试驾，一方面客户可以亲身体验、操控汽车，从而更加了解汽车的操控性、动力性、舒适性与行驶平顺性等性能，加强购买汽车的信心；另一方面，销售人员可以借此机会拉近与客户的距离，了解客户信息。

参考阅读 1－11

邀请客户试乘试驾留档的方法示例

销售人员：周先生，××车的特点在于其良好的操控性能，必须通过试乘试驾才能够深刻体会。我想邀请您试乘试驾××车，您看可以吗？

客户：可以。

销售人员：周先生，麻烦您，我们一起填写一下“试乘试驾登记/预约表”。

客户：好的。

销售人员：周先生，您的电话是？

客户：139××××××××。

销售人员：周先生，您的驾驶证借我复印一下。

……

（五）邀请客户参加活动

汽车营销公司常会举办各类活动，并配合相应的促销方案。销售人员可告知客户公司近日将举办活动，配合促销方案将使客户享受更多的购车优惠方案，请客户留下资料，以便届时将活动日期告知客户，邀请其来参加盛会。

参考阅读 1－12

邀请客户参加活动留档的方法示例

销售人员：王总，您看的这款××车最近在举办活动。

客户：什么活动？

销售人员：本月底购车可以参加抽奖活动！

客户：抽什么奖？

销售人员：……

销售人员：王总，本月中我们应该还会举办这台车的促销专案！

客户：什么专案？

销售人员：应该明后天会公布，公司公布后我再电话告知您，王总我如何联络您比较方便？

客户：你打139××××××××这个号码好了。

……

（六）送别客户

在整个销售流程中，销售人员尝试各种留客技巧，或许客户始终不愿留下资料，这时可利用“销售人员接待考核表”，请客户对销售人员的接待流程提供建议，作为日后改善的重点。

参考阅读 1－13

送别客户时留档的方法示例

销售人员：王先生，今天我对您的接待过程，您还满意吧？这是我们的“销售人员接待考核表”，请您给我一些建议。

客户：挺好，不用写了吧。

销售人员：王先生，公司为了提高客户满意度，要看我们销售人员还可以在哪些方面进行改进，所以对我们有考核。麻烦您帮忙填写一下，好吗？

客户：好吧。

销售人员：谢谢您！

……

（七）离行前主管面谈

若用上述方法销售人员仍无法留下客户资料，则可以介绍主管与客户认识，主管询问客户销售人员是否提供专业的讲解、客户是否进行了试乘试驾及客户是否感受到被尊重，再次感谢客户光临并尝试留下客户资料。

任务实施

一、任务描述

教师组织学生进行一次情境模拟、角色扮演的训练。学生扮演某汽车经销店的销售人员，要为一位潜在汽车客户填写一份“客户信息表”。

二、任务目的

（1）培养学生获得客户信息的能力。
（2）培养学生制作“潜在汽车客户资料表/卡”的能力。
（3）培养学生管理潜在汽车客户的能力。
（4）培养学生的沟通能力。
（5）锻炼学生坚持不懈、抗击挫折的能力。

三、任务实施步骤

第一步：准备。
（1）教师编写情境脚本，包括潜在汽车客户信息、计划购买的车辆信息等资料。
（2）教师准备“潜在汽车客户资料表/卡”。
（3）学生分组。
（4）确定角色扮演者，分配扮演任务。
（5）布置观察任务。
（6）布置场景。
第二步：实施。
（1）学生撰写获得客户信息的话术。
（2）学生进行情境模拟，展示获得客户信息的过程。
（3）学生填写“潜在汽车客户资料表/卡”，确定其级别。
（4）学生撰写跟进潜在客户的话术。
（5）学生进行情境模拟，展示跟进客户的过程。

四、成果与检测

（1）学生能够获得潜在汽车客户信息，填写“汽车客户资料表/卡”。
（2）学生能够划分潜在汽车客户级别并进行分级管理。
（3）学生能够跟进客户，自然过渡到预约面谈。
（4）观察的学生和扮演角色的学生分别进行点评。
（5）教师点评。
（6）教师根据学生的方案、交流和在点评中的表现进行评估。

五、评估标准

评估标准见表 1－3。

表 1－3 任务实施评估标准

评估指标＼评估等级	评估标准	分值/分	得分/分
获得客户信息的能力	能够制造轻松的氛围，让客户在无压力的环境下告知购车的相关信息	好（24～30）	
		中（18～23）	
		差（0～17）	
制作“潜在汽车客户资料表/卡”的能力	能够填写“潜在汽车客户资料表/卡”，为后续的销售工作打下基础	好（24～30）	
		中（18～23）	
		差（0～17）	
划分客户级别的能力	能准确划分客户级别	好（16～20）	
		中（12～15）	
		差（0～11）	
跟进客户的能力	能够确定跟进客户的频率，与客户良好沟通并自然过渡到预约洽谈	好（16～20）	
		中（12～15）	
		差（0～11）	

思考题

小白是某市一汽大众汽车 4S 店的销售人员，她急于增加自己的潜在汽车客户数量，请你帮她想一想，有哪些方法可以增加她的潜在汽车客户数量。

项目二　接待客户

项目描述

接待客户是汽车销售活动中的重要环节，它包括汽车销售人员预约客户到店洽谈，运用商务礼仪的接待技能和方法得体地接待客户，技巧性地接近客户，拉近与客户的心理距离，树立员工和企业的良好形象等工作任务和技巧。接待工作贯穿于整个汽车销售流程，有礼有节地接待客户能推动汽车销售工作的开展，是对汽车销售人员的商务接待、沟通应变、专业知识等综合能力与素质的锻炼与培养。

项目目标

- 能够约见目标客户；
- 能够缓解客户初次到汽车销售公司的紧张心理；
- 能够大方得体地接待客户，树立公司在客户心中的良好形象；
- 理解赢得汽车客户的信任对汽车销售人员的重要性；
- 能够取得客户的信任，与客户建立良好的关系。

引例

客户王先生来到某汽车4S店看车，当天下着小雪，王先生把车停在4S店停车场后跑步冲进店里，门口接待员小李正在玩手机没有问候王先生，也没有其他销售顾问招呼他。王先生独自看车5分钟后小李才反应过来，找出工号牌戴上。小李引导王先生坐在堆满了资料和饮料空杯的桌旁，看车时王先生发现装早餐的垃圾袋还在桌上没有清理。不到10分钟，王先生离开了该4S店。

任务一　邀约客户

任务分析

汽车销售人员应能够利用电话、短信、网络等现代通信工具，根据洽谈、活动邀约的需要确定约见的对象、事由、时间和地点等内容，完成汽车个人客户、家庭客户和组织客户的约见。

相关知识

邀约客户是指销售人员使客户同意接见的行动过程。通过约见，征得客户对见面行为的同意，既表示尊重客户，又可以赢得客户的信任和支持。销售人员也可以通过与客户的初步接触获得更多客户信息，了解更多情况。只有通过约见，销售人员才能成功地接近潜在客户，顺利开展销售洽谈。实际上客户接受邀约，意味着客户已初步接受了销售人员的销售行为。当然，在某些情况下，邀约客户这个环节也是可以省略的，这要视具体情况而定。

一、邀约的内容

在邀约客户的过程中，要确定的内容包括邀约对象、邀约事由、邀约时间和约见地点。

（一）邀约对象

在汽车销售中也存在购买发起者、影响者、决定者、购买者、使用者等扮演着不同角色的消费者。汽车销售人员应该尽量设法直接约见购买决策人及其他对购买决策具有重大影响的人，避免在非关键人员身上浪费时间。例如在汽车家庭消费中，女性对汽车的品牌、性能、价格等决定的参与度不高，但却具有购买决定权，也是车辆使用者和乘坐者，故仍然要将其作为主要邀约对象约见。在汽车团体购买中，要看重具有“缓冲”能力的人，如公务秘书、私人秘书、部下及其有关接待人员等，使他们感到自己的重要性，从而顺利约见其上司。

邀约前，要对被约见者的整体情况进行充分的调查和了解，尽可能从以下角度和方面了解被邀约者，从而使约见取得应有的成效。

1. 个人或家庭客户的资料

（1）被约见者的职业、收入、消费习惯及生活水平；

（2）被约见者的经济和社会地位；

（3）被约见者的性格、兴趣爱好、生活态度及生活习惯；

（4）被约见者的家庭状况和交际范围；

（5）被约见者对访问者的了解程度及信誉评价；

（6）被约见者感兴趣和关心的问题；

（7）被约见者的工作态度、工作成绩或业绩；

（8）被约见者的年龄、经历、籍贯、专长、学历、职业等。

2. 组织客户的资料

（1）组织客户的基本情况。其包括组织的全称及简称、地址、电话号码、传真号码、邮政编码等；组织的性质和规模：组织的性质、规模、成立时间与演变经历；组织的人事状况：主要领导人的姓名、作风特点，组织结构及职权范围的划分，人事状况及人际关系等；决策者的有关情况：决策者的个人基本情况、家庭情况、社会经历、兴趣爱好、性格特点等。

（2）组织客户经营情况。对于盈利性质的企业来说，了解组织的生产能力、生产工艺、技术水平、技术改造方向、产量、产品结构、销量、主要销售地点及市场反映、市场占有率及销售增长率等情况。对于非盈利性质的组织来说，了解组织的管理风格与水平等情况。

（3）购买习惯和购买行为的特点。首先应清楚组织的购买习惯。购买习惯是指目标客户的采购部门的工作程序和制度、购买信用及购买力集中程度、购买时间、购买频率及批量、现有进货渠道、支付方式及供求双方的关系及其发展前景等。其次应掌握组织的购买行为情况，包括组织发现需求和提出购买申请的部门、对需求进行核准与说明的部门、对需求及购买进行决策的部门及选择产品及厂家的标准等。

（二）邀约事由

汽车销售人员约见客户，要有充分的理由，使潜在客户感到有会见销售人员的必要。就每次访问而言，访问的事由不应过多。一般来说，汽车销售人员约见客户的目的和事由不外乎销售洽谈、参加新车上市发布会、参加促销活动、参加车展等。

（三）邀约时间

在确定邀约时间时，销售人员应该尽量替客户着想，尽可能在客户方便的时间与其联系，这样更容易邀约成功。在实践中，并没有一个适合所有邀约对象的最佳约见时间，一般按照客户的工作性质选择不易打扰客户且客户不忙碌的时间与其联系，如星期一法人或组织潜在客户较忙碌。

（四）约见地点

约见地点的确定应该与约见对象、约见目的和约见时间相适应。选择见面地点的基本原则是方便客户，有利于促进销售。例如：邀请客户参加车展就把地点确定在展览馆，邀请客户参加 4S 店促销店头活动就把地点确定在公司营业场所，向组织客户递交产品说明书则可以选择在客户工作地点进行。

二、邀约技巧和话术

邀约客户时如何运用语言是一个十分重要和复杂的问题，销售人员要讲究语言的艺术性和技巧性，做好必要的语言准备。语言准备的重点是开场白，严格地说，就是如何最得体地说第一句话。我国语言十分丰富，不必将开场白弄成一个固定的模式，只对用语原则作以下要求：切忌急于转向正题、用语随和又不失庄重、激发对方非谈不可的欲望。

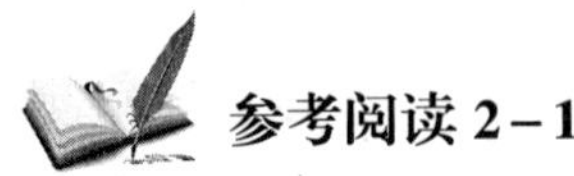

参考阅读 2-1

语言艺术的魅力

约翰·沙维祺是美国百万圆桌协会的终身会员，是畅销书《高感度行销》的作者，他曾被美国牛津大学授予“最伟大的寿险业务员”称号。一次他打电话给一位美国哥伦比亚大学教授强森先生的开场白如下：

“哲学家培根曾经对做学问的人有一句妙语，他把做学问的人在运用材料上比喻成三种动物。第一种人好比蜘蛛，他的研究材料不是从外面找来的，而是由肚里吐出来的，这种人叫蜘蛛式的学问家；第二种人好比蚂蚁，堆积材料，但不会使用，这种人叫蚂蚁式的学问家；第三种人好比蜜蜂，采百花之精华，精心酿造，这种人叫蜜蜂式的学问家。教授先生，按培根的这种比喻，您觉得您属于哪种学问家呢？”

这一番问话使对方谈兴浓厚，最终二人成了非常要好的朋友。

电话约见法是汽车销售活动中最常用的方法，它的优势在于迅速、方便、经济、快捷，使客户免受突然来访的干扰，也使销售人员免受奔波之苦，可节省时间及不必要的差旅费用。由于客户与销售人员缺乏相互了解，电话约见也最容易引起客户的猜忌、怀疑，所以销售人员必须熟悉电话约见的原则，掌握电话约见的正确方法。能否通过电话成功约到客户，开场白的技巧非常重要，要引起客户的注意和兴趣。下面介绍几种行之有效的开场白技巧。

（一）请求帮忙法

在电话刚开始时，销售人员请求客户帮忙，对方是不好意思断然拒绝的，这为销售人员创造了与对方继续交谈的机会。

参考阅读 2－2

对话示例一

销售人员：您好，李经理，我是大地汽车销售公司的李霞，有件事情想麻烦一下您。

客户：请说。

（二）第三者介绍法

销售人员与约见对象是未曾谋面的陌生关系，通过共同认识的“第三者”这个“桥梁”，较容易解除客户的不安全感和警惕性，更容易拉近销售人员与客户的距离，双方更容易打开话题，建立信任关系。

参考阅读 2－3

对话示例二

销售人员：您好，是田经理吗？

客户：是的。

销售人员：我是文慧的朋友，我叫李达，是她介绍我认识您的。前几天我和文慧刚通了一个电话，在电话中她说您是一个非常和蔼的人，她也一直非常敬佩您的才能。在打电话给您之前，她叮嘱我务必要向您问好。

客户：客气了。

销售人员：实际上我和文慧既是朋友关系，又是客户关系。一年前她购买了我们公司的汽车，使用后她对我们公司的汽车和服务都非常满意，在验证效果之后她第一个想到的就是您，所以她让我今天务必给您打电话。

（三）牛群效应法

在大草原上，牛群会很有规律地奔向相同的方向，而不是方向左右不一，乱成一片。把自然界的这种现象运用到市场营销行为中，就产生了所谓“牛群效应法”。销售人员可以向潜在客户提出“同行业的大公司”已经采取了某种行动，从而引导对方采取同样行动，刺激客户的购买欲望。

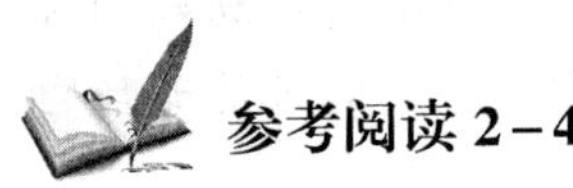

参考阅读 2－4

对话示例三

销售人员：您好，王先生，我是百惠公司的张浦，我公司是专业从事电话销售培训的。我打电话给您的原因是，目前国内很多汽车品牌的经销商都采用电话销售的方式来销售自己的汽车，比如大众、丰田、悦达起亚等，我想请教一下贵公司在销售汽车的时候有没有用到电话销售呢？

（四）巧借“东风”法

三国时火烧赤壁的故事是家喻户晓。诸葛亮能在赤壁之战中，一把火烧掉曹操的战船和士兵，就因为他巧借“东风”。把这个典故运用在汽车销售中，就是指销售人员要能够敏锐地发现身边的“东风”——有利的营销事件，并借用其辅助销售，起到成功约见客户的作用。

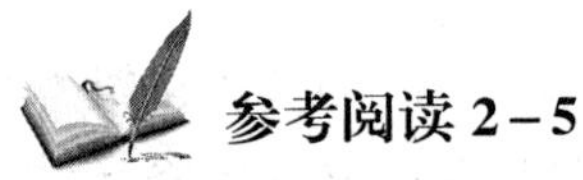

参考阅读 2－5

对话示例四

销售人员：您好，请问是李启明先生吗？

客户：是的，什么事？

销售人员：您好，李先生。我是惠通汽车销售公司的销售顾问，我叫杨冰。今天给您打电话是因为我在公司的电脑系统中看到您最近关注了我们公司的××车型，并提出了购车客户非常关心的油耗和安全性能等方面的问题。从明天开始，我公司针对该车有几个促销专案，活动力度很大，邀请李先生届时光临本公司。

除了上面提到的方法，在电话中，销售人员要多赞美对方，赞美的语言是人际关系的润滑剂，对别人恰如其分地、发自内心地赞美，能增进与他人的友谊。销售人员可以提及对方关心、关注的事，也可以提起能引起对方担心、忧虑的事情，这样有助于引起对方的重视。销售人员一方面要努力营造轻松愉快的谈话氛围，为客户推荐适合他（她）的产品；另一方面要让客户自己作决定，切不可给对方施加压力。总之，电话销售人员要保持开放的心态与灵活的头脑，真诚地对待客户，客观地看待问题，这样才能取得客户的信任，更快地得到面谈的机会。

任务实施

一、任务描述

教师组织学生进行一次新车上市店头活动邀约客户练习。

二、任务目的

（1）学生能够撰写邀约话术；

（2）学生能够在邀约时根据实际情况随机应变地调整计划，成功邀请到潜在客户。

三、任务实施步骤

第一步：准备。

（1）教师编写情境模拟脚本，包括潜在客户的信息、上市活动方案内容：

① 个人或家庭客户：年龄、性别、学历、家庭情况、工作单位、职务、收入、家庭地址、单位地址、兴趣爱好、性格特点等；组织客户：组织的基本情况、经营情况、购买习惯和购买特点等。

② 新车上市活动促销内容。

（2）学生分组，分配角色。

（3）布置观察任务。

（4）布置模拟场景。

第二步：实施。

（1）扮演汽车销售人员的学生熟悉潜在客户资料。

（2）学生撰写邀约话术。

（3）角色扮演，情境模拟。

第三步：描述与点评。

（1）观摩的学生进行点评。

（2）扮演汽车销售人员和潜在客户的学生分别描述所扮演角色的心理活动和体会，帮助大家理解销售人员的心理和潜在汽车客户的心理。

（3）教师点评。

四、成果与检测

（1）以小组为单位写出约见客户的话术。

（2）模拟邀约客户情境。

（3）了解销售人员和客户的心理活动。

（4）学生进行交流、点评，教师评估学生的表现。

五、评估标准

评估标准见表2－1。

表2－1　任务实施评估标准

评估等级 / 评估指标	评估标准	分值/分	得分/分
制订约见客户计划	计划目的明确，有预见性、可行性，能指导任务实施	好（16～20）	
		中（12～15）	
		差（0～11）	
撰写约见客户话术	谈话内容能够引起客户对销售产品的兴趣，获得客户约见	好（16～20）	
		中（12～15）	
		差（0～11）	
在任务模拟中的表现（在观摩点评中的表现）	与客户进行良好的沟通，应变能力强，能够约见到客户（能表达自己观点，语言流畅）	好（24～30）	
		中（18～23）	
		差（0～17）	
运用知识的能力	能够熟练地运用知识解决问题	好（16～20）	
		中（12～15）	
		差（0～11）	
学习态度	态度认真，积极努力，能够完成任务	好（8～10）	
		中（6～7）	
		差（0～5）	

任务二　接待准备

任务分析

俗话说“商场如战场”，汽车销售员人员在接待客户前要做好各方面的准备，“不打无把握的仗”。准备工作包括心理、商务礼仪、专业知识和销售工具等方面，这样才能从容灵活地应对汽车销售中的各类情况。

相关知识

一、心理准备

出于自我保护意识，有的客户对汽车销售人员带着排斥心理，特别是初次来到陌生环境，客户出于紧张心理更不愿意主动与销售人员接近。销售人员要理解客户的心理，具备坚定的信心和百折不挠的毅力，预测接待时可能会出现的各种情况，进行必要的接待练习，熟悉接待流程，有序地开展接待工作。

二、商务礼仪准备

礼仪是一种仪式，通过这种仪式可以表达尊重、尊敬、友善、真诚等感情，使别人感到亲切、温暖。商务礼仪是在商务活动中运用的礼仪规范，其范畴包括仪容、仪表、仪态、办公室礼仪、茶水礼仪、商务接待礼仪等多个方面。商务礼仪是塑造企业形象和个人形象的工具，它能展示企业的文明程度、管理风格和道德水准，能体现个人的道德品质和文化素养。

（一）站姿礼仪规范

男士、女士的基本站姿相同，其动作要领是：双脚并拢，两脚踝并拢，双腿直立，双膝并拢；身躯直立，提臀，立腰，收腹，挺胸，双肩舒展并略下沉；手臂自然下垂，中指贴于裤缝（裙子侧缝）；颈直，头正，双目平视，下颌微收，面带微笑。

根据场合的不同，站姿也不同。在庄重肃穆的场合采用肃立站姿，在商务交往场合选择直立站姿，在社交场合选择休闲站姿。汽车销售人员在接待客户时，采用直立站姿，男士、女士的直立站姿在动作要领上有所区别。

1. 男士的直立站姿

（1）后背手式直立：双脚分开，与肩同宽。左手握虚拳自然置于身后，右手握住左手手背，其他部位要领与基本站姿相同。这种站姿显得潇洒、大方。

（2）前搭手式直立：双脚平行分开，与肩同宽。双手相握自然垂放于腹前。注意双肩打开，保持后背正直。这种站姿显得拘谨、保守。

2. 女士的直立站姿

双脚脚尖分开，或呈“丁”字步站立，双手可自然下垂置于身体两侧，也可左手握虚拳，右手握住左手手背，双臂自然下垂置于腹前。收紧小腹，手与小腹之间应有 1 厘米以上的距离。

（二）仪容、仪表礼仪规范

（1）整理好头发，无头屑，不染发；男士头发前不及眉，侧不掩耳，后不及领；女士短发不超过肩，长发要扎起来或盘起来。

（2）保持手和指甲的清洁，指甲修剪整齐，指甲的长度不能超过指尖。

（3）穿着指定制服，规范着装，保持整洁、合身。

（4）佩戴胸牌，样式统一，干净平整。

（5）将皮鞋擦拭得干净明亮，袜子颜色与衣服和肤色协调。

（6）不佩戴夸张的饰物。

（7）女士化妆需自然、淡雅、整齐协调，避免浓妆艳抹。

（8）避免让人不快的气味，包括体味、汗味、口臭。

（三）斟茶礼仪

在接待来访的客人时，沏茶、上茶已经成为一项必不可少的待客礼节。汽车销售工作中涉及的斟茶礼仪是很有讲究的。斟茶时要注意的事项有：

（1）准备至少四种饮料，其中两种热饮，两种冷饮。

（2）托盘位置。左手托茶盘置于腰际旁，左手手臂的大臂与小臂呈 90°，右手手臂自然垂于体侧，抬头，挺胸，收腹，立腰，下颌微收，面带微笑。

（3）斟茶位置及话术。站在客户右后侧奉茶，上身略微前倾，并说“您好，请用茶”，声音应清晰柔和。

（4）递茶水时，右手递出茶杯，左手后撤茶盘。

（5）递茶水后，收手站立，双手呈“V”字形站立，左手手臂的大臂与小臂呈 90°，右手手臂自然垂于体侧，抬头，挺胸，收腹，立腰，下颌微收，面带微笑。

汽车销售人员不仅要从理论上领会商务礼仪的内容与含义，还要注重在工作实践中灵活运用。在生活中规范自己的礼仪行为，通过不断累积、练习、培养，使良好的礼仪成为一种习惯，使其在人际交往和工作中发挥更大、更好的作用。

三、专业知识准备

市面上的汽车品牌和车型繁多，汽车销售人员所面对的汽车产品不胜枚举，在产品认识上需要花费的时间和精力比销售其他产品要多。从汽车客户购买过程来看，他们在决定购买前，一定会要求销售人员对他们提出的任何问题给予满意的答复，只要有一点不满意或者不认可，就会让整个销售前功尽弃。所以，丰富、全面、专业的产品知识是汽车销售人员必须掌握的，包括汽车市场营销知识、企业知识、产品知识、客户知识和法律法规知识。汽车销售人员对专业知识的掌握要从学习、练习和积累三个方面入手，牢记“没有学出来的销售人员，只有练出来的销售人员”。

四、销售工具准备

“优秀的销售员一靠销售技巧，二靠各种销售工具”。这是丰田汽车公司销售人员的一条“不可动摇的原则”，它说明了销售人员在接近客户之前对各种销售工具准备的必要性和重要性。在汽车的实际销售活动中，常用的主要销售工具及其功能见表 2-2。

表 2-2　汽车销售工具及其功能

类别	内　　容	功　　能
视听器材	商品实体、产品目录、音像制品、图文资料等	展示商品，吸引客户的注意力，促使客户直观感受商品
宣传器材	广告作品、汽车参数表、产品价目表、竞车比较表等	增强销售人员说服客户的效果
签约器材	票据、合同文本、定购合同文本、印章等	交易一旦达成，随时履行有关签约手续，不至于贻误时机
其他器材	笔、计算器、笔记本、单位介绍信、身份证等	记录、证明身份、引荐、方便启用和取用

任务实施

一、任务描述

××汽车 4S 店的销售顾问小张在上周的车展上接待了一位对××车型有购买意向的客户王先生，小张和王先生约好某天下午 3 点到公司看车。请为小张拟一份接待准备计划。

二、任务目的

能够做好接待客户的心理准备、礼仪准备、专业知识准备和销售工具准备。

三、任务实施步骤

第一步：准备。

教师编写完整的情景模拟脚本，确定企业信息和客户信息。

第二步：实施。

（1）学生扮演销售顾问小张，拟订一份接待王先生的计划，包括心理准备、礼仪准备、专业知识准备和销售工具准备。

（2）学生展示计划。

第三步：描述与点评。

（1）学生点评。

（2）教师点评。

四、成果与检测

以小组为单位阐述接待准备。

五、评估标准

评估标准见表 2－3。

表 2－3　任务实施评估标准

评估等级 评估指标	评估标准	分值/分	得分/分
准备充分	准备的内容清晰，准备充分、翔实	好（24～30）	
		中（18～23）	
		差（0～17）	
撰写计划	语言表达清晰，条理清楚	好（16～20）	
		中（12～15）	
		差（0～11）	
在任务模拟中的表现（在观摩点评中的表现）	与客户进行良好的沟通，应变能力强，能够约见到客户（能表达自己观点，语言流畅）	好（24～20）	
		中（12～15）	
		差（0～11）	

续表

评估指标＼评估等级	评估标准	分值/分	得分/分
运用知识的能力	能够熟练地运用知识解决问题	好（16～20）	
		中（12～15）	
		差（0～11）	
学习态度	态度认真，积极努力，能够完成任务	好（8～10）	
		中（6～7）	
		差（0～5）	

任务三　接待客户

任务分析

汽车销售人员要热情而周到地接待客户，不仅要熟悉汽车销售接待流程，而且要练就大方、得体、自然地接待客户的能力，要以良好的形象和全面而丰富的专业知识介绍自己和企业的信息，消除客户先入为主的负面、消极情绪，在客户心目中树立良好的形象，从而接近客户，拉近与客户的距离，赢得客户的信任，引起客户对产品的注意和兴趣，使客户获得愉快而满意的购买经历。

相关知识

一、接待心理

在销售工作中常常会出现这样的情况：客户一人或两三个人结伴而来，他（们）站在自己感兴趣的产品前，默默察看或谈论商品。销售人员见状马上走过去接待他（们），而客户表示想自己观看。对于这种状态，可以分别从客户的心理和销售人员的心理两个方面分析，从而得出正确接待客户的流程和方法。

（一）客户的心理

初次到汽车销售公司的客户，在不熟悉的环境中容易产生紧张的情绪，感受到“压力”。此外，受到社会上对销售人员存在偏见的影响，客户易对销售人员产生抗拒的心理。根据对客户所作的调查，客户在进入汽车销售公司时的想法有：

（1）希望在走进展厅时销售人员至少要招呼一声；

（2）希望在经销店得到所希望的服务，而不是被强拉着听车辆介绍；

（3）希望在选购自己感兴趣的商品时可以自己观看，不希望被打扰；

（4）不希望在展厅参观车辆时有销售人员在身旁，如果有问题会寻求帮助；

（5）希望在需要帮助的时候能够得到及时的帮助。

上述心理状态在第一次到展厅的客户身上表现得更明显。这看上去似乎很矛盾，让销售人员不知所措。实际上，客户只是希望在需要得到服务的时候，得到所需要的服务，而不希望有压力、被强迫、被打扰。

（二）销售人员的心理

在汽车销售公司，有的销售人员看到有客户到来就急忙上前想作详细介绍，甚至客户还没进门，就跃跃欲试准备接待了。一方面，销售人员认为，让客户感受到热情的服务是自己的职责，也是销售成功的基础；另一方面，销售人员也不想放过任何一次销售机会。事实上，越是热情的服务，特别是面对第一次到公司的客户，越容易导致客户的反感甚至抗拒。

针对客户和销售人员的心理状态，要做好客户接待工作，销售人员要把握好客户的心理，通过训练掌握好为客户服务的尺度与分寸，有礼有节地接待客户，缓解客户的紧张感，拉近与客户的心理距离。在接待过程中，销售人员可以通过观察客户的穿着、行为、语言、表情等来判断客户的类型，分析客户是主动型的、分析型的，还是社交型的，以此确定客户的意向级别和意图。

二、接待流程与规范

（一）接待汽车客户的流程图

店内接待流程如图 2－1 所示。

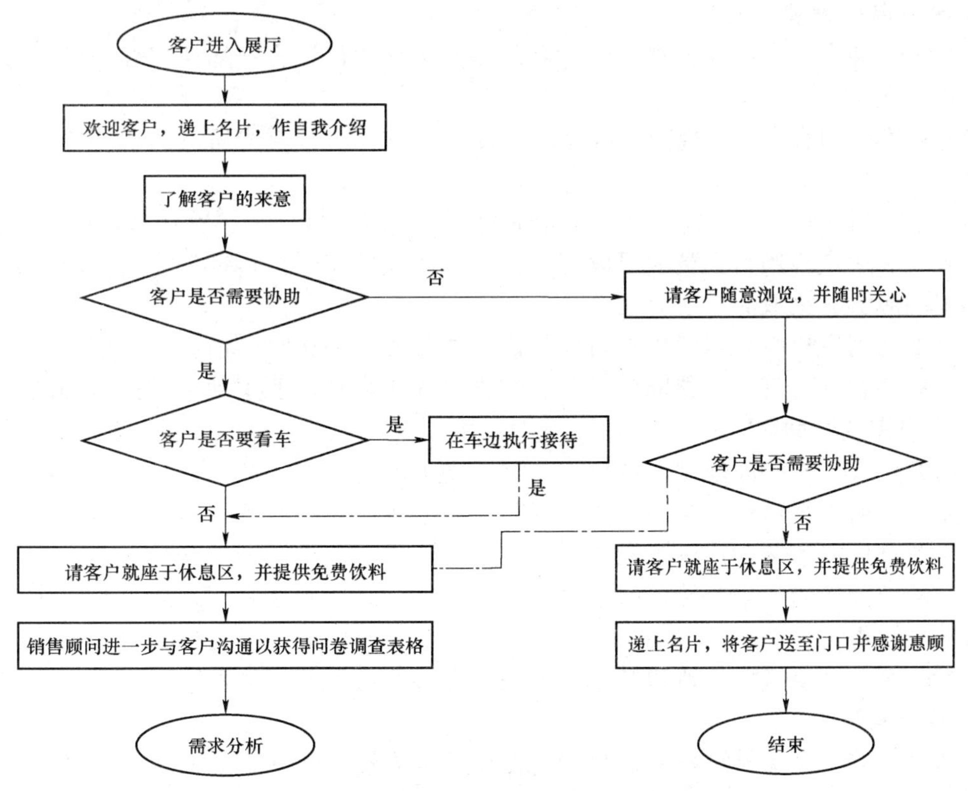

图 2－1　店内接待流程

（二）汽车客户接待流程及规范

1. 客户若开车来

（1）到展厅外迎接客户的到来，至少在门口迎接，主动为客户引导安排车位，打开车门，停放车辆，第一顺位值班人员引导客户进入展厅。

（2）观察客户的动作、车辆外形及新旧程度、车辆内部状况等信息，以了解客户的性格特点和心理特征及购车时可能的需求，考虑合适的接待方式。

（3）在下雨天或太阳光强烈时，主动拿伞出门迎接客户。

2. 客户进入展厅时

（1）销售人员要点头，微笑，目视并保持与客户的眼神接触，所有员工遇到客户时都应以充满活力、明朗欢快的声音向客户打招呼，点头致意。

（2）销售人员自我介绍并递上名片，在迎接后立即询问客户是否能为他（她）效劳，以便弄清楚客户光临的目的。话术是："先生（小姐）您好，有什么我可以为您服务的吗？"

（3）创造与客户交谈的机会，适时灵活地随声附和客户。

（4）与客户初步交谈时说话要热情，充分表达对企业及产品的信心。

（5）若二人以上同行则不可忽视对其他人的招呼应对，第二顺位销售顾问应主动协助招呼客户的同行人员，不可冷落每一位来公司的同行人员。若同时有二三组客户来看车，要请求支援，不可有任何人受到冷落。若有儿童随行，其他销售人员应负责招待，若儿童愿意到儿童游乐区，则引导他们前往。

3. 客户自行参观车辆时

（1）主动迎上前，问候客户，递上名片作简单介绍，让客户知道销售人员在旁边随时候教。

（2）请客户随意参观，离开并保持一定距离，站在客户目光所及的范围内一边做自己的事情，一边留意关注客户。

（3）应仔细观察客户，判断客户来店的目的，如观察客户正在看什么，是车头、车尾，还是仪表盘……汽车销售人员要了解客户关心、重视的东西，再针对当前状况及客户来店的目的主动服务并采取必要应对措施。

（4）观察到客户有需要销售人员提供协助的神态、动作时，销售人员要快步迎上去提供协助；如果客户没有发出帮助信号，销售人员在5分钟后要主动上前提供协助。

4. 客户需要帮助时

（1）客户表示想问问题时，销售人员要主动上前询问。

（2）用亲切、平易近人的态度和方式与客户交谈，正确回答客户的问题。

（3）通过提问了解客户对车辆的要求，避免使用专业词汇询问客户。

（4）从一般性的问题开始提问，例如，询问客户是否来过展厅、购车的用途、过去使用车辆的经验等。

（5）与客户交谈时要热情和有信心，适当介绍公司及其产品。

5. 客户紧张时

在和客户的整个接触过程中，视情况使用下列方法来消除客户的紧张感。

（1）微笑，并保持目光接触，争取让客户主动询问。

（2）重复客户姓名，如有需要应核对客户姓名的正确发音。

（3）应与客户同来的每一个人都打招呼。

（4）给客户提供免费饮品，如咖啡、茶水、果汁等。

（5）让客户确定其与销售人员之间合适的身体距离。

（6）表现得放松和专业，禁止下列情况，如抽烟、手端一杯咖啡到处走动、斜倚在车上、没精打采地站着或坐着、站立时两手叉腰或者手插在裤兜里。

6. 展厅应对

1）确认客户来店的目的是寻求帮助时的应对

（1）客户来店的目的是问路、寻厕：和善地指示道路（用地图）或厕所的方向；如果客户没有马上离去，请客户在客户休息区稍作休息，并斟茶水、饮料；如果客户对新车有兴趣，伺机提供商品介绍。

（2）本店或他店客户来店的目的是寻求援助：表示急切关心，请客户坐下，斟茶水、饮料，问清楚车况，即可能发生故障的原因，马上通知维修技术部门人员处理。

2）确认客户来店的目的不是买车，而是要求和某人谈话时的应对

（1）被访者在的情况：先请客户在客户休息区坐下，马上通知被访者会客，斟茶水并说："先生（小姐）请用茶，请稍等一下，×先生（小姐）马上就来。"陪同客户，直到证实他（她）可以得到适当的帮助为止。

（2）被访者不在的情况："×先生（小姐）刚好外出，请您先坐一下，我马上帮您联系。"先请客户在客户休息区坐下，马上联络被访者。询问客户需求，且视情况主动关怀并提供服务，斟茶水并说："×先生（小姐）请用茶，我们已经在为您联系×先生（小姐）。"若无法联系到被访者，且销售人员无法为其服务，则请客户留下姓名、电话及来访目的后，再请被访者与客户联系；或写下被访者的移动电话号码，请客户与被访者联系。此时应感谢客户的光临，请求谅解，并表示今后如有需要，愿意效劳。

3）确认客户来店的目的是想看某种车，但是只想自己一个人浏览时的应对

感谢客户光临，递上名片以便提供进一步的帮助。让客户自己随意浏览参观，销售人员行注目礼，随时准备服务，在适当时机斟茶水并说："先生（小姐）请用茶。"尽可能留下客户资料，但不可强求。

4）确认客户来店的目的是想看某款车并需要帮助时的应对

销售人员要问清怎样才能为客户效劳，以自己的话复述客户的需求，请客户确认你对其来访目的的理解。感谢客户的光临，在适当时机斟茶水并说："先生（小姐）请用茶"，递上名片作简单介绍，若客户有疑问，可询问："先生（小姐）您好，不知道您喜欢哪一款车？"或"有什么我可以为您服务的吗？"若客户愿意继续交谈，向客户说明你想问的一些问题，以便更好地提供服务，判断客户是否愿意转到"咨询"步骤。

5）确认客户来店的目的是想看某款车，但展厅没车时的应对

销售人员可以对客户说："非常感谢您特地跑一趟，但是很不巧，我们的展厅刚好没摆这款车，是否请您……"

对应方式如下：

（1）请客户坐下，奉茶，建立良好的关系；

（2）用各种手册、资料等为客户进行商品说明；

（3）用自己或同事的座车作介绍，但要车况良好者；

（4）征求客户意见，指引到附近有车的展示室看车；

（5）查明有车的时间，和客户另约时间看车，在约定日前一天再和客户确认时间。

7. 客户离开时

（1）客户要离开时，要和客户约定下次见面的时间、地点等事项，并提醒客户携带物品。

（2）放下手中的其他事务，陪同客户到停车场，感谢客户惠顾并道别。

（3）陪同客户到车位，为客户打开车门，引导车辆出入。

（4）真诚地感谢客户光临，热情地欢迎客户再次来店。

（5）微笑，向离去的客户挥手致意，并目送客户离去。

8. 客户离去后

（1）整理客户信息，填写“客户信息资料表/卡”及“来店（电）客户登记表”。

（2）联系客户致谢。

（3）设定潜在汽车客户目标，制订跟踪计划。

（4）对每一位客户进行锲而不舍的跟踪，直到达成交易。根据调查，80%的销售是在第4～第11次跟踪后完成的。

三、接近客户的技巧

在通常的印象中，能说会道总是销售的最有利的武器。多数公司热衷于招聘口若悬河的销售人员。事实上，口才与销售成功与否并不存在正比关系。好的销售人员懂得什么时候应该说，什么时候应该倾听。国内外许多研究报告中指出，人们对销售人员的评价和看法，总是先入为主，有“首因效应”在起作用。销售人员要赢得客户的信任，给客户留下良好的印象，掌握接近客户的技巧非常重要。

参考阅读 2－6

销售员 A：有人在吗？我是大林公司的销售人员李诚。在百忙中打扰您，想向您请教有关贵商店目前使用收银机的事情。

商店老板：哦，我们店里的收银机有什么毛病吧？

销售员 A：并不是收银机有什么毛病，我是想问贵店是否已经到了需要更换新的收银机的时候。

商店老板：没有这回事，我们店里的收银机状况很好呀，使用起来还像新的一样，我没有考虑换台新的。

销售员 A：并不是这样哟！对面李老板已更换了新的收银机。

商店老板：不好意思，让您专程而来，以后再说吧。

参考阅读 2－7

销售员 B：郑老板在吗？我是大华公司的销售人员王涛，在百忙中打扰您。我是本地区的销售人员，经常经过贵店。看到贵店的生意一直这么好，实在不简单。

商店老板：您过奖了，生意并不是那么好。

销售员 B：贵店员工对客户的态度非常亲切，郑老板对员工的培训一定非常用心。我也常常到别家店，但像贵店服务态度这么好的实在是少数。对街的张老板，对您的经营管理也相当钦佩。

商店老板：张老板是这样说的吗？张老板经营的店也是非常好，事实上他也一直是我的学习对象。

销售员 B：郑老板果然不同凡响，张老板也是以您为学习的对象。不瞒您说，张老板昨天换了一台新功能的收银机，非常高兴，才提及郑老板的事情，因此，今天我才来打扰您！

商店老板：哦，他换了一台新的收银机呀？

销售员 B：是的。郑老板是否也考虑更换新的收银机呢？目前您的收银机虽然也不错，但是如果能够使用一台有更多的功能、速度也较快的新型收银机，您的客户不用排队等太久，从而会更喜欢光临您的店。请郑老板一定要考虑这台新的收银机。

（资料来源：中国 E 维企业服务网，接近客户的技巧的引入）

上面两个阅读材料中，销售员 A 在初次接近客户时，单刀直入地询问客户收银机的事情，让对方产生突兀、排斥的感觉，而遭到对方回问："店里的收银机有什么毛病？"销售员 A 在初次接触客户时，忽略了突破客户的"心理防线"，以及销售商品前先销售自己的原则。

销售员 B 在与客户初次接触时，首先以赞美的接近技巧打开客户的"心理防线"，然后自然地进入销售商品的主题。销售员 B 在接近客户前先做好准备工作，掌握了对方的姓氏，直接称呼"郑老板"；知道店内的经营状况，清楚对面张老板以他为学习对象等，这些都是销售人员拉近与客户的距离、保证成功的重要条件。

销售人员接近客户的方法很多，这里重点介绍五种方法。

（一）产品接近法

利用产品本身的特点，比如功能、色彩、款式、造型、新颖性等来代替销售人员的口头宣传，让产品本身引起客户的注意。汽车营销企业制定展车陈列规范，以达到依靠汽车本身吸引客户注意的目的。展厅陈列的车辆车身要保持清洁，挡风玻璃和车窗玻璃应保持明亮，轮胎经过清洗、上光，轮辋盖上的品牌标志保持水平向上，轮胎内侧护板要刷洗干净，没污渍；车厢内部要保持清洁，座椅调整至适当位置，以方便驾乘者驾驶或乘坐；后视镜要调整至合适位置，并擦拭干净，不留手印等污迹。展示车辆的规范化陈列能够将展示车辆的外观、造型、款式、色彩、特征等信息迅速传递给客户，引起客户对产品的注意，加深客户对产品的兴趣。展示车辆的规范化陈列能够营造出汽车文化、企业文化的氛围，带给客户愉悦、优美与和谐的美好感受。

（二）利益接近法

利益接近法是销售人员着重把商品给客户带来的利益放在第一位，首先把好处告诉客户，把客户购买商品能获得的利益讲出来，从而激发客户对商品的兴趣，增强购买信心。

在实际销售中，许多客户并不太了解销售品所蕴含的显性利益或隐性利益，又不愿主动询问这方面的问题，这妨碍了客户对销售品利益的正确认识。利益接近法迎合了大多数客户的求利心态，销售人员抓住这一要害问题予以点明，突出销售重点和产品优势，有助于快速达到接近客户的目的。

著名咨询公司对国内汽车消费者的调查显示，一般消费者在购车过程中平均会提出48个问题，包括商务问题、技术问题以及利益问题。无论商务问题还是技术问题，对汽车客户而言都是利益问题。汽车销售人员常常采用FAB特征利益法、FABE特征利益证据法等方法，向客户介绍汽车的配置、特性，以及汽车能给客户带来的利益。在向客户传达利益信息时要注意：

（1）客户已知和未知的利益都应该说出来，这能够强化客户对产品的印象，也可以避免客户对产品产生怀疑。大多数时候，客户不会轻易将内心的不满表达出来，如果销售人员也不说，客户不能确定该项利益仍然存在，内心会产生怀疑，甚至不满，从而影响销售。

（2）使用浅显易懂的语言表达。汽车是复杂的产品，汽车销售人员使用浅显易懂的语言更容易被大众接受，否则会产生沟通障碍，影响成交。

（3）提出的利益有建设性、有把握。销售人员首先要相信自己所说的，才能让客户相信，对提出的利益有把握。如“根据我们的测试，这种发动机技术比同级别汽车可能提高动力性 10%”，谈到客户关心的汽车动力性能时使用的是“可能”一词，这是对销售的产品没有信心的语言，要避免使用含糊、不确定、没把握的词语。

（4）创造和谐轻松的氛围。和谐轻松的氛围更能令销售人员成功接近客户、感染客户，更容易引导客户。

参考阅读2-8

向客户介绍汽车ABS

ABS系统的技术特征是：当制动系统的力量导致轮胎完全停止转动的时候，ABS在瞬间放开轮胎，轮胎重新开始滚动，立刻又被制动，这样在一秒钟的时间内重复多次。重复的次数随轮胎初始被制动时的速度而定，由电子系统决定。在许多时候，如此描述ABS的功能时，还不足以引起客户对ABS的重要性的认识。销售人员从ABS系统能给客户带来利益的角度进行介绍，对激发客户的需求产生重要的影响。例如，销售人员介绍时说：在遇到紧急情况或意外情况时，我们常采用“一停二躲”的方法，就是或者停车或者躲开。有的时候，刹车距离不够，必须控制车的方向以便躲开障碍物。当轮胎被刹车系统停止时，轮胎与地面就产生了滑动摩擦，因此，车的运动方向就不由司机控制了。科学家专门想出一个办法，把刹车有频率地松开一小会儿，这样就给了驾驶人员通过控制方向盘来瞬间地控制汽车的机会。这就是ABS系统。

（三）问题接近法

这种方法主要是通过销售人员直接面对客户提出有关问题，通过提问的形式激发客户的注意力和兴趣点，进而顺利过渡到正式洽谈。销售人员可以先提一个问题，引起客户的兴趣和注意，根据客户的反应再提其他问题；也可以准备一组问题，引导客户思考。这种方法可以单独使用，也可以与其他接近方法配合使用。例如，先提出客户关心、担忧的问题，引起客户的兴趣，再使用好奇接近法、利益接近法解答。

使用问题接近法时，要注意：

（1）准备的问题要有针对性，要突出重点。销售人员要在了解客户需求的基础上准备问题，要围绕客户关心的难题、关注的焦点、担心的困扰来准备问题，使提问起到“一针见血，切中要害”的效果。

（2）问题表述要简明扼要，形象、量化、生动。例如，汽车销售人员对客户说：“您希望车辆在不影响正常使用的情况下，每年支付的燃油费、保险费、保养费的支出减少30%吗？”

（3）问题尽量让客户回答“是”。销售人员准备的问题要让客户乐意回答和容易回答，要避免具有争议性、伤感情和客户不愿意回答的问题，以免引起客户的反感。同时，销售人员准备的问题要尽量让客户回答“是”。例如，有一位销售书籍的小姐，平时碰到客户和读者总是从容不迫、平心静气地提出两个问题：“如果我们送给您一套关于经济管理的丛书，您打开之后发现十分有趣，您会读一读吗？”“如果读后觉得很有收获，您会乐意买下吗？”这位小姐的开场白简单明了，也使一般的客户找不出说“不”的理由，从而达到接近客户的目的。

参考阅读 2-9

一个客户在考虑购买一辆卡车时说：“我不需要这种大型卡车，某公司制造的中小型卡车正适合我的需要。”在这种情形下，销售人员就要向客户证明他确实需要较大型的卡车。请看下面的对话：

销售员：您所运输的货物平均重量是多少？

客户：那很难说，估计是两吨吧。

销售员：有时多，有时少，是吗？

客户：对。

销售员：究竟需要哪种型号的卡车，一方面要看运输的货物，另一方面要看在什么公路上行驶，您说对吗？

客户：对，不过……

销售员：假如您在丘陵地区行驶，而且是在冬天，这时汽车的机器和车身所承受的压力是不是比正常情况下大一些？

客户：是的。

销售员：您冬天开车外出的次数比夏天多吧？

客户：多得多！夏天的生意不兴隆。

销售员：那么，也可以说您的卡车一般运载货物为两吨，有时还会超过两吨，冬天在丘陵地区行驶，汽车经常处于超负荷状态。

客户：对，这是事实。

销售员：这种情况也正好发生在您使用卡车最多的时候，对吗？

客户：是的，正好是冬天。

销售员：您在决定卡车的功率时，是否留有一定的余地比较好呢？

客户：你的意思是？

销售员：从长远的观点看，是什么因素决定一辆卡车值与不值呢？

客户：那当然要看它使用多长时间了。

销售员：有两辆卡车，一辆车功率相当大，因此从不过载，而另一辆车总是满负荷，您觉得哪一辆车使用的寿命长呢？

客户：当然是功率大的那辆车了。

销售员：您在购买卡车时，主要是考虑卡车的使用寿命，对吗？

客户：对，使用寿命和价格都要考虑。

销售员：我这里有些数据，通过这些数据您可以看出寿命和价格的比例关系。

客户：让我看看……

销售员：怎么样，您有什么想法？

……

（四）介绍接近法

销售人员初次与客户见面时常采用的形式有自我介绍和他人介绍。

1. 自我介绍法

这种方法是指销售人员自我口头表述，然后用名片、身份证、工作证来辅助，达到与客户相识的目的。在销售实践中，这种方法只可能引起客户的轻微注意，除非客户意识到自己有问题需要销售人员帮助，否则其对销售人员的兴趣很小。销售人员在与客户接触之初所作的绝大部分自我介绍是没有价值的，客户根本不会记住销售人员的名字，只有在建议内容引起客户的兴趣后，客户才会重新询问销售人员的姓名或者查看销售人员的名片。销售人员最好在客户对汽车产生兴趣之后，选择适当时机进行自我介绍，并且与其他接近方法同时使用，这样才能顺利地接近客户。

2. 他人介绍法

这种方法是销售人员利用与客户熟悉的第三人，通过电话、信函或当面介绍的方式接近客户。这种方式往往使客户碍于情面不得不接见销售人员。一般来说，介绍人与客户之间的关系越密切，介绍的作用就越大，销售人员也就越容易达到接近的目的。他人介绍法也有一定局限性：由于通过第三者介绍，客户可能出于人情而不会拒绝销售人员的接近，却不一定对销售产品感兴趣；对于某位特定的客户来说，他人介绍法只能使用一次，销售人员希望再次接近同一位客户，就必须充分发挥自己的接近能力；有些客户反感这种接近方法，他们不愿意别人利用自己的友谊和情感作交易。因此，销售人员使用这种方法获得接近客户的机会后，还要配合其他接近方法，以便与客户建立长期而友好的合作关系。

（五）赞美接近法

卡耐基在《人性的弱点》一书中指出：“每个人的天性都是喜欢别人的赞美的”。现实的确如此。赞美接近法是销售人员利用人们希望别人赞美自己的心理来达到接近客户的目的。

在优美的旋律下，你颇想与一位漂亮的女士共舞一曲，可惜女士的身边已经有舞伴。如何实现这个心愿而又不得罪那位护花使者呢？不妨试试对那位绅士说：“先生，您的舞伴真漂亮，如果您不介意，我可以请她跳支舞吗？”

当然，赞美对方并不是美言相送，随便夸上两句就能奏效的，如果方法不当反而会起反作用。在赞美时要恰如其分，切忌虚情假意，无端夸大。无论如何，作为一个销售人员或者销售经理，时时要记住，赞美别人是对自己最有利的方法。对下属的表扬比批评更能激发下属提高工作质量，表扬是最好的提高工作效率的办法。

参考阅读 2-10

下面这个案例中的客户很喜欢在电话中保持沉默，大家看一下电话营销高手是如何通过赞美让这位客户开口的。

电话营销人员：×先生，您好，我是“一点就通”咨询公司的舒娟，有件事情想麻烦您一下。

客户：(没有回应。)

电话营销人员：您好，我说的话您能听清楚吗？

客户：你说。

电话营销人员：考虑到目前整个IT行业的企业大部分都在使用电话营销来推广自己的业务，不知贵公司是否有用到呢？

客户：(还是没有说话。)

电话营销人员：×先生，您好！您那边听得见吗？

客户：你说吧！

电话营销人员：谢谢您让我说话，那我就不客气了。能让我说一句真心话吗？

客户：把你的真心话说给我听听，你说。

电话营销人员：我的感觉是您一定是一个善于思考的人。

客户：为什么？

电话营销人员：我在与您的通话中感觉到的，而且我觉得您还是一个非常无私的人。您把90%的说话时间留给了我，您一个人在电话那头一边思考，一边听。

客户：是吗？呵呵……

电话营销人员：能听到您的笑声，我很开心。我觉得您的笑声非常爽朗，让人听了很舒服。所以呀，您以后要经常笑，知道吗？不然就是浪费上天送给您的这个好礼物，而且经常笑还可以缓减压力，让您永葆青春。

客户：是吗？谢谢！你太会说话了。

电话营销人员：谢谢您的夸奖！我现在可以请教您问题了吗？

客户：好！好！我一定有问必答。

(资料来源：李向阳，舒冰冰. 电话营销实战案例精选[M]. 北京：人民邮电出版社，2011.)

以上接近技巧是汽车销售中常用的技巧，除此之外，还有请教接近法、表演式接近法、激发好奇心式接近法、震惊式接近法、多项询问式接近法等技巧。在实际工作中，应有技巧地接近客户，适时拉近与客户的距离，为后续销售工作打开良好的开端。

任务实施

一、任务描述

情境描述：在一个炎热的午后，五人同行来到某汽车经销店，其中三位男士、一位女士，还有一位三四岁的小孩。你作为该经销店的销售顾问，如何接待客户？

教师组织学生进行一次接待并接近客户的情境模拟和角色扮演教学。

二、任务目的

（1）学生能够探查客户的来意，根据客户到来的目的，按照接待流程和礼仪规范接待客户。

（2）学生能够缓解到店客户的心理紧张感，拉近与客户的距离。

（3）学生能够赢得客户的好感和信任。

（4）学生能够留下客户资料，为后续销售工作的开展打下基础。

（5）学生能够礼貌地送别客户。

三、任务实施步骤

第一步：准备。

（1）教师准备客户资料，包括到店目的、客户五人之间的关系、购买活动中的角色（购买者、决策者、使用者、影响者等）、购车客户的基本信息等。

（2）教师准备“来店（电）客户记录表”“客户信息档案”。

（3）教师编写情境脚本。

（4）学生分组。

（5）学生分配扮演角色。

（6）分配观察任务。

（7）布置场景。

第二步：实施。

（1）学生熟悉接待流程和接近技巧，进行准备。

（2）进行情境模拟。

第三步：描述与点评。

（1）进行观察的学生就所观察到的任务实施情况进行点评。

（2）扮演销售顾问和客户的学生分别叙述所扮演角色的心理活动和体会，帮助大家理解销售人员的心理和客户的心理。

（3）教师点评。

四、成果与检测

（1）在全班组织一次接待并接近客户的情境模拟。

(2) 教师根据学生在模拟和点评中的表现进行评估。

五、评估标准

评估标准见表 2-4。

表 2-4　任务实施评估标准

评估指标 \ 评估等级	评估标准	分值/分	得分/分
接待流程	接待流程规范，能灵活处理各种情况，仪表端庄，仪态大方	好（16～20）	
		中（12～15）	
		差（0～11）	
舒缓客户的紧张心理	能够舒缓客户的紧张心理，制造轻松的交谈气氛	好（24～30）	
		中（18～23）	
		差（0～17）	
自我心理调节能力	能够不急不躁、有礼有节地接待客户，给客户留下良好的印象	好（16～20）	
		中（12～15）	
		差（0～11）	
接近客户的能力	在接待客户的过程中运用接近技巧赢得客户的好感和信任	好（16～20）	
		中（12～15）	
		差（0～11）	
学习态度	态度认真，积极努力，能够完成任务	好（8～10）	
		中（6～7）	
		差（0～5）	

思考题

一位中年男性客户走进汽车销售公司后，直奔车辆展示区域，他站在一辆黑色商务轿车前一言不发。你作为汽车销售顾问，将如何接待并接近这位客户？

项目三 需求分析

项目描述

需求分析是汽车销售中的重要环节，汽车销售人员不仅要了解和发现客户的需求，还要强化客户的需求，这样才能促使客户将购买需求转化为积极的购买动机，从而实施购买行为。

项目目标

- 能够理解汽车客户的需要与购买动机之间的关系；
- 能够保持正确的销售心态面对客户；
- 能够与客户进行有效的沟通；
- 能够发现、开发、满足和强化客户需求。

引例

小王是某外资企业的一名普通员工，他想买一辆汽车上下班代步使用。当他来到 4S 店看车时，他不清楚他应该选择什么车型和配置。销售顾问张东接待了他，张东通过与小王的交流了解到他的用车需求，于是给小王推荐一款家用轿车，购车后小王感到非常满意。

任务 客户需求分析

任务分析

汽车销售人员要深入地了解客户真正的购买需要与动机；要善于与客户沟通，通过观察与分析，发现客户需求、开发客户需求、满足客户需求，并强化客户需求；通过热情、周到、细致的服务，与客户建立良好的关系，促使客户将购买需求转化为积极的购买动机，从而付诸购买行为。

相关知识

汽车客户需求对实际销售工作的指导作用是多方面的，它决定了企业市场营销活动、促销活动与销售活动的整体化。汽车销售人员必须了解汽车客户的需求特点，把销售任务的完成建立在满足客户需求的基础上，确定客户的主要需求，从而确定销售策略的主要着眼点和解决销售难题的主要方法，制订销售计划。

一、汽车客户需求的概念

（一）需求的概念

需求是人们对某种目标的需要、愿望、期望、渴望或欲望，欲望是一种心理现象，心理学把促成人们对某种目标的渴望或欲望叫作需求。人的需求总是在人与客观环境的交互作用的过程中产生的。人们一旦产生对某种事情（商品）、某种现象的不满足感或必要感，也就产生了需求，这种不满足感、必要感越强烈，由它引发的活动（行为）也就越有力、越积极，因此，需求是产生人的行为的原动力或内部驱动力。

当汽车客户产生对汽车和相关服务的需求时，就会在心理上产生紧张的情绪，随之产生寻找适宜的目标商品的心理倾向。当目标商品找到后，就产生满足需求的购买行为，当购买到满意的商品后，需求得到满足，原来的紧张心理就会消失。此后又产生新的需求，如此不断循环，持续下去。

（二）冰山理论

从 1895 年开始，心理学家西格蒙德•弗洛伊德将冰山理论应用于心理学研究，认为人的人格就像海面上的冰山一样，露出来的只是一部分，即有意识的层面，剩下的绝大部分都是处于无意识的状态，而这绝大部分在某种程度上决定着人的发展和行为。1932 年，美国作家海明威说："冰山运动之雄伟壮观，是因为它只有八分之一在水面上。"正是因为弗洛伊德和海明威在各自的领域将"冰山理论"提出并加以应用，这一理论才广为流传。

在汽车销售中，"客户需求的冰山理论"，就是说一个人的需求像一座冰山，销售人员看到的只是表面很小的一部分，比如产品、价格、质量等，称为显性需求，这是大多数人所能看到的购买原因，是销售人员要首先考虑满足客户的显性需求。实际上，这只是"冰山的一角"，销售人员还要想办法挖掘最深处隐藏着的客户需求，称为隐性需求，包括情感、感受、信任等，这是真正影响成交的因素。销售人员要能够使客户对自己产生信任、情感，这是销售中的最高境界。

（三）马斯洛需求层次理论

美国著名心理学家马斯洛的"需求层次理论"认为，个体成长发展的内在力量是动机。而动机是由多种不同性质的需求所组成的，各种需求之间有先后顺序与高低层次之分，每一层次的需求与满足，将决定个体人格发展的境界或程度。马斯洛认为，人类的需要是分层次的，由低到高的顺序是：生理需求、安全需求、社交需求、尊重需求、自我实现需求，如图 3－1 所示。

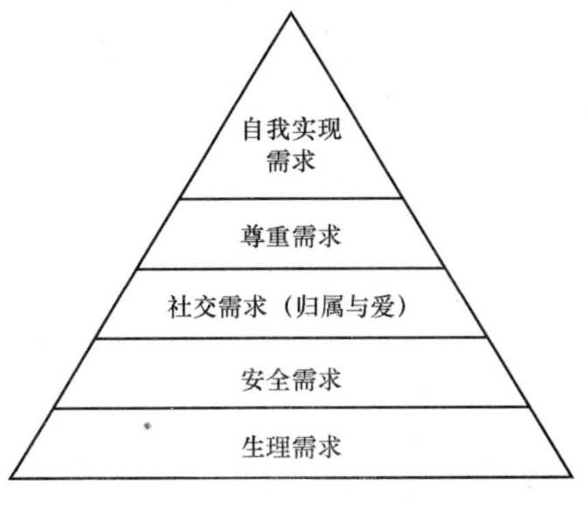

图 3－1 马斯洛需求层次理论示意

1. 生理需求

生理上的需要是人类最原始、最基本的需求，如空气、水、食物、衣服、住宅等。如果得不到满足，人类的生存就成了问题。这就是说，它是最强烈的、不可避免的、最底层的需求，也是推动人们行动的强大动力。

2. 安全需求

安全需求包括对人身安全，生活稳定以及免遭痛苦、威胁等的需求。安全需求比生理需求高一级，当生理需求得到满足以后就要保障这种需求。

3. 社交需求

社交需求也叫归属与爱的需求，是指个人对亲情、友情、爱情的需求，渴望得到家庭、团体、朋友、同事的关怀、爱护、理解。这一层次的需求与前一个层次的需求是截然不同的，它比生理需求和安全需求更细微、更难捉摸。当前两个层次的需求得到满足后，社交需求就出现，突显人的“社会性”。

4. 尊重需求

尊重需求既包括对成就或自我价值的个人感觉，也包括他人对自己的认可与尊重，即自尊和被他人尊重。有尊重需求的人关心的是成就、名声、地位和晋升机会，希望别人按照他们的实际形象来接受他们，并认为他们有能力，能胜任工作；如果不被别人尊重，他们会感到沮丧或愤怒。尊重需求很少能够得到完全满足，但基本满足就可以产生推动力。

5. 自我实现需求

自我实现需求是实现自我或发挥潜能，是最高等级的需求。达到自我实现境界的人，接受自己也接受他人。这时人的解决问题的能力增强，自觉性提高，善于独立处事，要求不受打扰地独处。要满足这种尽量发挥自己才能的需求，应该已在某个时刻部分地满足了其他需求。当然，自我实现的人可能过分关注这种最高层次的需求的满足，以至于自觉或不自觉地放弃满足较低层次的需求。

马斯洛认为各层次需求之间有以下关系：

（1）五种需求像阶梯一样从低到高排列，低层次的需求获得满足后，较高层次的需求才会出现并要求得到满足。相应的，只有未满足的需求才构成行为动机，获得基本满足的需求就不再是激励因素。

（2）五种需求可以分为两级，其中生理上的需求、安全上的需求和感情上的需求都属于低级需求，这些需求通过外部条件就可以满足；而尊重的需求和自我实现的需求是高级需求，它们是通过内部因素才能满足的，而且一个人对尊重和自我实现的需求是无止境的。

（3）同一时期，一个人可能有多种需求，但每一时期总有一种需求占支配地位，即需求中的主导需求，人们首先追求满足主导需求，并对其行为起决定作用，当主导需求被满足后它就会失去对人们的激励作用，人们就会转而注意另一个相对重要的因素。

（4）马斯洛和其他行为心理学家都认为，一个国家多数人的需求层次结构，是同这个国家的经济发展水平、科技发展水平、文化和人民受教育的程度直接相关的。在不发达国家，生理需求和安全需求占主导的人数比例较大，而高级需求占主导的人数比例较小；在发达国家，则刚好相反。

汽车销售人员要了解汽车客户在购车过程中可能会产生多种需求，如购车以代步的生理上的需求；考虑车辆主动安全、被动安全性能与配置的安全需求；使用车辆走亲访友、沟通亲情与友情的感情需求；通过车辆显示身份，树立自身社会地位，带来自我价值实现感受的需求等。汽车销售人员要通过对客户的观察，了解客户的性格，分析、判断客户可能存在的多种需求。

二、汽车客户需求分析的技巧

汽车销售人员要借助销售工具和沟通技巧全面了解潜在客户的真实需求和动机，以便有针对性地推荐车型。

沟通中最重要的两个技巧分别是倾听和说话，掌握了这两个技巧对于了解客户的需求具有重要的帮助作用。

（一）倾听

如果雄辩可以得天下的话，倾听则能够守天下。雄辩所能展示的风采，无论有多强的感染力，仍免不了语言的局限。倾听则能够在滔滔的话语中发现个人隐秘的心语。没有人会把自己的内心完全暴露给别人，也没有人能够不让自己的愿望从言语中流露出来。因此，了解别人的最好方式就是倾听。

1. 倾听的原则

（1）带着耐心听。不轻易打断别人的话是倾听的基本原则。在人际交往中，失败的倾听者犯得最多的错误就是打断别人的话头。人都有倾诉的欲望，因此不要轻易打断别人的话头，这是尊重对方的表现。在交谈中，学会控制说话的时间，因为倾听与说话是不能同时进行的。简要说明讨论的要点，包括主要论点，不过在简述要点时不要作详细论述和批判。当不认同对方的观点或与对方的意见不一致时，要学会控制情绪，不要与对方争论和打断对方的话头。

（2）带着关心听。“倾听”往往被当作“听见”，这是对倾听的误解，会导致“有效的倾听是一种与生俱来的本能”的错误看法。有效的倾听是指在对话中，把感观、感情和智力的输入综合起来，寻求其含义和理解的智力和感情过程。换成通俗的讲法，“听”的不仅是耳朵，还有眼睛、脑和心。有效的倾听是避免误解、冲突或拙劣策略的基础。根据调查数据，作为听者，有效倾听的平均效率是35%。要通过学习和练习有效倾听的技巧和方法，将自己训练成为一名高效率的倾听者。

倾听可以分为三个层次，在层次一上，听者完全没有注意说话人的说话内容，假装在听而实际上却在思考与谈话内容毫无关联的事，或内心想着辩驳，“我要证明他是错的”。听者感兴趣的不是听到的内容，而是对自我意见的表达。这种层次上的倾听，容易导致关系的破裂、冲突的出现、拙劣的策略等不良后果。在层次二上，听者局限于倾听说话人的语言内容，忽略说话人通过语调、身体姿势、手势、脸部表情和眼神所表达的意思。这种层次上的倾听，容易导致误解、错误的举动、时间的浪费和对消极情感的忽略。另外，因为倾听者是通过点头同意来表示正在倾听，而不是询问澄清问题的方式，所以说话人可能会误以为所说的话被完全理解了。在层次三上，听者能够带着关心倾听，会在说话者的谈话内容中寻找感兴趣的部分，将其作为获取新信息的机会；能够站在说话者的角度和立场考虑问题，避免作出武断的评价或受过激语言的影响；能够对对方的情感感同身受；能够设身处地地看待事物，进行询问而不是辩解。从层次一到层次三的过程，是练就高超倾听技巧的过程。

（3）别一开始就假设明白对方的问题。永远不要假设明白对方的话，在听完后，问一句：“你的意思是……”“我可不可以这样理解你的话……”“我没理解错的话，你的意思是……”。这样说的原因有二：① 有效重复是检查听者是否认真倾听的最佳手段，如果听者并没有注意倾听或者在思考别的内容，其一定不可能准确地叙述完整的内容；② 这也是一种精确的控制机制，复述说话者的信息，并将此信息反馈给说话者，也可以检验自己理解的准确性。

参考阅读 3-1

最近某驱动桥厂的产品质量发生了问题，其销售人员接到很多要求退货的投诉电话。这天，又有一位客户打来电话："听说贵厂最近生产的驱动桥……"销售人员急忙说："不好意思，某个批次的驱动桥确实出了点问题，我们一定会帮助……"对方说："我还打算向你们厂再进点货，这样的话我就再考虑考虑。"

当很多服务人员在面对客户投诉的时候，是一边听，一边紧张地想对策——我要证明他是错的、我要为我或我的公司进行辩解、我要澄清问题的症结所在，甚至不等客户说完就急忙打断客户的话。其实，这只能令客户越来越生气。

2. 倾听的技巧

（1）保持目光接触。交谈时不看着对方，大多数人会将其解释为冷漠或不感兴趣。虽然倾听用的是耳朵，但是对方可以通过观察听者的眼睛来判断听者是否真的在听。

（2）要适时地点头表示赞许，还要配合恰当的面部表情。有效倾听的倾听者会对所听到的信息表现出兴趣。一些非语言的信号，如表示同意的点头、恰当的面部表情，与积极的目光接触配合，可以让说话的人知道其在认真地倾听。

（3）不要做出分心的举动和手势。倾听者应尽量避免做出让人感觉思想在游走的举动，这样说话者就知道对方确实是在认真地倾听。在倾听时，不要进行下面的举动：一直看表、心不在焉地乱翻资料、随手拿笔乱写乱画。这些举动会让说话者感到听者很厌烦，对话题不感兴趣，更重要的是，这表明听者并没有集中注意力，因此听者很可能会漏掉说话者传达的一些有效的信息。

（4）带有批判性的倾听者会分析自己所听到的内容，并提出问题，这样做可以确保对倾听内容的有效理解。

（5）有效重复。用自己的话把说话者所表达的信息再叙述一遍。有些人在倾听时会说“你的意思是不是……？”或者“我觉得你说的是……”

（6）少说为妙。大多数人都只愿意倾诉自己的想法而不愿意聆听别人。很多人愿意聆听，其目的也只是因为这样可以换取别人对他的聆听。尽管说的乐趣可能远大于听，因为沉默会让人难受，但是一个好的听众应该懂得听和说不可能同时进行这个道理。

（7）顺利转换听者与说者的角色。在大部分工作环境中，听者与说者的角色常常在交换。有效的倾听者能够使说者到听者以及听者再回到说者的角色转换十分流畅。从倾听的角度而言，这代表听者正全神贯注于说者的谈话内容。

卡耐基说过，他曾与一位著名的植物学家聊天，听对方谈大麻和马铃薯的种植，结果他被对方评价为“最有意思的谈话家”。其实卡耐基本人并没有说几句话，只不过表达出了一种受益良多，并愿意了解更多信息的愿望。许多人不能留给别人好的印象，主要是因为他们不注意听别人讲话，他们太专注于自己要讲的话。

（二）语言表达

1. 说话的技巧

参考阅读 3－2

情　景　一

汽车销售员不要说："对不起，我们卖给你一辆有毛病的汽车。"
客户会认为："有毛病的汽车也卖给我？"
汽车销售员应该说："我理解这辆汽车给您带来了不便。现在看看我们能为您做些什么。"

情　景　二

汽车销售员不要说："我明白您的意思，维修车间的那些家伙经常乱来，真对不起。"
因为客户会认为："我不管谁乱来，我要解决问题。"
汽车销售员应该说："我明白您的意思，我会跟维修车间协商一下，1 小时后您答复。"

销售人员与客户交谈时，客户在意的不是说话的内容，而是说话者怎么说。销售人员可以掌握一些说话的技巧。

（1）说"我会……"。事实表明，许多客户听到"我尽可能……"后，会感到很生气，因为他们不知道"尽可能"有多大的可能。但当他们听到"我会……"后就会平静下来，因为销售人员表达了服务意愿，以及将要采取的行动计划，客户就会满意。通过使用说"我会……"这一技巧，销售人员自己也能从中受益，通过列出要采取的步骤，销售人员会明确必须采取的行动，给自己一个好的开端。

（2）说"我理解……"。"我理解……"是体谅客户的情绪。销售人员需要理解并体谅客户的情况和心情，而不要进行评价或判断。如果销售人员对客户所遇到的难题不感兴趣，对客户的境况不关心，那么也容易导致客户生气。错误的表达方式有"我早就提醒过你""这不是我的责任""你为什么这么生气""我不知道"等。

（3）说委婉的话。人们在听到"你必须……""你本来应该……"等命令式语气时，会不愉快或恼火。换成"你能……吗？"的说法可以缓解客户的紧张心情，语气更委婉，更容易被客户接受。

与人交谈少用否定句，多用肯定句，也是将语言变得更委婉的方法。如将"今天不行，你必须等到明天才能拿到材料"改为"你明天可以拿到材料"是婉转的表达方式。

（4）3F 法。3F 依次代表 Fell、Felt、Found 这三个英文单词，它是一种表示体谅客户感受的方法，提供一种客户能听得进去的说明方法，如"我理解你的感受（Fell），其他客户也曾经有过这样的感受（Felt），不过在使用以后他们发现（Found），产品这样设计更能保护他们的安全"。

（5）先讲明原因会更快吸引人们的注意。人天生就爱刨根问底，正如孩子总喜欢问"为什么”。当有人提供信息时，人们最关心、最想知道的就是“为什么”。基于这一实际情况，先讲明原因，能更快吸引人们的注意，如“要想省钱……”，或者“下面是问题的答案……”。当向他人传达技术信息，而其他人可能不懂时；当认为别人可能不会相助时；当别人不了解你或不相信你时；当他人的原因产生影响时，可以使用这一技巧。常用的方法举例：“为了节约你的时间……”“为了让我更快地满足你的要求……”“为了便于我们的产品接近你的要求……”。

（6）注意声音、音量、语调。销售人员要使自己的声音清晰、稳重，又充满自信、活力与热情；音量应适中，使对方从声音中感受到轻松自在和愉快；语调应平稳，并保持适度变化，使对方不感到单调乏味。

（7）“七不问”原则。从商务礼仪的角度出发，与客户交谈应遵循“七不问”原则，即不问年龄，不问婚姻，不问收入，不问地址，不问经历，不问信仰，不问身体。

2. 提问的技巧

销售人员常运用提问技巧来引起客户的注意，同时获得自己不知道的信息和资料，传达自己的感受，控制洽谈的方向。问题的关键不在于提问的多少，而在于是否善问。销售人员应根据洽谈对象、内容和目的的不同采用各种不同的提问方式。在一般的洽谈场合，提问主要分为封闭式提问和开放式提问两大类型。

（1）封闭式提问。封闭式提问是指由特定的领域带出特定答复的问句，一般用“是”或“否”作为回答。例如“上次到公司没看到您，您是出差了？”这类问句，可以使发问者得到特定的资料或信息，而答复这类问题也不必花时间思考。但这类问句有相当程度的威胁性，往往引起人们不舒服的感觉。这类问题分为以下几种情况：

① 选择式问句，即给对方提出几种情况，让对方从中选择的问句，如“您需要的颜色是银白色还是浅灰色？”“给您来一杯茶，还是一杯咖啡，或者一杯冰水？”等。这都是提出两个以上的条件供对方任意选择，对方只是在指定范围内选择。

② 澄清式问句，即针对对方的答复重新让其证实或补充的一种问句，如“您说这类设备要订购 100 台，决定了没有？”等。这种问句目的是让对方对自己说的话进一步确认。

③ 暗示式问句。这种问句本身已强烈地暗示出预期答案，如“这种款式现在市场供不应求，价格还会上涨，您说是吗？”这类问句中已经包含了答案，无非是敦促对方表态而已。

④ 参照式问句，即把第三者的意见作为参照系提出的问句，如：“经理说，今年的订货量提高 10%，你们认为怎么样？”等。这类问句中，如果第三者是对方熟悉的人，对谈判对手会产生重大的影响。

（2）开放式提问。开放式提问是指在广泛的领域内提出具有广泛答复的问句，通常无法用“是”或“否”等简单的措辞作出答复，例如“您看我们的洽谈应当怎样开展才好？”“您对明年的市场变化有什么考虑？”等。这类问句不限定答复的范围，所以能使对方畅所欲言，获得更多的信息。开放式问句还有以下一些句式：

① 商量式问句。这是和对方商量问题的句式，如：“下个月与上海某厂有一项业务洽谈，你愿意去吗？”“这次给你方的折扣定为 3%，你认为如何？”等。这类问句一般和对方切身利益有关，属于征询对方意见的发问形式。

② 探索式问句。这是针对对方答复内容继续进行引申的一种问句，如：“您提到谈判中存在困难，能不能告诉我主要存在哪些困难？”等。这类问句不但可以获取比较充分的

信息，而且可以显出发问者对对方所谈问题的兴趣和重视。

③ 启发式问句。这是启发对方发表看法和意见的问句，如："明年的物价还要上涨，你有什么意见？"等。这类问句主要启发对方谈出自己的看法，以便获得新的意见和建议。

在洽谈过程中，发问者要多听少说，多运用开放式问句，谨慎采用封闭式问句。发问者应事先了解对方的情况，打好腹稿，注意发问的时机，取得对方同意后再进一步提问，由广泛的问题逐步缩小到特定的问题，避免含混不清的措辞，避免使用具有威胁性、教训性、讽刺性的问句，避免盘问式或审问式的问句。

3. 回答问题的技巧

答复不是一件容易的事情，因为销售人员对回答的每一句话都负有责任，都将被对方理所当然地认为是一种承诺。这便给销售人员带来一定的精神负担和压力。因此，一个销售人员销售水平的高低，在很大程度上取决于其答复问题的水平。

在一般情况下，在销售洽谈中应当针对对方的提问实事求是地正面回答。但是，由于销售洽谈中的提问往往千奇百怪、形式各异，都是对方处心积虑、精心设计之后所提，有一定的目的性，如果对所有的问题都正面提供答案，并非明智之举。所以，答复问题也必须运用一定的技巧。

（1）答复者应将提问的范围缩小，或者不作正面答复，而对答复的前提加以修饰和说明。例如对方询问我方产品质量如何，我方不必详细介绍产品所有的质量指标，只需回答其中主要的某几个指标，从而形成质量很好的印象即可。总之，对对方提出的某些问题，如果觉得和盘托出于我方不利，可以只作局部的答复，适当留有余地，以免让对方了解我方的底牌，使我方陷于被动。

（2）针对提问者的真实心理进行答复。有时提问者有特殊的目的，有意识地含糊其词，使所提问题模棱两可。此时，如果答复者没有认清提问者的真实心理，就可能在答复中出现漏洞，使对方有机可乘。因此，答复者在遇到这种情况时，一定要认真分析，揣摩对方的真实心理，然后针对对方的心理作答，切不可自作聪明，按自己的心理假设进行答复。

（3）拖延回答。遇到一时难以答复或有待请求查询的问题时，不必勉强作答，完全可以用"资料不全""需要考虑""有待请求后再答复"等作为理由延缓解答，这并不是无礼的表现。

（4）含糊应答。当遇到一些比较棘手、难以作确切回答，但必须予以答复的问题时，可以运用这种含糊的应答法，即借助一些宽泛模糊的语言，使自己既作了答复，又留有余地，具有某种弹性，即使在意外的情况下也无懈可击。例如当对方询问我方是否可将价格再压低一些时，我方可以答复："价格确实是大家非常关心的问题，不过我们产品的质量和售后服务都是一流的……"。

（5）反诘诱问。此即对方提出某一问题后，我方虽掌握足够的资料却不直接答复，而是按照一定的思路步步为营、环环相扣地向对方进行反问，尽量使对方每问必答，而且不得不对我方的反问表示同意，从而身不由己地进入我方预定的目标范围，然后我方再综合对方对反问的回答，概括出对方的结论作为我方的答复。这种答复方法由于充分利用了对方的答案，所以对方感到难以反驳，容易表示折服。

（6）不予理睬。对一些明显不值得回答或不便回答的问题完全可以不予理会。当然，不要只是简单地沉默不语，最好是转移话题或以资料数据不齐为托词，拖延或拒绝回答。

（三）需求分析工具

汽车销售顾问要清楚潜在客户的购买目的和重点。如果将潜在客户对汽车的提问理解为客户需求的话，至少找到了需求的来源，就是客户现在使用同类产品时出现的困惑、问题、烦恼。这些困惑、问题、烦恼在开始的时候可能不足以大到让他们采取解决问题的行动。直到问题逐渐演变，开始变成巨大的困惑、严重的问题、无穷的烦恼，客户不得不采取行动解决问题，消除烦恼，这才是客户所有需求的真正来源。客户在购买的过程中，不是根据他们感知的需求作决定，而是根据问题来作决定，即问题越突出，需求越强烈，需求越强烈，客户愿意为此支付的货币就越多。

但是，走进汽车经销店的潜在客户不会首先跟销售人员谈他们的问题和困惑。所有人的本能是倾向于回避问题、回避困惑，“讳疾忌医”就是这个道理。回避问题并不等于问题得到了有效的解决，高超的汽车销售人员不会立刻指出所看到的客户的问题，因为任何人既不喜欢承认自己的问题，又不愿意别人为他们指出问题。因此，需要高超的销售技巧，既要显示销售人员完全可以协助客户解决他们的困惑，又不能让他们知道销售人员完全了解他们的困惑。

销售人员要通过有效的提问来有效暗示并让客户体会到，所销售的产品完全可以解决客户存在的问题和困惑。例如，销售人员问客户：“你现在开什么车？”这个问题实际上就是要知道客户现在开的车与销售人员将要推荐的车之间的区别，也就是客户现在的困惑。如果客户现在开的是一辆轿车，那么，轿车与越野车相比其区别就是客户未被满足的需求。如果客户关注的重点只是价格，那么汽车的任何先进技术对客户来说都不起作用；如果客户关注的重点是彰显地位，那么与其谈任何优惠的价格、促销活动等因素对其都不构成诱惑。所以，可以借助“需求分析表”（表 3–1）了解潜在客户的购买重点，有针对性地向客户介绍汽车。

表 3–1　需求分析表

<table>
<tr><td colspan="2">基本信息</td><td>客户姓名</td><td></td><td>兴趣爱好</td><td colspan="2"></td><td>来访日期</td><td></td></tr>
<tr><td rowspan="7">新车期望</td><td>意向车型</td><td colspan="3"></td><td>使用者</td><td colspan="3">本人/爱人/儿女/父母/公务用车/商务用车/其他</td></tr>
<tr><td>主要用途</td><td colspan="3">家用代步/商务/公务/休闲/营业/其他</td><td>购车预算</td><td colspan="3"></td></tr>
<tr><td>购车要求</td><td colspan="7">外观/安全/操控/舒适/实用/性价比/售后服务/经济/配置/促销优惠/其他</td></tr>
<tr><td>配置要求</td><td colspan="7">皮座椅/铝车轮/天窗/倒车影像/氙气大灯/加热座椅/定速巡航/其他</td></tr>
<tr><td>乘客人数</td><td colspan="3"></td><td>车的颜色</td><td colspan="3">黑/白/灰/红/黄/其他</td></tr>
<tr><td>购买方式</td><td colspan="2">现金/按揭/分期/置换</td><td>预期首付</td><td></td><td>预期月付款</td><td colspan="2"></td></tr>
</table>

续表

<table>
<tr><td rowspan="2">用车经历</td><td>品牌、车型</td><td></td><td>选择的原因</td><td></td></tr>
<tr><td>不满意的原因</td><td></td><td>年限、里程</td><td></td></tr>
<tr><td>备注</td><td colspan="4"></td></tr>
<tr><td colspan="5">总结</td></tr>
<tr><td colspan="2">外型/配置需求重点</td><td></td><td>安全配置需求</td><td></td></tr>
<tr><td colspan="2">动力性需求重点</td><td></td><td>舒适/实用性需求重点</td><td></td></tr>
<tr><td colspan="2">推荐车型</td><td colspan="3"></td></tr>
</table>

参考阅读 3-3

有一天，一个客户到某专营店买车，他在展厅里仔细地看了一款多功能的 SUV，这个公司的销售人员热情地接待了他，并且对他所感兴趣的地方也作了详细的介绍。之后，这个客户很爽快地说马上就买。他接着还说，之所以看中这台 SUV，是因为他特别喜欢郊游，喜欢出去钓鱼。这是他的一个爱好，他很早以前就一直想这么做，但是工作忙没时间，现在自己开了一家公司，有了一点积蓄，也有了一些时间，所以就想改善一下。

当时客户和销售人员的谈话气氛比较融洽，要是按照以前的做法，这个销售人员不用多说，直接与客户签合同，让客户交订金。但是这个销售人员没这么简单地就下定论，他继续跟客户聊。通过了解客户的职业，他发现了一个问题。

这个客户是做工程的，其业务的主要来源是他的一个朋友 A，只要这个朋友 A 一到他公司所在的城市，他都会去接他，但是跟他一块去接这个朋友 A 的还有其他竞争对手，也就是说，朋友 A 来了以后，可能会把活儿给客户分一点，大家分享一个工程的活。由于这个客户过去没车，而他的一个竞争对手有一辆北京切诺基，人家开着车去接，他只能找个干净一点的出租车去接，他的想法是不管接到还是没接到，反正我的诚意已经表达了。但结果每次去接的时候，这位朋友都上了他的出租车，而没去坐那辆切诺基。购车客户并不知道其中的原因。但销售人员感觉到这里面肯定有问题，并帮助客户分析他的这位朋友为什么总是上他的出租车，而不上竞争对手的切诺基。

销售人员问："是因为你的朋友对你们两个人厚此薄彼吗？"

客户说："不是的，有的时候他给竞争对手的工程活儿比我还多，很多时候他给竞争对手的是肉，给我的是骨头。"

这位销售人员分析道："你那个朋友尽管对你们两人一视同仁，但实际上他有一种虚荣心，不喜欢坐吉普，而喜欢坐轿车。出租车毕竟也是轿车嘛。"

销售人员说："我认为，您现在买这个 SUV 不合适，客户来了，去接的车，一个切诺基，一个 SUV，两个车基本一样，上哪个车，另一个人脸上都挂不住。以前一个是吉普，一个是出租车，总还有所区别，出租车好歹是个轿车。到那个时候万一客户自己打的走了，怎么办？”

这个客户想想，有道理，然后销售人员又分析说：“我的想法是，根据您的这种情况，您现在还不要买这台SUV。您买SUV，我认为您纯粹只是用于个人消费，因为您买这台车只满足了您的个人爱好，对您工作没有什么帮助。我建设目前把购车看作投资比较好，这个SUV的价格为18万～20万，在这种情况下我建议您还是花点钱去买一辆轿车，您用这个新买的轿车去接您的朋友、接您的客户，那不是更好吗？”

这个客户越听越有道理，最后他下了决心：“好吧，我听你的。”客户之所以听销售人员的，是因为销售人员站在客户的角度看问题，从客户的角度来讲，他认为销售人员的眼睛不是光盯着他口袋里的钱，而是在为他着想。他说：“我做了这么多年的生意，都是人家让我多花钱，我还没碰到过我想买车而卖车的还不愿卖给我，却给我分析利弊，跟我说买这款车是投资，买那款车是消费，把利害关系分析得这么清楚的事。虽然这个买卖的决定权在我，但我觉得你分析得有道理，确实是这个情况，按照现在公司的水平我还没达到个人潇洒的那种水平。”于是他听从这位销售人员的建议，买了一款同等价位的轿车，很开心地把车开走了。

在把车开走之前，客户对销售人员说：“非常感谢你，我差点就买了一个我一时不需要、对我的工作没有帮助的车，现在公司发展还没有到达那种花钱大方的程度，我差一点没有把钱用在刀刃上。”

这位销售人员很会说话：“先生，您不用对我客气，您要是想谢我的话，就多介绍几个朋友来我这儿买车，这就是对我最大的感谢。”

客户说：“你放心，我一定会帮你介绍的。”

果然，没过多长时间，他亲自开车带了一个朋友来找销售人员。经过介绍，大家聊得很好，新客户又在这儿买了一台车。

这位销售人员还是用同样的方法跟新客户说：“您买了这台车以后，若觉得好就请帮我在外边多宣传，多美言两句。”

新客户说：“好，当然没问题，我们这个王兄，他在你这儿买的车，我就是他介绍来的，现在我也很满意，我也会给你介绍客户的。”

半年以后，最先买轿车的客户又来找销售人员。他说：“我来找你是来圆我的那个心愿的。”

这个销售人员一听就乐了，因为他知道客户赚到钱了，来买那台SUV了。

以客户为中心的顾问式销售让销售人员在半年之内至少卖了三台车。

（资料来源：韩宏伟. 汽车销售实务——销售流程篇［M］. 北京：北京大学出版社，2006.）

三、汽车客户的购买动机

如果有人问你为什么买手机？你会如何回答呢？你通常会说因为我需要；接着的问题是：你需要它做什么？你说：我需要方便沟通，让朋友随时可以找到我；进一步的问题是：那你为什么要花费这么多钱买一个很漂亮的手机呢？你说：因为它的外形好看呀；接着问下去：你不是需要方便沟通吗？你说：我当然需要方便沟通，但是，还有……

你一定还有许多没有说出来的原因，比如，让你周围的人感到你的时尚，因为你买的是最新款的手机；你可能还有携带方便的需求，所以要小巧的手机；也许你还有更加不方便说出来的原因，比如，给女朋友一个惊喜等。

任何客户在购买任何产品时，都会出现这样的情况，那就是有一部分是他们清楚的原因，也有一部分是他们没有意识到，即使意识到了也不愿意承认的原因。前者称为显性动机，后者则称为隐性动机。

正如人们购买手机会有多种不同的需求一样，人们购买汽车也有显性动机和隐性动机。客户的购买行为是由动机支配的，而动机又是由客户的某种需求所引起的，所以，研究客户购买行为的原因时，要了解客户的购买动机。

动机是人们进行各种活动以满足一定需要的愿望与信念，或者说，动机是引起人的行为，维持该行为引导一定目标的心理活动的过程。所以，动机是驱使和诱发人们从事某种行为的方向，它是产生行为的直接原因。动机是在人的需求的基础上产生的，并且在需求强度达到某种水平以上才能形成并引起行为。汽车销售人员不仅要发现客户的需求，满足客户的需求，还要强化客户的需求，使其需求变得强烈，让客户认为这个问题不能再拖延了，必须马上解决。需求越强烈、越迫切，推动客户进行购买行为的内在驱动力强度越大。

四、销售模式

销售模式是指根据销售活动的特点及对客户购买活动各阶段的心理演变应采取的策略和方法而总结出的一套程序化的标准销售形式。销售模式形成于销售实践，具有很强的可操作性，对于促进销售效率的提高具有积极意义。

（一）爱达模式

世界著名的销售专家海因兹·姆·戈德曼根据客户购买心理变化过程的四个阶段——注意（Attention）、兴趣（Interest）、欲望（Desire）、行动（Action），英文缩写为 AIDA——总结出销售的四个步骤：引起客户的注意、唤起客户的兴趣、激发客户的购买欲望、促成客户的购买行动。爱达模式的含义可以表述为：一个成功的销售人员必须把客户的注意力吸引或转移到销售品上，使客户对销售品产生兴趣，这样客户的购买欲望就随之产生，而后促使客户采取购买行为，最后达成交易。爱达模式的操作步骤如下：

（1）引起客户的注意。引起客户的注意是指销售人员通过销售活动刺激客户的感觉器官，把客户的心理活动、精力、注意力等吸引到销售人员和销售品上来，促使客户对销售人员和销售品形成良好的感觉、正确的认识和有利于销售的态度。人们的购买行为通常是从注意开始的，引起客户的注意是销售的第一步。客户的注意分为有意注意和无意注意。无意注意是指客户事先没有预定的目标，当周围环境发生变化时，不由自主地对销售活动产生注意。在销售活动中，销售人员受到客户有意注意的机会比受到无意注意的机会少得多，因此，销售人员要积极努力地设法把客户的无意注意转化为有意注意，使客户愿意把注意力从其他事情转移到对销售人员和销售品的注意上来。

（2）唤起客户的兴趣。唤起客户的兴趣是指唤起客户对销售活动和销售品的兴趣。在购买过程中，客户的兴趣与注意有着密切的联系，兴趣是在注意的基础上发展起来的，反过来又强化注意。销售人员在引起客户的注意的同时，要唤起客户的购买兴趣，保持客户对销售活动的直接的、积极的、长期稳定的兴趣。客户对购买兴趣的发生和发展也是以需要为前提的，销售人员要让客户认识到对销售品的需求，认识到购买所能带来的利益和好处。

（3）激发客户的购买欲望。激发客户的购买欲望是指销售人员通过销售活动唤起客户的购买兴趣后，客户产生对销售品的强烈的拥有愿望，从而将对销售品的需要和欲望放在重要的位置，导致产生购买的欲望。当对销售品产生兴趣后，客户会考虑是否应该拥有该销售品，权衡买与不买的利害得失。此时如果销售人员不能消除客户的疑虑，强化客户对销售品的积极心态，就不能激起客户对销售品的购买欲望。欲望包括认识、动情、追求三个阶段，认识是产生欲望的起点，动情是基于认识而产生的情感反应，追求是对有特定目标的购买行为的心理倾向。销售人员要善于运用这一原理，设法打消客户的种种疑虑，使客户对购买持肯定态度，激发客户的购买欲望。首先，应使客户对销售品和购买利益有充分的认识，用客户乐于接受的内容和方式引导客户对销售形成积极肯定的态度，建立较为牢固的信任。其次，使客户认识到自己有某种需求，而销售品刚好能满足这种需求。最后，用充分的理由和证据使客户认为购买决策是正确的。

（4）促成客户的购买行为。促成客户的购买行为是指销售人员要强化客户的购买意识，培养客户的购买意向，促使客户最终产生购买行动。促成客户的购买行动是爱达模式的最后一个步骤，它是全部销售过程和销售努力的目标，也是对前三个过程的总结和收获。销售人员要观察客户心态的变化，把握成交的信号和时机；应神情自然，以平衡的心态迎接成交时刻的到来；应抓住机会，坚定客户的购买信心，打消客户的疑虑，使客户采取购买行动。

（二）迪伯达模式

迪伯达模式是由销售专家海因兹·姆·戈德曼根据自己的销售经验总结出来的销售模式。它是把六个英文单词的第一个字母组合为 DIPADA 的译音，这六个单词分别是 Definition（发现）、Identification（结合）、Proof（证实）、Acceptance（接受）、Desire（欲望）、Action（行动）。它们依次表达了迪伯达模式的六个销售步骤，即准确发现客户的需求和愿望、把销售品和客户的需求与愿望结合起来、证实销售品符合客户的需求与愿望、促使客户接受销售品、刺激客户的购买欲望、促使客户采取购买行动。它的特点是紧紧抓住了客户需要这个关键环节，它比爱达模式复杂、步骤多，但针对性强、销售效果好，因而受到销售人员的重视。它一般适用于销售生产资料产品、无形产品以及无形交易，也可以用于向老客户、熟悉的客户和单位购买者销售产品等。迪伯达模式的操作步骤如下：

（1）准确发现客户的需求和愿望。需求是客户购买行为的基础，销售人员要利用多种方法寻找与发现客户显性和隐性需求，通过说服启发，刺激与引导客户认识需求，创造销售成交的机会。

（2）把销售品和客户的需求与愿望结合起来。销售人员了解客户的需求后，要及时对客户的需求和愿望进行总结和提示，使话题自然转向销售品和客户需求与愿望的结合。这一步骤是迪伯达模式应用的关键环节，汽车销售人员要从客户的利益出发，运用汽车产品介绍技巧，将客户的需求与产品能带来的利益结合起来，自然地引起客户对销售品的兴趣。根据调查资料显示，汽车客户在购车过程中会问到 48 个问题，均是关于产品、付款和服务的问题，这三个方面的问题都与客户的切身利益相关，因此，汽车销售人员要善于从需求与产品的角度寻找二者的结合点。

（3）证实销售品符合客户的需求与愿望。证实不是简单的重复，而是销售人员使客户认识到销售品符合其需求。要达到这个目的，销售人员要做好证据、理由的收集和应用等准备工作，熟练掌握展示证据和证实销售的技巧。

（4）促使客户接受销售品。销售人员要让客户购买产品，必须使客户真正了解和认识产品，客户只有接受了销售品，才有可能采取购买行动。这一步骤是对前段销售过程的总结，常与第三步骤的证明需求与愿望结合成一体，即销售人员在证明销售品符合客户的需求与愿望的过程中，使客户了解销售品，认识销售品，并接受销售品。

（5）刺激客户的购买欲望。当客户接受了销售品之后，销售人员应及时激发客户的购买欲望，利用各种诱因和刺激使客户对销售品产生强烈的满足个人需求的愿望和感情，为客户的购买行为打下基础。这一步骤与爱达模式的“激发客户的购买欲望”相同。

（6）促使客户采取购买行动。销售人员在前面销售工作的基础上，抓住成交时机和成交信号，巧妙地促成客户作出购买决定，圆满结束销售。这一步骤与爱达模式的“促成客户的购买行为”相同。

（三）埃德帕模式

埃德帕模式是五个英文单词的第一个字母组合（IDEPA）的译音，这五个单词分别是Identification（结合）、Demonstration（示范）、Elimination（淘汰）、Proof（证实）、Acceptance（接受）。它们依次表达了埃德帕模式的五个销售步骤，即把销售品和客户的需求与愿望结合起来、向客户示范销售品、淘汰不宜销售的产品、证实客户的选择是正确的、促使客户接受销售品。它与迪伯达模式相近，适用于对有明确购买愿望和购买目的的上门客户进行销售，也可以用于向熟悉的中间商进行销售。埃德帕模式的操作步骤如下：

（1）把销售品和客户的需求与愿望结合起来。主动上门的客户都是带着明确需求而来的，购买意向明确，销售人员要尽可能多地向客户提供可供选择的销售品，并注意发掘客户的潜在需求和愿望，揣摩客户的心理，把销售品与客户的愿望结合起来。

（2）向客户示范销售品。向客户示范销售品既有助于客户更好地了解、认识销售品，又有助于销售人员更好地了解客户的需求，进而更好地根据客户的需求介绍销售品，这两者是互相促进的过程。

（3）淘汰不宜销售的产品。在前两个阶段，由于销售人员向客户提供的销售品较多，其中一部分可能与客户的需求标准距离较大，因此需要把这部分不合适的产品淘汰，把销售的重点放在适合客户需求的销售品上。在决定是否淘汰某种商品时，销售人员应认真了解和分析客户需求的真实原因，不轻易淘汰销售品。

（4）证实客户的选择是正确的。证实有助于坚定客户的购买信心，因此销售人员应注意针对客户需求的不同类型，用具有说服力的例证去证明客户的选择是正确的，并及时对客户的正确选择予以赞扬。

（5）促使客户接受销售品。这一步骤的主要工作是针对客户的具体特点促使客户接受销售品，作出购买决定。此时影响客户购买的主要因素不是销售品本身，而是购买后的一系列问题，如结算、运输、手续办理、货物退赔等，销售人员若能对上述问题予以尽力解决，就会坚定客户的购买信心，使其迅速作出购买决定。

（四）吉姆模式

吉姆模式旨在帮助培养销售人员的自信心，提高说服能力。其关键含义是“相信”，即销售人员一定要相信自己所销售的产品（G），相信自己所代表的企业（E），相信自己（M）。吉姆模式的操作步骤如下：

（1）相信自己所销售的产品。销售人员应对销售品有全面、深刻的了解，应该确信销售品可能不是同类产品中最优秀的，但对某些客户来说确实是最合适的。同时要把销售品与竞争产品比较，看到销售品的特点、长处，满怀信心地帮助客户解决实际问题，销售人员对产品的信心也会感染客户。

（2）相信自己所代表的企业。企业的兴衰与企业员工的利益息息相关，企业对员工的关心和重视会使员工加强与企业的联系，建立对企业的深厚感情，激励员工的工作热情和责任心，更加热爱企业，形成更强的企业凝聚力，增强工作干劲和士气，树立对未来的信心。员工形成以企业为家的观念，与企业同舟共济，赢得良好的社会信誉和社会形象，这笔无形的财富自然会吸引众多消费者。

（3）相信自己。销售人员应认识到销售的过程就是销售自己的过程，正确认识销售职业的重要性和销售工作的意义，只有充满自信才会在内心深处树立起必胜的信心，才能以饱满的精神和高涨的情绪感染客户，使客户产生信任感和依赖感，采取购买行动。

任务实施

一、任务描述

某客户到汽车 4S 经销店购车，作为销售客户的你在接待客户的同时，了解客户的需求，以便为其介绍符合需求的汽车，引起客户对销售汽车的兴趣，激发并强化客户的购买欲望，促使客户采取购买行为。

二、任务目的

（1）培养学生与客户沟通的能力。
（2）培养学生观察客户的显性和隐性需求的能力。
（3）培养学生分析客户需求的能力。
（4）培养学生强化客户需求、激发客户购买动机的能力。

三、任务实施步骤

第一步：准备。
（1）教师准备销售汽车车型资料、竞争车型资料、企业资料。
（2）教师编写情景脚本。
（3）学生熟悉汽车资料。
（4）分组。
（5）分配角色。
第二步：实施。

（1）熟悉汽车资料。

（2）拟写需求分析话术。

（3）汽车销售人员接待客户，同时观察、分析客户的显性和隐性需求。

（4）汽车销售人员通过对客户需求的了解和分析，选择并运用合适的销售模式，激发客户对产品的兴趣，促使客户接受销售的汽车。

第三步：描述与点评。

（1）观摩的学生就所观察到的任务实施情况进行点评。

（2）扮演汽车销售人员和潜在客户的学生分别描述所扮演角色的心理活动和体会，帮助大家理解销售人员的心理和潜在汽车客户的心理。

（3）教师点评。

四、成果与检测

（1）以小组为单位总结任务实施情况。

（2）在全班组织一次汽车客户需求分析的销售过程模拟。

（3）根据学生在模拟或交流中的表现进行评估。

五、评估标准

评估标准见表 3－2。

表 3－2　任务实施评估标准

评估等级 评估指标	评估标准	分值/分	得分/分
客户需求分析	能够准确发现客户的显性和隐性需求与动机	好（16～20）	
		中（12～15）	
		差（0～11）	
激发客户的购买欲望	能够激发客户强烈的购买欲望，并转化为购买行为	好（16～20）	
		中（12～15）	
		差（0～11）	
在任务模拟中的表现（在观摩点评中的表现）	表现自然大方，沟通顺畅，能够制造轻松愉快的接待气氛（表述完整，语言流畅）	好（24～30）	
		中（18～23）	
		差（0～17）	
运用知识的能力	能够熟练地运用知识解决问题	好（16～20）	
		中（12～15）	
		差（0～11）	
学习态度	态度认真，积极努力，能够完成任务	好（8～10）	
		中（6～7）	
		差（0～5）	

思考题

你是一汽大众某4S店的销售顾问。周末，一对夫妻来到你所在的4S店，想选购一款汽车，请你为这对夫妻作一次需求分析，并写一份需求分析话术。

项目四　车辆展示与介绍

项目描述

针对客户心理，在已知客户需求的情况下，专业销售人员运用专业的方法和技巧，给予客户全面、专业、周到的产品介绍，让客户对产品有更深层次的认识，从而促使客户购买产品。

项目目标

- 能够按标准进行车辆展示；
- 熟悉所要销售的汽车；
- 清楚产品介绍的目的；
- 能够分析客户心理；
- 能够灵活运用汽车产品介绍的方法、技巧。

引例

画家丰子恺

著名画家丰子恺有一次外出写生，在路上碰到一个商人，丰子恺就跟人家进行自我介绍，他告诉商人，他叫丰子恺，“丰”是“咸丰皇帝”的“丰”。商人摇摇头说，不知道是哪个字。他又告诉商人：“丰”是“五谷丰登”的“丰”。商人还是摇头说不知道，丰子恺不得已就在这个商人手上写了“丰”，商人看完，恍然大悟，说：这不就是“汇丰银行”的“丰”嘛。丰子恺想想，哦，原来讲“汇丰银行”的“丰”他就明白了，我下次碰到人就用“‘汇丰银行’的丰”进行自我介绍，省得人家不明白并浪费时间。

丰子恺又往前走，走到一个山村，正准备写生，又碰到一个老农。他又开始很热情地跟老农进行自我介绍，他告诉老农，他叫丰子恺，“丰”是“汇丰银行”的“丰”，结果老农摇摇头说不知道是哪个字，他又告诉老农：“丰”是“咸丰皇帝”的“丰”，老农还是摇头说不知道。丰子恺只好在画纸上用笔写了一个“丰”字。老农看了，哈哈大笑，说这不就是“五谷丰登”的“丰”嘛。丰子恺再次迷糊了。

任务一　车 辆 展 示

任务分析

通过车辆展示能够让客户在规范的环境下自由对比与选择意向车辆，同时通过销售人员的介绍让客户感受产品能够给其带来的利益。

相关知识

一、汽车产品的定义

（一）产品的定义

产品有广义和狭义之分。人们通常把产品理解为具有某种物质形状、能提供某种用途的物质实体，如汽车、服装、食品等，这是对产品的狭义的理解。事实上，客户购买某种产品，并不只是为了得到该产品的物质实体，而是要通过购买该产品来获得某方面的满足。从市场营销的观点来看，产品概念的内涵被大大扩展了。

广义的产品概念：一切能满足消费者的某种需要和欲望的物质形态的物品和非物质形态的服务均为产品。简言之，产品包括有形物品和无形服务。有形物品主要包括产品实体及其品质、特色（如色泽、味道等）、式样、品牌和包装；无形服务包括可以给买主带来附加利益和心理满足感及信任感的售后服务、保证、产品形象、企业声誉等，这就是“产品整体概念”。

产品的定义指明了产品具有三个主要的性质：第一，产品是用来满足需要和欲望的，即通常所说的作为产品的物品所具有的使用价值；第二，产品是指向市场提供，即用来进行交换的物品或服务，营销学所说的产品，往往和商品这一概念同义；第三，产品有多种存在形式，说到产品，人们熟悉的往往是有形物体，如飞机、汽车、电视机等，但是，理发是一种服务（无形的），公园、电影院等是一个场所，咨询是一个主意，学校和某种人员的训练机构输出的是人员（人才）或组织，这些都是产品。

（二）汽车产品整体概念

人们对汽车产品的理解，通常仅限于汽车的实物产品，这过于狭隘。广义的汽车产品概念是指向汽车市场提供的能满足汽车消费者某种欲望和需要的任何事物，包括汽车实物、汽车服务、汽车保证、汽车品牌等各种形式。简而言之，汽车产品=汽车实物+附加服务+附加信息。

汽车产品的整体构成包括五个层次，如图 4－1 所示。

1. 核心产品层

第一层是汽车核心产品层，又称实质产品层。它是指向汽车消费者提供的基本效用或利益。汽车的核心产品部分即实现运载（载人或载货）功能。核心产品层向人们说明了产品的实质。产品如果没有实质，就失去了存在的必要，也不会有任何人会花钱购买。销售顾问在介绍产品时，最重要的是向客户说明产品实质。

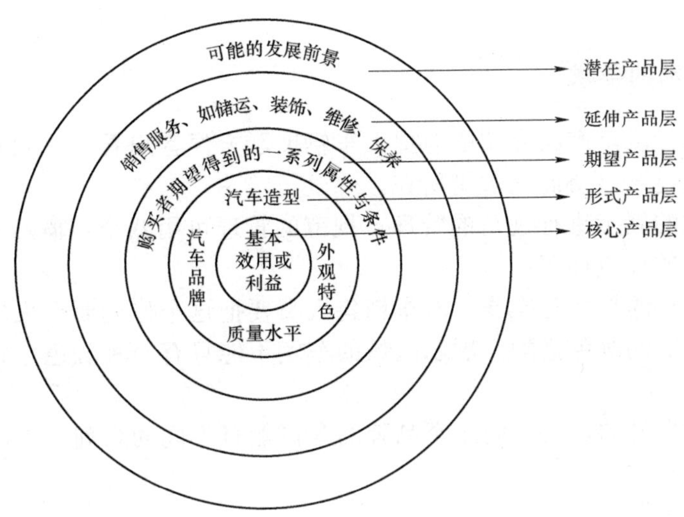

图 4-1 汽车产品的整体构成

2. 形式产品层

第二层是形式产品层，又称为汽车基础产品层，是指汽车核心产品借以实现的基本形式，即向市场提供的实体和劳务外观。汽车产品形式一般通过不同的侧面反映出来，如质量水平、外观特色、产品款式以及产品包装和品牌。由于汽车产品的基本效用需通过某些具体的形式才能实现，所以汽车产品在设计时应该从消费者购买汽车产品所追求的形式去设计。

3. 期望产品层

第三层是期望产品层，是消费者在购买产品时期望能得到的一系列附属属性和条件。例如，消费者在购买汽车时期望得到舒适的车厢、安全保障设备和导航设施等附属功效。

4. 延伸产品层

第四层是延伸产品层，又称附加产品层，是汽车消费者在购买形式产品和期望产品时还想得到的附加服务和利益。汽车产品的延伸产品层是汽车的各种售后服务，如储运、装饰、维修、保养、年检、保险等。众所周知，由于汽车固有的消费特性，在其消费链条中售后服务占据了超过三分之二的比重，汽车产品的延伸部分是汽车消费者和汽车售后服务商都十分重视的部分。

大众汽车有限公司服务部高级经理奥伯尔先生曾说过:“一家成功的公司除了生产优质的产品外，还必须提供良好的售后服务，这一理念是企业成功的根本。”美国市场营销学家里维特教授断言:“未来竞争的关键，不在于工厂能生产什么产品，而在于其产品所提供的附加价值：包装、服务、广告、用户咨询、消费信贷、及时交货和人们以价值来衡量的一切东西。”因此，企业要赢得竞争优势，就应向客户提供比竞争对手更多的附加利益。

5. 潜在产品层

第五层是潜在产品层。汽车产品的潜在产品层是指包括现有汽车产品的所有延伸和演进部分在内，最终可能发展成为未来汽车产品的潜在状态的汽车产品。潜在汽车产品预示着未来产品的发展方向，例如清洁能源汽车、智能汽车等。

二、车辆展示

（一）车辆展示的要求

车辆展示是进行汽车产品介绍的前提，车辆展示方便客户看车，同时规范的车辆展示是能与客户进行更近一步协商的关键所在。

首先要对车辆的展示进行规范的管理。规范的管理可用八个字概括——整理、整顿、清理、清洁。执行的要点如下：

（1）要方便客户的参观与操作。汽车销售人员要把这个作为要点来执行。

（2）要注意车辆的颜色搭配。展示区域的车辆不能只有一种颜色，几种颜色搭配效果会更好一些。

（3）注意车辆型号的搭配。同一个品牌的车可能有不同的系列，不同型号的车都应搭配展示。

（4）要注意车辆摆放的角度。

（5）要有一辆重点推出的车。展示多辆汽车，必然有一款是重点推出的。对于需要重点展示的车辆，必须突出它的位置。一般来讲，小的展厅能摆放三四台车，大一点的展厅可以摆放更多车。这些车具有不同的型号、不同的颜色。有些车型是旗舰车型，一定要选出一个合适的位置来突出它。因此，有些 4S 店会把一些特别展示的车辆停在一个展台上，其他车都围绕着它，同时还要注意凸显这辆车的特色。比如有的时候可以打出一些灯光。

仅有执行要点还不够，还要制定一些执行的标准。可以以视线以内作为标准，即以眼睛所能看到的地方进行评价。

（二）车辆展示的标准

1. 标准一：按规定陈列车辆的行路架

每个 4S 店都根据公司规定摆放车辆的行路架，以让展车在整个展厅里面协调一致，陈列整齐、规范、有条不紊。

2. 标准二：展车的清洁

（1）指纹。车辆油漆的光洁度非常高，车门把手上面都是镀铬的，比较亮，只要手触摸到门把手或车身，马上会留下指纹。汽车销售人员在展厅里面工作的时候，要随时随地保持展车的清洁。

（2）水痕。有的 4S 店会在车辆进展厅之前用水冲洗，再用专用的抹布把车擦干，但是有的时候夹缝里会有水珠渗出，这是不允许的。

（3）灰尘。车辆不能带有灰尘，特别是死角，如底盘、排气管等部位，工作人员要经常清洁，保证不留灰尘。

3. 标准三：细节

（1）轮毂上的品牌。要注意车轮的轮毂，轮毂上有品牌标志。当车停稳以后，轮毂上的品牌应该与地面呈水平状态。

（2）导水槽。轮胎上的导水槽也要清洁，因为车是从外面开到展厅里的，难免会在导水槽里卡住杂物。

（3）座位的距离。前排的座位应调整到适当的距离，并且前排两个座位从侧面看必须是一致的，不能够一个前一个后，不能够一个靠背倾斜的角度大一点，一个靠背倾斜的角度小一点。座位与方向盘也要有适当的距离，以方便客户进出，如果客户进出不方便，会给客户留下乘坐空间小的印象。

（4）新车的塑料套。新车在出厂的时候，方向盘上面会有一个塑料套，倒车镜、遮阳板等都是用塑料套罩起来的，应该将塑料套取掉。

（5）后视镜。后视镜必须调整好，保证坐在车内能够自然地看到车身两侧和车后的情况。

（6）方向盘。要把方向盘调到最高，如果方向盘太低，客户坐进去后会感觉局促，从而认为车辆的空间太小。

（7）仪表盘上的石英钟。要将仪表盘上的石英钟按北京时间对准。

（8）空调出风口。要测试空调的出风口，保证空调打开后有风。

（9）收音机。收音机一般能接收到五六个电台，应该把它们都标记出来，并且必须保证有一个当地的交通台和一个当地的文艺台，这是一个严格的考核指标。

（10）左、右声道。车门上的喇叭有左、右之分，两边的声道应调成平衡。

（11）音量。音响系统的音量大小要设置适当，不能够设置得太大，也不能设置得太小，然后配备充足的光盘，保证在客户试音响时可以播放客户喜欢的歌曲。汽车销售人员应事先准备好能体现音响音质的 CD 光盘，当客户对音乐没有什么特别爱好的时候，可以拿出最能够表现汽车音响的碟片。

（12）安全带。汽车企业销售汽车的时候基本上不考虑安全带，特别是后排座的安全带。后排座有的时候会有三个安全带，中间一个，旁边两个。不允许安全带散落在座位上，必须把它折好以后用橡皮筋扎起来，塞到后座和座位中间的缝隙里，留一半在外面。

（13）脚垫。展车里面一般都会放脚垫，印制上公司品牌标志，摆放的时候应注意标志的方向，同时要注意脚垫脏了以后及时地更换。

（14）后备厢。展车的后备厢打开以后不应有太多物品，放置时要合理安排物品位置，同时注意各物品要端正摆放，警示牌应放在后备厢的正中间。

（15）电瓶。展车放置时间长了以后电瓶会亏电，所以必须保证电瓶有电。

（16）轮胎美容。在将轮胎洗干净的同时还必须保持其亮度，轮胎的下面应使用垫板。很多专业的汽车公司都把自己专营汽车的标志印在垫板上，这样会给客户留下良好的整体感受。

任务二 车 辆 介 绍

任务分析

在已知产品含义的基础上能够清楚地认识到进行产品介绍的目的，掌握产品介绍前的准备工作及注意事项，能够有步骤、有方法、有技巧地介绍汽车产品，使客户了解汽车，加深对汽车产品的印象，激发客户的购买欲望，从而达到成功销售的目的。

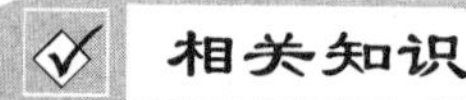

一、介绍产品的目的

使用以客户为中心的方式热情地向客户展示适合客户需求的产品。要重点强调产品、服务给客户带来的利益，在产品层面上建立客户的信心。如果在介绍期间，客户说“是的，这就是我想要的新车的样子”，那销售人员就已经看到成功的路标了。产品介绍的关键是解答疑惑，给予信心，其好处是如果客户相信该车将满足其购买需求，其很可能订购一辆。如果客户对销售顾问的专业能力具有信心，其就可能更快地进入协商阶段。在此过程中客户会表现出“我只想和诚挚而乐意帮助我购买合适的车的销售顾问打交道”“我希望有一位对产品十分了解的销售顾问，他能明白、准确地回答我的问题”。在产品介绍过程中，销售人员在介绍其所推荐的汽车产品时应着重介绍那些迎合客户购买需求的特性与该特性将会给客户带来的利益，这会使客户确信其需求已被了解。销售人员应让客户确认所介绍的汽车产品确实符合其需要与愿望，这有助于建立客户对销售人员的信任感。

二、汽车产品的介绍方法

为了让汽车销售人员熟悉车辆每个方位应该阐述的、对应的汽车特性带给客户的利益，展示出汽车独到的设计和领先的技术，从而将汽车的特点与客户的需求结合起来，可以将一辆汽车分为多个方位逐一进行介绍。常用的是 6 方位绕车介绍法和“6+1”方位绕车介绍法。

绕车介绍方法并不是介绍汽车的技巧，一方面它是汽车销售人员学习汽车产品知识的一种方式，有助于汽车销售人员记忆产品卖点；另一方面，在实际销售工作中，汽车销售人员要根据客户的需求灵活介绍产品，鼓励客户通过感观，如看、触摸、乘坐等感受，寻求对产品的认同。

（一）6 方位绕车介绍法

6 方位绕车介绍，是规范化介绍汽车产品的流程。将一辆汽车按照 6 个标准步骤完成介绍大约需要 40 分钟时间，平均每个步骤约 7 分钟，其中有的步骤长些，有的步骤短些，要根据客户的需求而定。

1. 绕车前的准备工作

（1）将方向盘调整至最高位置。

（2）确认所有座椅都调整到垂直位置。

（3）将座椅的高度调整至最低的水平。

（4）设置好收音机的选台，准备好磁带、CD。

（5）保持车辆清洁。

（6）将钥匙放在随时都可以取到的地方。

（7）确保电瓶有电。

2. 6 方位介绍法的要领

（1）将话术熟背，绕车介绍话术是产品知识的基本，有组织、有亮点，将它背熟了才能灵活应用。

（2）从始至终，面带微笑，要微笑着介绍。

（3）从客户最想了解的方位开始介绍，汽车销售人员首先作需求分析，要用概述的技巧询问客户，找出客户的购买动机，作有针对性的介绍，掌握几个主要卖点，避免重复说明。

（4）用手势引导客户到相关的方位，注意走位，与客户保持适当的空间距离。

（5）介绍时，眼睛应面向客户，而不是看着车介绍，应注意绕车介绍时客户才是主角，应与客户有语言和神态上的交流。

（6）多让客户亲手操作，多让客户接触汽车。

（7）不断确定客户的感受，注意客户聆听时的兴趣，若发觉客户不感兴趣，要试探性地提问，找出客户的需求，再继续依客户的兴趣介绍。

（8）介绍当中要注意客户眼神中流露出来的购买信号，记住眼睛是心灵的窗口。

（9）档次高的车型，车辆本身会散发自身的魅力；档次低的车型本身亮点不多，汽车销售人员要更加努力介绍。

（10）6 方位介绍法旨在让客户了解产品，认同产品，若介绍时发现客户已经认同产品，即可停止 6 方位介绍，设法引导客户进入试乘试驾或商谈条件的阶段。

（11）保留客户观赏与发问的时间。

3. 6 方位绕车介绍法的流程

6 方位绕车介绍法示意如图 4－2 所示。

（1）1 号位是车前方 45°角的位置。汽车销售人员要引导客户站在车辆右前方，距离车辆约 1 m 左右；销售顾问要与客户保持 30 cm 左右的距离，上身向客户微微倾斜；适当运用手势，以呈现车辆格局，并通过手势引导客户参观车辆侧车身。

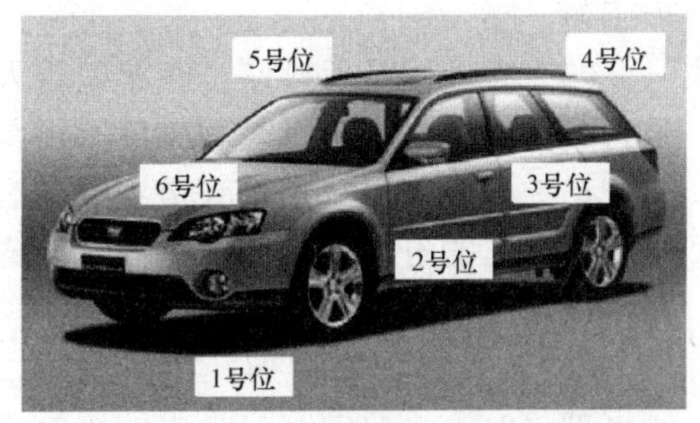

图 4－2　6 方位绕车介绍法示意图

1 号位—车前方 45°；2 号位—驾驶座；3 号位—后排座；4 号位—车尾部；5 号位—内饰；6 号位—发动机舱

在 1 号位，销售顾问主要向客户介绍车辆的外观与造型，重点介绍车辆的车头造型风格、车身尺寸、车辆工艺、车辆线条、车身颜色、保险杠、后视镜、大灯、风阻系数、前格栅等性能、特征和配置。

在介绍时，汽车销售人员要让客户喜欢上所介绍的车辆。比如，汽车销售人员向客户介绍的是捷豹 XJ 车系的车型，则可以邀请客户和自己并排站在捷豹轿车的正前方，然后说："捷豹轿车一贯表现优雅而经典，周身流淌着高尚的贵族血统，耐人寻味。看，由车头灯引出的四条拱起的发动机盖线条、大型的镀铬进气栅格、四个圆形头灯都延续了 XJ 车系的传统，品质出众。车头看起来蛮精致、蛮漂亮的，是吧？"与此同时，销售人员可以给客户讲述关于捷豹轿车车标的故事，强调这辆车与众不同的地方。众所周知，每一款车的造型都有它与众不同的地方，如流畅明快的发动机盖线条、活泼俏皮的车灯、威武大气的保险杠……不过，在这个时候，向客户讲太多的技术参数效果并不好，应用言语给客户描绘出一幅幅美丽壮观的画面，比如高大的棕榈树、惬意的晚风、羞红了脸的彩霞、浪漫的海滨、温馨的二人世界或者野性十足的戈壁、奋蹄奔跑的羚羊、魂牵梦绕的大漠驼铃等画面，带给客户想象和感受。

（2）2 号位是驾驶座。汽车销售人员要先打开车门引导客户坐入驾驶座，帮助客户调节好座椅、方向盘，帮助客户找到最舒适的驾驶位置，并适当说明调节方法。在这个位置，销售人员可以蹲在驾驶座旁介绍，也可以在获得客户同意后，坐入副驾驶座进行介绍。

在 2 号位主要介绍车辆的仪表板、音响空调、方向盘、电动门窗、中控门锁、安全带、防盗系统、安全系统、排挡，以及乘坐的舒适性和驾驶的操控性等。

首先，汽车销售人员可以鼓励客户进入车内，开车门引导其入座。介绍驾驶座座椅时，汽车销售人员可以告诉客户，座椅是按照人体工程学原理设计的，它是一种包裹性设计，乘坐者能感受到包裹感，这样会使乘坐者有一种安全感。有的车还有一种功能，叫作腰部支撑。腰部支撑功能好一点的车附带按摩功能，差一些的车有一个开关在座椅的侧面，把开关稍微转动一个角度，正好可以在腰部起到支撑的作用，可以减轻驾驶员在长途驾驶时的疲劳。对驾驶座的介绍是客户直观体验车辆的过程。

接着，汽车销售人员要向客户介绍汽车优异的操控性、乘坐的舒适性，详细说明功能按键的操作方法，如雨刷器的使用、挂挡的方法等。最好的办法是让客户进行实际操作，同时进行讲解和指导，介绍内容应包括座椅的多方位调控、方向盘的调控、开车时的视野、腿部空间的感觉、安全气囊、制动系统的表现、音响和空调，可以让客户坐在车内，在销售顾问的讲解下亲身感受，对车内的操控设备的位置和操作方法等性能作初步了解。

（3）3 号位是后排座。汽车销售人员要预先调妥前座，使后座宽敞；开车门引导客户坐入后排座；以手示意车顶高度；示范中央扶手的功能。

在 3 号位，汽车销售人员主要向客户介绍车辆的车后门、车窗、后排座椅安全带、后排空间和它的舒适性、乘客位安全气囊、乘客位座椅调节。好一点的车后排座设计得像沙发，可以变换角度或者平放。

（4）4 号位是车尾部。在 4 号位，汽车销售人员要引导客户站在车尾左后方，距离车辆尾部 69 cm；要向客户指出倒车警示位置；开启行李箱，向客户介绍行李箱的空间；要掀起备胎工具箱外盖。

在这个方位汽车销售人员要重点介绍车辆尾部的特点、尾灯的设计和特点、行李箱的特点，例如行李箱的容积有多大。汽车销售人员要根据不同的情况向客户介绍备胎及工具、天线、扰流板、后风挡等功能配置。

（5）5 号位是车的内饰，在 5 号位向客户介绍车辆内部空间和内饰装潢。客户可以对车辆的一些细节作探究，譬如内饰做工、车内隔音、座椅空间等。

（6）6 号位是发动机舱，在 6 号位应主要介绍发动机的特点和发动机的动力性。要打开发动机盖，固定机盖支撑，依次向客户介绍发动机舱盖的吸能性、降噪性、发动机布置形式、防护底板、发动机技术特点，包括对车辆引擎、悬挂、连动系统、转向系统、动力保修条款的介绍，这些介绍内容非常实用和必要。

参考阅读 4－1

天籁汽车 6 方位绕车介绍

销售顾问：您好，欢迎光临东风日产汽车 4S 店，我是这里的销售顾问陈力，您可以叫我小陈，这是我的名片。请问先生贵姓？

客户：免贵姓刘。

销售顾问：刘先生，请问有什么可以帮到您？

客户：我想了解一下天籁汽车，您可以给我作一个详细的介绍吗？

销售顾问：当然可以。刘先生，请问您之前有没有了解过其他车型呢？

客户：有的，像迈腾、雅阁、凯美瑞啊，都有了解过。

销售顾问：刘先生，您的眼光真不错！这几款都是市场上口碑非常不错的车型。那么刘先生，您对您的爱车都有哪些方面的要求呢？

客户：舒适、安全，外观看上去要显大气，另外就是节油，我是个环保主义者。

销售顾问：我感觉天籁这款车挺适合您的。首先我们可以看到的是，天籁的外观比例融合了欧式车的设计和东方车平稳方正的特点，是一种更为先进的车身比例设计新方案，您会发现天籁车的轴距较长，但是车头和车尾的距离较短，这不但表现出流线美感还会带给您稳重的安全感。天籁车的整车设计理念是优雅、动感、大气。天籁车的首发是在中国，这足以证明天籁车对中国市场的重视，而且天籁这款车大气而不张扬，正好体现了刘先生您的尊贵与品位。

客户：真的吗？

销售顾问：那当然！天籁车采用全球最先进的前驱 D 平台，和 70 多万元的日产贵士都来自同一个平台。

1. 方位一：侧前方，正前方

销售顾问：刘先生，您看一下天籁车的前大灯，天籁车采用的是近光氙气、远光卤素大灯，并且带有自动点亮功能。您所看的这一款还具有前大灯自动清洗及高度可调功能。

客户：您可以具体解释一下这些功能吗？

销售顾问：当然可以。远光卤素大灯具有很好的穿透力，保障了夜间行驶的安全。但是在不需要过强光源或者转弯时会给对面车辆的司机带来炫目的感觉，这时采用近光氙气大灯，因为它的光源更接近太阳光，所以避免了炫目现象的产生，氙气大灯的照射范围更广，而且更加省电，节能环保。夜间行驶时如果您忘了开前大灯，它会自动帮您点亮。值得一提的是，天籁车自动开启头灯的光感应器，能自动感应光线明暗的变化，当光线不足时头灯就会自动开启，白天进入较暗的环境时，头灯也会自动开启，这更为人性化，可确保行车安全。

客户：我听人说日产车不安全，我担心天籁车在遇到事故时无法保证车主的安全。

销售顾问：不会的，天籁车是同级别车当中率先采用了 980 号超高性材料的车，全新设计的 ZONE BODY 区域车身设计可以更好地吸收撞击能量。

客户：要是这样的话，撞到行人时他们会不会伤得很严重？

销售顾问：刘先生，您考虑到行人的安全真是太善良了。我就喜欢把车卖给向您这样善良的人。虽然现在的车保护的都是车内人员的安全，但是天籁车是很人性化的一款车，它的进气栏栅梯形设计保护了行人的腿部安全，保险杠采用了超吸能设计，引擎盖的设计可以缓解车辆对行人的撞击力度。就连雨刷器的设计都很人性化。雨刷器可以根据车速自动调节速度，在恶劣天气下可以保持驾驶员的良好视野，也避免了频繁的操作。我们还可以看到天籁车具有铝合金轮辋，美观时尚；豪华的外表镀金属强化了三维效果，家庭式设计表现了精巧的做工，工艺与整车的设计风格融为一体，加上更为宽大的轮胎，有效地增强了车辆的抓地性能，大大增强了车辆的安全性和乘客的舒适性。

2. 方位二：驾驶位

销售顾问：刘先生，您可以进入天籁车的驾驶室看一下。天籁车的仪表台、副仪表板采用的是枫木纹的面板，显得尊贵而大气。它突出实用性与人性化的完美组合，拥有人机界面系统（HMI），可让用户在弹指之间享受全功能的操控便捷乐趣。7 英寸[①]的彩色多功能液晶显示屏具备 6 种功能影像显示，利用倒车影像监控系统可以轻松倒车，后顾无忧。高级的 6 碟 6 喇叭 CD 播放系统使用户犹如置身音乐厅般。在高速路长途驾驶时启动方向盘上的定速巡航系统（ASCD）操纵杆，开启定速巡航，能大大降低驾驶者长途驾车的疲劳感。车辆行驶动态控制系统（VDC），包括电子制动分配系统（EBD）也为行车带来了极大的安全性。天籁车的一点式点火系统，采用的是电子身份识别核查技术，只要轻按一下就可启动。i-key 智能钥匙系统会让车辆更安全。它的座椅具有 8 向电动调节功能，您可以感受一下。座椅可以将室内空气从座椅表面吹出，再也不用担心坐久了腿部会流汗，同级别车型均没有此项功能。天籁车的多功能方向盘集音响、蓝牙、定速巡航于一体，驾驶时操作更方便。旁边的空调具有废气感应式内外气体循环自动切换功能，此外还具有活性炭过滤网和负离子除菌功能，确保车内空气健康清新。防抱死系统（ABS）保证各种路况下的行驶安全。真皮排挡杆搭配木纹内饰，高贵典雅简约的设计，体现了高级的品味。

3. 方位三：后排座位

销售顾问：刘先生，我们到后排座位看一下。刘先生，感觉后排空间如何？

客户：挺大的嘛。

销售顾问：是的，天籁车的长度是 4 850 mm，和迈腾车差不多，不过要比凯美瑞车长一些。天籁车的轴距是 2 775 mm，在中型车中天籁车的空间表现非常不错。

客户：不过好像迈腾车的轴距要比天籁车长吧？

销售顾问：是的，迈腾车的轴距是 2 812 mm。不过先生您说用 25 cm 的筷子和用 27 cm 的筷子有什么区别？

客户：这没什么区别吧？

销售顾问：是的，两款空间足够的车相比，轴距多那么三四厘米已经没有任何意义了。天籁车采用的是仿生学座椅，您坐上去舒不舒服？

客户：挺舒服的。

销售顾问：天籁车座椅里面填充的是低反作用力的乙烷，即使开车三四个小时也不会感到疲倦。天籁车采用自动全景天窗，让驾驶更加舒心，而且全景天窗可以隔阻 97%的紫

① 1 英寸=0.025 4 米。

外线，车内的透光面积也比同级车提升了43%，前排座椅下方有供后排乘客使用的空调出风口。这些都为后排乘坐者提供了更舒适的乘坐环境。天籁车的后排座椅的三个位置均设有儿童座椅固定装置。

4. 方位四：车尾部

销售顾问：刘先生，您平时可不可以在夜间一眼识别出天籁车？

客户：可以的，因为它的尾部LED灯很特别。

销售顾问：是的，天籁车的LED尾灯表现为连接起来的线条，一眼便可识别。天籁车的后行李箱体积是506 L，比同级凯美瑞车的504 L、帕萨特车的490 L、雅阁车的446 L都大出了好多，而且采用液压顶杆，开关都很轻松。

5. 方位五：内饰

销售顾问：天籁车的枫木纹内饰集豪华、典雅于一身，前排双安全气囊、前排侧安全窗帘式安全气囊可提供全面性的安全保护，人体工程学座椅具有按摩与加热功能，提高了舒适性，可降低长时间乘车的疲劳，后席主动安全头枕兼具舒适性与安全性。左、右独立控制全自动空调，可以依据需要调整，非常人性化。带化妆镜和照明灯的遮阳板以及车顶眼镜盒，都是非常贴心的设计。

天籁车在舒适之中不乏现代感，在细微之处尽显体贴和关怀，整个设计一气呵成，舒适和激情的完美结合让人心驰神怡。

6. 方位六：发动机

销售顾问：刘先生，我们一起看一下发动机吧。这款车搭载的是2.0 L排量的发动机，平均油耗只有8.9 L/km，加速时间为9.8 s。这款车的发动机是全球唯一连续14年获得“全球十佳发动机”奖项的VQV6发动机。它采用了可变进气控制系统和C－VTC连续可变气门正时智能控制等先进技术，在动力、经济、环保等方面都是遥遥领先。天籁车采用新一代智能CVT无极变速器，带有6速手动模式。在CVT方面，日产车的实力是全球的佼佼者。CVT是稳定和节能的代名词。选择天籁车，您将拥有舒适、尊贵、节能环保的新生活。

（二）“6+1”方位绕车介绍法

“6+1”方位绕车介绍法是将汽车分为左前方、正前方、右前方、车尾部、驾驶座、后排座、发动机舱等方位，在每一个方位向客户介绍汽车的亮点，如图4－3所示。

方位划分和介绍重点

（1）1号位是汽车左前方45°角。在这个位置，汽车销售人员要向客户进行车辆的概括性介绍，比如品牌、荣誉等。

图4－3 “6+1”方位划分

1—车辆左前方；2—车辆正前方；3—车辆右前方；4—车尾部；5—驾驶座；6—后排座；+1—发动机舱

（2）2号位是汽车的正前方。在这个位置，汽车销售人员要向客户介绍车辆的正面设计、车标、进气格栅、前大灯、前雾灯、前挡风玻璃、雨刷等特性和配置。

（3）3号位是汽车的右前方。在这个位置，汽车销售人员要向客户介绍车辆的侧面设计、车窗、后视镜、车身材质、A柱、B柱、C柱、底盘技术等。

（4）4 号位是车尾部。在这个位置，汽车销售人员要向客户车辆的尾部设计、行李箱、备胎、倒车安全配置、后刹车灯、后雾灯等。

（5）5 号位是汽车的驾驶座。在这个位置，汽车销售人员要向客户介绍汽车的主、副驾驶座椅，内饰设计，中控台，仪表盘，导航设备，定速巡航装备（自适应巡航装备），收音机，音响，储物空间，变速箱，智能泊车辅助系统，智能钥匙，主动安全装备，被动安全装备等车辆的性能和配置。

汽车销售人员要主动邀请客户坐在驾驶座内，引导客户感受座椅的舒适性，感受内饰的设计风格，感受按键操作的方便、仪表数据显示的清晰，使客户体验车辆驾驶时乘坐舒适、安全，操控方便，操控性能好等特点。

（6）6 号位是汽车的后排座。在这个位置，汽车销售人员要向客户介绍后排座的乘坐空间、后排座椅、车载影院系统、后排安全气囊、安全气帘等。

汽车销售人员要主动邀请客户坐在后排座，引导客户感受后排乘坐空间，体会后排乘坐人员的舒适感。例如，汽车销售人员可以向客户介绍："与同级别的车比较起来，这辆车的后排座空间更大，您可以伸伸腿，不会感到局促。即使 1.75 m 的男士坐进去，头部离车顶也有一个拳头的距离，不会感到局促。"

（7）+1 号位是发动机舱。在这个位置，汽车销售人员要向客户介绍发动机舱的布局、发动机技术获得的荣誉、发动机的性能、防盗系统等。

"6+1"方位绕车介绍法要与汽车产品介绍方法共同使用，即要结合客户的需求向客户介绍车辆的性能、配置，同时强调车辆给客户带来的利益、价值，才能强化客户的需求，增强客户的购买动机和欲望。

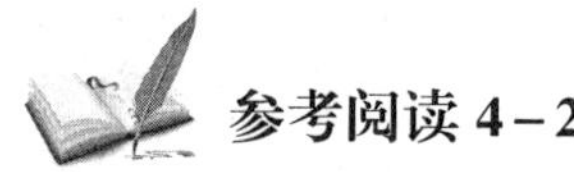

参考阅读 4－2

迈腾"6+1"方位介绍

1. 方位一：左前方

（1）历史荣誉：到目前为止，大众中高级车的销量已经超过 1 500 万辆，其品质和性能受到众多车主的青睐和认可。

（2）概述性介绍：迈腾是大众 B 级车第七代车型，代表大众 B 级轿车的最高水平。它不仅是一款原汁原味的德系车，同时也符合中国轿车用户的需求。与同级别的轿车相比，迈腾的空间更大，安全性配置更高，操控性能、动力性能更好，而且非常实用，完全能够满足商务用车的需要。

（3）工艺品质：迈腾严格按照德国汽车工业的标准进行生产，在研究开发阶段进行了各种苛刻的试验。例如每一个车身零件都经过一年的高强度曝晒检验、动态腐蚀试验，生产时采用空腔注蜡技术、7 层油漆技术，保证了车辆的品质和经久耐用的性能。

2. 方位二：正前方

（1）正前方造型：从正面看，迈腾的造型设计大气、庄重，车身让人感觉宽阔稳重，镀铬装饰看上去又很有活动，非常适合商务人士使用。

（2）智能随动双氙气前大灯：大灯能够根据夜间行驶道路的弯道情况，随时自动调整光束方向，减少弯道内侧出现的盲区，以便及时发现障碍物和行人，从而增强夜间驾驶的主动安全性。迈腾的前大灯可以上、下、左、右调节，同级别的一些车只能上、下调节。前大灯还带有自动清洗装置，使用非常方便。

（3）前雾灯：具有转向补光功能，灯光强，穿透力也强，在下雨、起雾、下雪等特殊天气状况下使用，增强了行车安全性。

（4）5 层前挡风玻璃：迈腾前挡风玻璃采用 5 层静音结构设计，有效地阻隔发动机传递过来的噪声，更好地保证了驾驶时的静谧性。

3. 方位三：右前方

（1）迈腾侧面车身线条自然流畅，并且能够有效减小行车时的空气阻力，还可减少油耗，提高使用经济性。

（2）5 层前车窗，加厚后车窗及三角窗：对静音效果处理好，这样的设计非常体贴、舒适、人性化。这是高级轿车才有的配置。迈腾首先使用这种材料，在同级别车中很有代表性。

（3）迈腾的底盘经过全新调校，降低了噪声和地面冲击，乘坐更舒适，运动性能也更好。迈腾的运动性能表现为：高速稳、不跑偏；刹车稳，不点头；弯道稳，侧倾小；坏路稳，晃动小。

（4）迈腾采用高强度钢板，主要应用于前地板和车门加强梁以及 A 柱、B 柱、C 柱等重要部位，在发生撞击，尤其是侧面撞击时，可有效减小座舱形变，保护驾乘人员的安全。

（5）43 m 激光无缝焊接技术：除了高强度材质，车身的制作工艺也同样重要。迈腾采用 43 m 激光无缝焊接技术，相当于整个车身由一块钢板加工而成。这使车身和焊接处每平方厘米的钢板都能承受 10 t 的力量，在遭受重击时车身不变形，焊接处不断裂。

4. 方位四：正后方

（1）尾部造型设计：尾部的造型设计非常稳重，将正面豪华大气、侧面流畅典雅的视觉印象在尾部作了巧妙收尾。

（2）LED 高位刹车灯：46 颗 LED 高位刹车灯造型别致，亮度更高，看起来更加醒目。

（3）模拟可视泊车影像：迈腾 1.8TSI 可以选配模拟可视泊车影像。后视影像系统摄像头布置在后备厢 logo 内，用时翻出。这样的隐藏方式保证摄像头清洁，不易损坏。其可直观反映倒车时车后方的实际状态，并根据方向盘角度变化对车辆可能进入的位置提前进行判断，提供两种模式供用户选择，在最大限度上解决用户倒车时的“后顾之忧”。

（4）迈腾的后备厢容积是 565 L，可遥控开启，使用非常方便。它的空间与同级别的车比较大了很多，这样大的后备厢设计充分方便了商务出行、休闲旅游。后备厢下边还配有备胎等应急装置。

5. 方位五：驾驶室

（1）座椅：前排真皮、电动座椅可以进行 12 个方向的电动调节（引导客户操作，调整好座椅），可以帮助驾驶人员找到最合适的座椅位置。前排有座椅加热功能，增强了冬季驾车、乘坐的舒适性。（调节方向盘）方向盘可以四向调节。

（2）内饰的概括性介绍：迈腾内部在材质上用料讲究，体现出德国的制造工艺水平和设计理念。

（3）最左边是车灯开启按钮；这是三幅式多功能方向盘，左边是多媒体按键，右边是行车电脑按键，所有功能都集成在上面。

（4）转向系统：迈腾的转向系统是EPS电动随速助力转向。在低速行驶或倒车入库的时候，方向盘很轻巧，一个手指就能转动方向盘。如果使用传统助力转向，在车速较高的时候会感觉方向盘太轻而发飘，失去操控感和路感，而迈腾的转向助力会自动随车速的提高而变化，让驾驶者仍然有操控感。另外，转向后，迈腾的方向盘会主动回到正中位置，并迅速、准确地使前轮保持直线行驶状态，非常安全；如果路面不平，一般车辆的方向盘会随路面偏转，而迈腾方向盘能主动克服偏转，保持车辆的直行状态，安全，操控性好。

（5）自动巡航系统：在路况比较好的时候，可以设置成驾驶者喜欢的速度，通过控制杆和油门调节高度。轻踩刹车，解除巡航，设置方便，长途驾驶时不易疲劳。

（6）换挡手柄采用的是高尔夫球式造型设计，高档时尚，而且手感很好。您可以感受一下，是不是手感很好?

（7）ESP电子稳定系统：迈腾采用全新最高版本的ESP系统，这是迄今最为全能的动态电子稳定系统。它包括牵引力控制程序、制动辅助程序、车身稳定程序，能够有效地预防车辆行驶时可能遇到的各种危险。例如，能防止刹车时的转向失灵或甩尾，缩短刹车距离；在过弯道时，提高车身稳定性，即使雨雪天气下在湿滑路面快速转弯时，车身侧倾也很小；日常驾驶时，我们常会感到坡路起车不方便，溜车现象时有发生，雨雪天气时坡路起车更困难，有了这项系统，驾驶者完全不用担心这个问题，它可以让车稳稳地驻停在坡路上，起车时不溜车，平稳起步；有了ESP系统，不用担心雨雪天气时车轮涉水后刹车失灵；当下长坡或者下多个坡道时，长时间使用刹车会导致摩擦片过热，容易引起刹车失灵，有了这个系统，驾驶人员也不用担心了这个问题。

（8）Auto Hold键和EPB配合使用，驾驶方便。关好车门，系好安全带，起动发动机后，轻踩油门，EPB就会自动解除刹车，平稳起步。这时再轻按一下Auto Hold键或提前在行车电脑上设定Auto Hold，不管遇到红灯、堵车还是坡路，只要踩刹车使车停稳，Auto Hold就会自动牢牢锁住4个车轮，若继续行驶，只要轻踩油门，Auto Hold就会自动解除刹车，车辆继续前进，当到达目的地后，只要松开安全带或打开车门，或者将发动机熄火，EPB就会自动把后轮刹住，使车可靠地停住。

EPB的制动性能非常可靠，即使时速达到80 km，只要轻按这个键，车辆也能稳稳停住，对于女性驾驶者和体力较差的驾驶者，使用非常方便。

（9）请看您的左手边，这是中央控制门锁（引导客户操作），还能自动调节后视镜玻璃的角度。

（10）这是杂物盒、手套箱（拉开给客户看），全车有29处储物空间，有效地利用车内空间，充分地考虑用户的使用，存取方便。内部是植绒面料，不损伤物品，并且在车辆行驶时不会发出响声，使车内环境安静舒适。您看手套箱是带照明功能及开启阻尼的，若不带阻尼开启时会突然弹起，容易刮伤碰伤乘员，带阻尼的手套箱使用起来更舒适安全。

（11）请看您的头顶。电动调节防夹手天窗可保障乘车者的安全，防止关窗时误夹手指，可从两个方向调整天窗的角度、开度。这里的阅读灯可供夜晚车内照明，按到中间，打开车门便可自动点亮。

6. 方位六：后排座

（1）空间：您坐在这儿可以感受到，腿部空间不局促，头部没有压迫感。大众车空间布置有独特的优势，不是简单地将轴距加大，并牺牲头部空间，而是全方位考虑乘坐空间的舒适性，最大化地利用空间，不管是储物空间还是乘坐空间，迈腾的设计都非常细心、周到、体贴。这里还有 220 V 随车电源，设在后排出风口，可以随时按需要用数据线连接手机、笔记本电脑、IPAD，这些设备都可以在这里充电。这样大的空间，可以让您与客户轻松商谈业务（可以与同事、领导轻松商谈公务），还可以在这办公，这样即使乘车外出也不会影响工作，出行、工作两不误。

（2）迈腾增加了副驾驶老板按键，在后排便可控制后排空调出风口的温度和风力。

（3）把中间扶手放下来，可以放置水杯、书籍、笔记本电脑等，这是为商务出行和家庭出游设计的。这里与后备厢相通，行车时，无须下车，在车内就能取到后备箱内的物品。

7. 方位七：发动机舱

（1）液压升降杆：液压升降杆使用方便。

（2）静音设计：发动机舱四周加了隔音垫，并采用泡沫加 PUR 材料，能有效隔断发动机传给乘客舱的噪声，乘坐更安静、更舒适。

（3）发动机舱布局：发动机舱布局非常紧凑、整齐。

（4）TSI 发动机：迈腾使用的是大众 TSI 发动机，它是 4 缸发动机中的佼佼者，拥有大众发动机家族中最先进的技术。衡量一款发动机的性能要看三个方面，一是动力性，二是燃油经济性，三是环保性。这款 1.8TSI 发动机的动力强劲，0～100 km/h 的加速时间只需 8.9 秒，最大输出功率是 118 kW，最大扭矩是 250 NM，在起步和换挡时能够用更短时间获得驾驶员想要的速度；缩短了超车时间，与被超车辆并行的时间更短，这样更安全。在燃油经济性方面，它在 90 km/h 的等速油耗是 7.8 L/100 km，算下来每千米约花费 6 毛钱（按 97 号汽油价格为 8 元/L 计算），在同级车中是最经济的。从环保方面来看，它的排放标准达到了国四排放标准。迈腾的发动机既满足了我们对动力的需求又节约了能源，既经济又环保。

（5）DSG 双离合变速器：搭载 DSG 双离合自动变速器，被称为“黄金组合”。在一般的车上，变速箱只有两种——手动和自动。手动变速箱是通过离合器的分离与接合实现换挡的，在分离与接合之间就有动力传递暂时中断的现象。自动变速箱传动控制装置是液力变矩器，动力传输存在响应迟缓的缺点。DSG 双离合变速器结合了两者的优点，在换挡时动力传输不中断，这样的好处表现为换挡速度极快，极短的换挡时间使功耗损失极小，从而降低了能量的损耗，因此其加速性和节油性比普通变速器更好。

（三）FAB 介绍法

1. FAB 介绍法的定义

FAB 分别是三个英文字母 Feature、Advantage、Benefit 的首字母，它们的含义如下：

Feature：商品的特点，属性；

Advantage：商品的特点带来的用处；

Benefit：作用或者优势给客户带来的利益，对客户的好处（因客而异）。

参考阅读 4－3

猫和鱼的故事

图 4－4：一只猫非常饿，想大吃一顿。这时销售员推过来一摞钱，但是这只猫没有任何反应。这里的“猫”是客户，而“钱”则是产品特性。

图 4－5：猫更饿了，销售员过来说：“猫先生，我这儿有一摞钱，可以买很多鱼。”在这里，“买鱼”是这些“钱”的作用，但是猫仍然没有反应。

图 4－6：猫快饿疯了，想大吃一顿。销售员过来说：“猫先生请看，我这儿有一摞钱，能买很多鱼，你可以大吃一顿。”话刚说完，这只猫就飞快地扑向了这摞钱。此时，销售人员对商品（钱）的讲解构成了一个完整的 FAB 链，打动了客户（猫）。

图 4－7：猫吃饱喝足了，需求也就变了，它不再想吃东西了，而是想见它的“女朋友”了。销售员说：“猫先生，我这儿有一摞钱。这些钱能买很多鱼，你可以大吃一顿。”但是猫仍然没有反应。

图 4－4 【参考阅读 4－3】图 1

图 4－5 【参考阅读 4－3】图 2

图 4－6 【参考阅读 4－3】图 3

图 4－7 【参考阅读 4－3】图 4

销售人员要站在客户的角度，说明产品能为客户带来的好处和利益，将产品转化为能够满足客户需求的利益，才能成功实现销售，这就是 FAB 介绍法。

2. FAB 的叙述词

在使用 FAB 介绍法介绍产品时，常用的语言表达方式是“因为……（特点、属性），它可以……（功能、用处），对用户而言……（利益）。”简易地说出产品的特点及功能，同时避免使用艰深的专业术语，引述优点及客户都能接受的一般性利益，以对客户本身有利的优点作总结。

参考阅读 4-4

倒车影像系统的好处

某台车上安装了倒车影像系统，销售人员在向客户介绍的时候，不能只告知客户这款车有倒车影像系统就完了，还应提示客户倒车影像系统有什么作用，即它在倒车的时候可以清晰地显示车辆四周的图像，从而让驾驶人员避免出现人、车、物的意外伤害。通过这样的介绍，客户就会了解这个装备会带来什么好处。如果销售人员只是告知客户这款车有倒车影像系统，并不能使客户意识到倒车影像系统带来的好处，就不会加深客户对这款车优越性的印象。

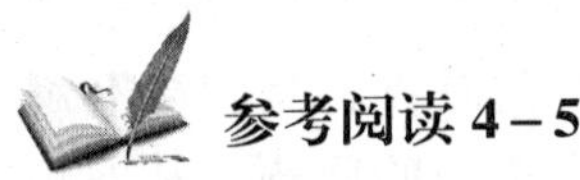

参考阅读 4-5

ABS 的好处

这台车带有 ABS，ABS 是这个车的配置，有了 ABS 以后，它可以有效地控制车辆的行驶方向。我们在一些汽车的样本资料里可以看到这样的图片，就是有两辆车走两条道，其中有一台车前面有一个障碍物，那辆车绕个弯儿过去了，而另一辆则直接撞上了障碍物。避开障碍物的那辆车装有 ABS，另外一辆车没有，所以它不能控制行驶方向，直接撞上了障碍物。如果障碍物是人，那就产生了人员的伤亡；如果障碍物是物，那财产就受到了损失。

那么 ABS 怎么工作呢？当驾驶人员发现前面有障碍物而踩刹车时，如果没有 ABS，车辆完全靠着惯性向前冲，方向没法控制。有了 ABS 以后，刹车在 1 秒时间内“抱”住车轴一秒钟有的是 16 次、17 次，不停地抱紧、松开，这样，车轮可以控制前进的方向。ABS 给客户带来的利益是双向的，一是不会给对方造成损失，二是车也不会受损失。通过 FAB 法给客户介绍 ABS，会让客户对 ABS 印象很深。

参考阅读 4-6

不同 ABS 的比较

有的销售人员会说：“现在 ABS 是车辆的基本配置，几乎每辆车都有，它们之间的区别要如何去介绍呢？”这时应往下延伸。例如有的客户会问销售人员：“这款车的 ABS 是哪里生产的？每辆车都有 ABS，哪种 ABS 更好呢？”

进口的 ABS 和国产的 ABS，其制动距离是不一样的。国内有一些车是合资的，但搭载的 ABS 是进口的，而很多国内生产的车也有 ABS，但是大多数是国产的。进口车搭载的 ABS 因为是进口件，所以费用比较高，国产的费用会稍微低一些，两种 ABS 的作用是不一样的。

有数据表明，进口的 ABS 在 120 km 的时速上刹车，车在滑行了 41 m 的距离后停下来。国产的 ABS 在 120 km 的时速上刹车，滑行了 46.5 m。两者的滑行距离相差五六米，这一点也要向客户说明。买车要注重性价比，ABS 也是性价比当中的一项指标。

3. FAB 介绍法的重要性

使用 FAB 介绍法介绍产品，能让客户明白产品带来的价值和利益，给客户真实可靠的感觉；能够提高客户的购买欲望，使客户对产品有深入的认识。客户购买的是产品和服务，他们因为产品和服务能为他们带来切实的效益和利益而购买，不是因为对产品和服务感兴趣而购买。

（四）FABE 介绍法

FABE 介绍法是由美国奥克拉荷大学企业管理博士、中国台湾中兴大学商学院院长郭昆漠总结出来的。FABE 介绍法是非常典型的利益推销法，而且是非常具体、具有高度可操作性的利益推销法。它通过四个关键环节，极为巧妙地处理好客户关心的问题，从而顺利地实现产品的销售。

1. FABE 介绍法的定义

FABE 分别是四个英文字母 Feature、Advantage、Benefit、Evidence 的首字母。它们的含义如下：

（1）F 配置、特征（Feature）：产品的特质、特性等最基本功能，以及产品是如何满足客户的各种需求的。特性，是品牌所独有的，每个产品都有其功能，否则没有存在的意义，这一点应是毋庸置疑的。对一个产品的常规功能，许多销售人员也都有一定的认识。需要特别注意的是，要深刻发掘自身产品的潜质，努力找到竞争对手和其他销售人员忽略的、没想到的特性。当使客户产生“情理之中，意料之外”的感觉时，下一步的工作就很容易展开了。

（2）A 优点（Advantage）：商品特性究竟发挥了什么功能，是要向客户证明购买的理由；比较同类产品，列出比较优势。

（3）B 优点带给客户的利益（Benefit）：商品的优势带给客户的好处。利益销售已成为销售的主流理念，一切以客户的利益为中心，通过强调客户得到的利益、好处，激发客户的购买欲望。

（4）E 证据（Evidence）：包括技术报告、客户来信、报刊文章、照片、示范等。证据具有足够的客观性、权威性、可靠性和可见证性。

简单地说，FABE 介绍法就是在找出客户最感兴趣的各种特征后，分析这一特征所产生的优点，找出这一优点能够带给客户的利益，最后提出证据，证实该产品的确能给客户带来这些利益。

2. FABE 介绍法的步骤

（1）将产品的特征直截了当地告诉客户。应该将商品的特征详细地列出来，尤其要针对其属性，写出其具有优势的特点，将这些特点列表比较。表列特点时，应充分运用自己所拥有的知识，将产品属性尽可能详细地表示出来。

（2）介绍商品的利益，也就是商品特征究竟发挥了什么功能，能为使用者提供什么好处，在什么动机或背景下产生了新产品的观念。

（3）介绍客户的利益。如果客户是零售商或批发商时，当然其利益可能有各种不同的形态，但基本上，必须考虑商品是否能真正带给客户利益，也就是说，要结合商品的利益与客户所需要的利益。

（4）保证满足客户需求的证据。这里的证据是指已购买了产品的客户的具体事例，即有多少人购买了本产品，产生了怎样的效益。列举证据来突出销售产品的优点，要比其他语言有明显的说服力。销售人员一定要选用与目前客户在一定层面上具有可比性或相似性的购买者作为证据，这样才能提高证据的可信度。

3. FABE 介绍法的运用

销售人员将汽车的特性、功能等产品特征介绍给客户，接着阐述该款汽车产品较其他汽车产品的优势和该款汽车产品能够给客户带来的利益以引起客户的购买欲望，最后提出有力的证据证明该款汽车产品的好处。

（1）简明介绍产品的特征。FABE 介绍法的开端就是运用产品的特征向客户介绍产品。销售人员在对产品特征进行介绍时应该用简单易懂的语言。

在对客户有了初步了解的情况下，销售人员可以从以下方面介绍汽车的性能与便利：舒适与享受、经济与省钱、地位与身份、质量与安全。在介绍过程中，尽量避免使用太多汽车专业术语，除非对方是行家；尽量将设备、性能、零件的特征配合用途、好处、便利、利益等方面讲解。

许多销售人员在向客户介绍汽车时，喜欢用专业术语，如 ESP、EBD 等，客户根本不清楚 ESP、EBD 代表什么，所以必须直观地告诉客户这是什么产品，用简单的语言阐述复杂的东西。例如，销售人员可以这样告诉客户：“做镀膜就等于在车的表面镀上一层像钻石那样硬的东西。”这样客户就容易懂了。再告诉客户由于它是纳米材料做的，它直接浸透到汽车的表面形成一层坚不可摧的膜，销售人员再直接拿笔在镀了膜的车上划一下作演于，客户马上就明白了。

上述例子就是采用 FABE 规则向客户介绍产品，其能让客户快速了解产品。采用分解的方式介绍便是：“它是高科技产品（特性），它可以在汽车表面覆盖一层高强度膜，像钻石一样硬（优点），这样就不怕车被划花了（好处）。咱们的产品是美国进口的，有进口证明（证据）。”任何汽车，一旦以这个思维向客户介绍，几句话就能将复杂的产品介绍完，否则，就可能使介绍参差不齐，毫无头绪，让客户听得云里雾里。

销售人员在客户选购汽车时这样介绍汽车的真皮椅子：“座椅的真皮很柔软，不信你试试，你摸一摸，真的吧。我跟你讲，我不骗你，咱们这真皮椅子是进口的，你看……”销售人员说了一大堆，客户可能还是没有接收到任何有用信息。如果换一种讲法：“这个座椅是进口的真皮座椅，它很柔软，不仅使这款车看上去足够档次，坐上去也会感觉十分舒畅”，客户就容易明白了。

（2）好处是客户的体贴点。大多数情况下都是由客户发问，问到哪儿销售人员就针对某一产品及需要解答的问题重点介绍，这是现实销售过程中最常见的销售情形，然而其效果并不好。在销售一些客户并没有完全了解的高科技产品的时候，销售人员要记住，客户并不想知道技术究竟是如何领先的，他们关注的是高新技术对他们有何好处。即使产品有再多功能，其对客户来说也只是功能，只有好处才是客户可以实际得到的。如销售人员要告诉客户：ABS 既有普通制动系统的制动功能，又能防止车轮锁死，使汽车在制动状态下仍能转向，保证汽车的制动方向稳定性，防止产生侧滑和跑偏，是目前汽车上最先进、制动效果最佳的制动装置，汽车产品有了这种配置，行驶过程中的安全系数大大提高，这样客户才会有兴趣。

（3）在比较中突出利益。比较往往能够起到突出效果的作用。例如将锐志与八代雅阁作比较。作为中级车中的高端车，二者在配备上均体现出高起点的特色。作为主流配置车型，锐志 2.5S 真皮天窗版和雅阁 2.4EX 都拥有真皮座椅、前排座椅电加热、天窗、氙气大灯、电动座椅调节、多碟 CD 和多扬声器音响系统。在安全装备上，雅阁有侧气囊，而锐志则拥有 VSC 电子稳定程序，各具优势。这些配备一般只会出现在中级车的顶配车款，而对于此二者则都是主流车款的标配。风格是二者最大的差异，锐志标榜运动，雅阁则注重舒适。锐志是丰田旗下少有的个性车，这与绝大多数丰田车的设计理念相悖。事实上，锐志是一款纯粹的日本本土车型，高级别轿跑车是它的准确定位。锐志低矮的造型，以及运动风格的细节设计，都已经说明了这一点。雅阁一直以来都以家用舒适为主，并在中国还兼顾商务的形象，发展到第八代，这一点更为突出。中庸而欠缺个性的整体造型、宽大的内部空间、舒适的动力和底盘调校以及良好的隔音降噪功能，都让它很难与运动联系起来。作为一款丰田车，锐志并未走向极端，与宝马 3 系那些纯运动风格的车型相比，锐志的舒适性是很明显的，整车的操作和动力匹配，完全兼顾了日常驾驶需求。相反，雅阁也非毫无运动基因的车型，它的悬挂定位并不低，前双叉臂后多连杆的悬挂不仅与锐志相同，而且也显著高于凯美瑞、迈腾和致胜这些同级车。设计的不同带来驾驶的明显差异。

这样比较后，可以根据客户的不同需求突出汽车的优势及其带来的利益。

（五）FBSI 介绍法

FBSI 分别是四个英文字母 Feature、Benefit、Sensibility、Impact 的首字母，它们的含义如下：

（1）F 配置（Feature）：车辆拥有的配置；

（2）B 利益（Benefit）：这项配置能给客户带来什么好处；

（3）S 感受（Sensibility）：引导客户亲自感受；

（4）I 冲击（Impact）：一个具有冲击性的情境。

FBSI 介绍法的标准句式是“拥有……对您来说……感觉……试想……”。

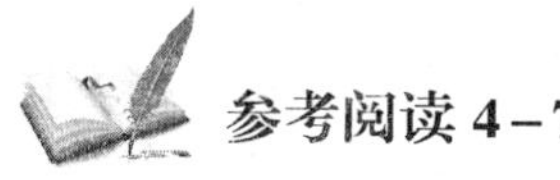

参考阅读 4－7

FBSI 介绍法

销售人员向客户介绍：“奥迪 TT 拥有折叠硬顶技术，能够在 25 秒内开启和闭合折叠。TT 不但能让用户随时随地享受敞篷跑车那种自由畅快的感觉，更能在必要时变为优雅的轿跑车，可以使用户尽情享受美妙的休闲时光。您看，车篷打开后，心情立刻就觉得很舒畅，这种感觉只有TT才能够带给您。试想一下，您开着TT在海边兜风，车里坐着您的家人和朋友，大家一起沐浴在温暖的阳光下，呼吸着清新的海风，看着海天一色的景色，这是多么令人羡慕的场景。

三、介绍产品的技巧

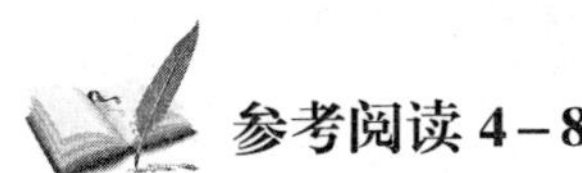

参考阅读4-8

卖青椒的故事

客户问："老板，青椒辣不辣？"

第一种答案是：辣。

第二种答案是：不辣。

第三种答案是：你想要辣的还是不辣的？

第四种答案是：这一堆是辣的，那一堆是不辣的，随便选。

第一种答案的结果可能是，碰巧买青椒的这两天上火，这桩买卖就黄了。

第二种答案的结果可能是，凑巧买青椒的这两天想开开胃口，这次交易没有完成。

第三种答案的结果可能是，本想以销售技巧进行二选一反问，结果遇见较真的主顾，结果很难预料，成功率是50%。

第四种答案的结果无疑是最佳的，这个答复不言而喻，成功率是100%。

销售人员在陈述自家产品时，大多数时候都会抓住自家产品优点不断展示。通常情况下，产品展示过程容易混乱，导致客户听得一塌糊涂，或者觉得销售人员在重复。有条理地陈述产品的优点，要抓住三个基本点：

（1）第一个基本要点：人无我有。

如家用轿车中的气囊有单安全气囊和双安全气囊之分，此时如果汽车销售人员面对的竞争车型只是主驾位置配有安全气囊，则可以强调所销售的车辆在副驾位置也配了一个气囊。在销售过程中，可以强调多一个气囊可以为用户提供更安全的保障。通过这样的强调并将这一要点与客户最关注的人、事、物及利益联系在一起，会弱化客户在配置上多增加投资的心理压力。例如，对于奥迪A8的汽车销售人员来讲，如果客户在宝马735i和奥迪A8两者间进行选择，可以强调奥迪A8的全铝车身可能给客户带来的利益，这样会弱化客户对竞争产品的需求强度。

（2）第二个基本要点：人有我优。

一般而言，各款车在品牌上虽有差异，但绝大部分结构和零部件是相似或相近的，此时客户最难在几种产品中进行最终选择。如果要让客户的选择更倾向自己，那么就要在相同的方面找出差异。例如，对于同样装备了双安全气囊的车型，汽车销售人员要介绍的这款车装备的副驾安全气囊具有锁止装置，而竞争车型虽然也装备了双安全气囊，但却没有这样的锁止装置。

（3）第三个基本要点：人优我新。

这是最难作出比较的方面，现在各汽车产品在技术的新颖性和优良性方面不分伯仲。要想提高客户对自己所销售的产品的认同度，关键是让客户感受到新技术的使用，突出一个“新”字。对于喜欢追新求异的客户，“新”能够给客户带来喜悦和快乐。例如，蓝牙技术已经应用于通信领域，一般高档车现在都配有车载电话，此时汽车销售人员可以强调该技术采用的版本是早期的还是最新的，并向客户说明越近的版本越成熟。

在销售过程中，汽车销售人员需要用到的汽车产品介绍技巧还有以下几种。

（一）数字化

在销售过程中可采用“数字化”的技巧，因为强调数字会使对产品的说明更清楚、明确，且更具吸引力。

参考阅读 4－9

氙气灯（HID）的发光原理

汽车的氙气灯（HID）与传统卤素灯不同，它是一种高压放电灯，它的发光原理是利用正、负电刺激氙气与稀有金属化学反应发光，因此灯管内有一颗小小的玻璃球，这其中灌满了氙气及少许稀有金属，只要用电流去刺激它们进行化学反应，两者就会发出高达4 000～12 000 K色温的光。它采用一个特制的镇流器，利用汽车电池产生触发电压使灯启动。灯启动时0.8秒的亮度是额定亮度的20%，达到卤素灯的亮度，并使大灯4秒以内达到额定亮度的80%以上。在灯稳定后镇流器向灯提供约80 V供电电压，保持灯以恒定功率运转。

氙气灯的性能优点如下：

（1）一般的55 W卤素灯只能产生1 000流明的光，而35 W氙气灯能产生3 200流明的强光，亮度提升300%，拥有超长及超广角的宽广视野，为用户带来前所未有的驾车舒适感；让视野更清晰，可大大降低行车事故率。

（2）氙气灯是利用电子激发气体发光，并无钨丝存在，因此寿命较长，约为3 000小时，大幅超越汽车夜间行驶的总时数，而卤素灯只有500小时的寿命。

（3）氙气灯的功率只有35 W，而发出的光的强度是55 W卤素灯的3.5倍以上，大大减轻了汽车电力系统的负荷，相应提高了车辆性能，节约了能源。

（4）氙气灯发出的光的色温为4 300～12 000 K，6 000 K即接近日光，而卤素灯发出的光的色温只有3 000 K，光色暗淡发红。

（5）当汽车的供电系统和电池出现故障时，镇流器自动关闭，停止工作。

（二）利益比拟描绘

有时候只谈数字不能起到很好的效果，数字是抽象的，不容易对客户产生冲击力，可以对这个数字作一个具体描绘，让客户产生兴趣。数字化可以让客户清楚地了解其所能享受的利益，在这个基础上，销售人员可以帮客户描绘一下未来可作的一些计划，帮助客户创造梦想，这样可以大大地提升销售效果，此点可以从客户的行业或年龄入手。例如，28岁的男性，每月存款460元。平时460元可能做不了什么，存一年一共是5 520元，但是存10年就有55 200元，这笔钱再加上复利累积的分红，可以用这笔钱给孩子作一个很好的教育基金的储备，也可以作为一家人的旅游基金。

（三）对比化

如果运用了“数字化”和“利益比拟描绘”之后，引起了客户的兴趣，那么接下来客户一定会分析其所买的汽车是否是值得。如果销售人员提出的资讯无法让客户很快且清楚地分析，或让客户感受不到其付出是值得的，那么客户还是会拒绝，所以应该尽量将对比效果显现出来。

例如，一个月收入4 000元左右的工薪阶层的客户喜欢越野车，可是觉得越野车的耗油量太大，而认为小汽车不好看，汽车销售人员要帮助客户选购令其满意的车型。可以向客户对比分析小汽车与越野车在外观造型上的区别，改变客户认为小汽车不好看的观念，促成其购买。另一种方法是了解客户的购车准备金额和收入情况，帮助客户分析金融方案、保养费用、停车费、保险费等日常开支与花费，对收入水平、购车准备金额与付款方式进行综合分析，分析全额付款购车与按揭购车的区别。

（四）费用极小化

“对比化”是为了让客户能在很短的时间内轻易发现其付出是非常值得、非常有价值的，因此在说明客户需要付出多少费用时，销售人员应该尽量以“费用极小化”的方式表达。这时不要说谎，少说一些费用，而要使用“每天只要多少钱”的方式，让客户产生便宜、划算的感觉。

参考阅读 4－10

客户：96 800元，这飞度也太贵了吧！

汽车销售人员：您说得不错，对于咱们老百姓来说，现在汽车还属于高档消费品。但是，汽车和其他日常消费品不同，汽车用个七八年不成问题！就按照6年来算吧，您一年只需要花15 000元，每天只需要花50元，就拥有一辆属于您自己的汽车！何况我们飞度车的保值率也很好，这样算下来您每天的花费也就是30元啊！

（五）利益最大化

在客户了解了费用的数目后，能否吸引客户注意力就在于可以使其获得什么样的利益或好处。在符合事实的前提下，应将客户可以获得的最大利益清楚地表示出来。

客户是否购买介绍的产品，是否对介绍的产品感兴趣，取决于销售人员告诉其可以获得什么利益或好处，这是最关键的。

参考阅读 4－11

在大众车展厅里，洪先生带了一位业内人士一起来看车。洪先生是住宅装修承包商，赚了些钱，业务也多，想买辆车。对于性能、外形及售后服务方面洪先生都觉得没有问题，但谈来谈去，洪先生还是拿不定主意。销售人员看他比较有诚意，报了比较实在的价格，并告诉他："近期宝来车没有促销活动，所以价格上不会有大幅的调整。我给你的价格已经非常实在了。"洪先生说："但我看杂志分析说年底大部分车型都要降价，尤其这种家庭用车。我想再等几个月看看。"销售人员在面对这样的客户时应使用利益最大化方式帮助客户分析。销售人员可以这样应对："洪先生，年底这款车型降不降价我们都无法预测，作为您这样的承包商，再等几个月买车和现在买车所创造的经济价值是不一样的，现在买车方便您出门谈生意，提高了效率，这样你创造的经济效益远远大过了车的降价，请您权衡下，迟买还不如早买，您觉得呢？"

（六）将"折数"或"百分比"换算成明确的金额

一般来说，同样的"数字"，往往会因为表达的方式不一样而产生不一样的效果。

参考阅读 4－12

一辆汽车本来需花 100 万元才能买到，现在有一家卖汽车的商家要降价出售，于是贴出一张打折海报。这时，有两种呈现方式。第一种是在海报上的"100 万元"后面写上大大的三个字"打 9 折"。第二种方式是在特大字的"100 万元"上划上一个大叉，后面再补上"便宜 10 万元"。哪种呈现方式比较有吸引力呢？肯定是第二种方式的效果更好。只呈现"折数"，客户往往很难马上联想到正确的金额（尤其是涉及更复杂的数字时），自然无法体会到便宜的吸引力。

（七）举例说明

举例说明是把话说得更清楚、更明白的一种非常有效的方法，有些时候销售人员不确定客户是否完全了解自己所说的内容，因此"举例说明"是很好的辅助方式，可以把先前介绍的内容作一整理，把意思表达得更清楚、更明白。举例说明需要注意以下几项重点：

（1）举例内容必须能与产品产生恰当的联系；

（2）举例内容最好贴近客户的真实生活体验；

（3）举例内容必须简单、扼要、清楚；

（4）注意应用时机，如果应用得恰到好处，效果将大大提升。

参考阅读 4－13

客户：现在由于工作需要想买一辆车，但一想到养车的长期高成本投入，就不敢买了。

销售人员：这也没什么啊，由于确实出于工作需要买车，要化解养车的长期高成本投入与用车的矛盾，您完全可以买一辆经济实用型的车。以我们所在的二线城市来算，如果是上班代步的话，加上所有的费用，对于这款 20 万元左右的车来说，每月的花费可能为 700～800 元。这对于您来说是没问题的。

（八）条列式说明

条列式说明是最合乎逻辑思考的方式。该方法可以协助销售人员逐条说明产品的特色，系统、清楚地表达销售意向，客户也比较容易理解。在运用条列式说明法时要注意四个方面的问题：

第一，每次要点不宜太多，不要超过三点。如果超过三点，可分几次说明，否则即使产品有再多特色，客户还是只记得两三点。

第二，每一单项的特色不宜用太长或太多的句子说明。每项特色以不超过五句话来说明，否则会影响条列式说明法的效果，客户也会失去耐心。

第三，如果有需要进一步说明的特色时，最好把这个特色单独列出来说明。

第四，条列式说明法比较适合在开场或介绍产品时使用，让客户能够很快了解产品的特色，并且有兴趣继续了解下去。

（九）把空洞的形容词改为具体的描述

仔细观察销售人员平时说话的方式，会发现他们的语言表达中存在很多小毛病，如果能改掉这些小毛病，将大大提升说服力。例如，很多销售人员习惯说“很好”“很棒”“很不错”等形容词，这些形容词可以用在表达个人的感受上，但是用在形容人、事、物上，尤其用在销售上时，就显得不合适。

任务实施

一、任务描述

教师指定一款车型，学生分角色扮演购车客户和销售人员，销售人员运用汽车产品介绍方法与技巧，向扮演客户的学生进行产品介绍。

二、任务目的

（1）学生能够熟练运用汽车产品介绍方法。

（2）学生能够了解客户的需求，能够结合客户的需求推荐产品并介绍。

三、任务实施步骤

第一步：准备。

（1）教师编写情境模拟脚本，准备相关资料与信息：

① 客户信息：年龄、性别、学历、家庭情况、工作单位、职务、收入、家庭地址、单位地址、兴趣爱好、性格特点、购车需求（性能需求、配置需求、金融需求）、客户异议等。

② 产品信息：在每个方位介绍重点、产品亮点、竞争车型等信息。

（2）学生分组，分配角色。

（3）布置观察任务。

（4）布置模拟场景。

第二步：实施。

（1）学生运用 6 方位绕车介绍法或“6+1”方位绕车介绍法熟悉车辆资料，拟定汽车产品介绍话术。

（2）扮演客户的学生熟悉潜在客户资料。

（3）扮演销售人员的学生拟订接待客户的计划，练习汽车产品介绍方法。

（4）进行角色扮演，模拟情境。

第三步：描述与点评。

（1）观摩的学生进行点评。

（2）扮演汽车销售顾问和购车客户的学生分别描述所扮演角色的心理活动和体会，帮助大家理解销售人员的心理和客户的心理。

（3）教师点评。

四、成果与检测

（1）每位学生写出汽车产品介绍话术。

（2）销售人员能够了解客户的需求，根据需求推荐产品并介绍。

（3）了解销售人员和客户的心理活动。

（4）学生进行交流、点评，教师评估学生的表现。

五、评估标准

评估标准见表 4－1。

表 4－1　任务实施评估标准

评估等级 评估指标	评估标准	分值/分	得分/分
汽车产品介绍方法的选择	在汽车产品介绍过程中熟练和准确地运用产品介绍的方法	好（16～20）	
		中（12～15）	
		差（0～11）	
汽车产品介绍技巧的运用	在汽车产品介绍过程中适时、灵活地运用产品介绍的技巧	好（24～30）	
		中（18～23）	
		差（0～17）	
汽车产品介绍过程中的礼仪	仪态自然、大方 表述完整，语言流畅	好（16～20）	
		中（12～15）	
		差（0～11）	
运用知识的能力	运用知识解决问题的能力	好（16～20）	
		中（12～15）	
		差（0～11）	

续表

评估等级 评估指标	评估标准	分值/分	得分/分
学习态度	角色扮演过程中的态度、努力程度、配合的默契程度	好（8～10）	
		中（6～7）	
		差（0～5）	

思考题

请选择一款你了解的车辆，运用汽车介绍方法和技巧撰写介绍话术。

项目五　试 乘 试 驾

项目描述

要增强客户的购买信心，必须尽最大努力为客户创造亲身体验的机会。试乘试驾是产品介绍的延伸，是让客户动态地了解车辆有关信息的最好机会。通过切身体会和驾乘感受，客户可以加深对汽车的认同，增强购买的信心。精心规划试乘试驾路线，在试乘试驾过程中，针对客户的需求和购买动机，以客户的实际体验强化产品的优势，让客户能动态且感性地了解车辆，增强客户的购买信心。

项目目标

- 能够邀约客户到公司进行试乘试驾；
- 能够做好试乘试驾的准备工作；
- 能够在客户试驾之前示范车辆的操控；
- 能够使客户了解车辆信息，提高客户对产品的信心，让客户在感情上获得对汽车的拥有权；
- 能够在试乘试驾过程中随时注意客户的反应，抓住时机达成交易，或留下客户的联系方式以便持续跟踪；
- 能够顺畅地与客户沟通交流，了解更多客户信息；
- 能够树立汽车销售人员专业销售顾问的形象，赢得客户的信赖。

引例

几天前，张先生和妻子王女士一起到一汽大众展厅了解了迈腾 2.0 T 排量豪华型。恰逢今天周末，天气晴朗，作为汽车销售人员的你怎样邀约张先生与王女士到展厅试乘试驾呢？

任务一　试乘试驾准备

任务分析

汽车销售人员主要从四个方面进行试乘试驾的准备工作，分别是做好试驾车辆的日常管理和试驾车辆准备，保证车况良好、车辆清洁；准备好试驾路线，试驾路线既要与车辆性能相适应，又要根据实际路况和客户的需求选择路段；销售人员要了解客户购车的动机及需求，了解试乘试驾路线，并且具有一定的驾驶水平、产品知识和沟通技巧，以良好的精神状态，预留充分的时间迎接客户并陪驾；销售人员要做好试乘试驾资料准备，包括体验者合法有效的驾驶证件和与试驾相关的文件资料。

相关知识

一、试乘试驾的概念

（一）试乘试驾的目的

试乘试驾是产品介绍的延伸，是让客户动态地了解车辆有关信息的最好机会。通过切身体会和驾乘感受，客户可以加深对汽车的认同，增强购买的信心。试乘试驾的目的在于增强客户的购买信心，尽最大努力为客户创造亲身体验的机会。

试驾是指客户在企业指定人员的陪同下，沿着指定路线驾驶指定车辆，从而了解试驾车辆的性能。试乘是指企业指定人员驾驶指定车辆供客户乘坐。由于大多数购车者都会开车，单纯的试乘通常较少出现，因此试乘与试驾通常一起进行。

企业指定的人员通常是接待客户的销售人员或者试驾专员。根据调查，普通的汽车销售人员完全有能力充当一名优秀的试驾员，专业的试驾员反而难以与客户进行连贯的沟通。指定的车辆通常是企业提供的试驾专用车。试驾专用车通常是企业经过特殊装饰、办理了上路手续、投保了机动车全险，只用于试乘试驾的专用车辆，暂未售出的库存车辆是不应被用于试乘试驾的。

（二）试乘试驾的作用

1. 试乘试驾是产品介绍的延伸

试乘试驾是客户获取车辆第一手资料的最好机会，客户亲自驾驶操控车辆，体会车辆的性能和乘坐感受，获得关于车辆最直接、最全面的感官冲击和真实的细节体验。有效的试乘试驾将带来对车辆的正确认识、增加对产品的好感和对产品正面的舆论扩散。通过试乘试驾过程和销售人员的引导，体验者大多会对所试乘试驾的车辆留下良好的印象和感受，这是影响购买决定的重要因素之一。试乘试驾是有效的媒体推广和销售促进手段，同时销售人员也可借此机会获取目标客户的线索和其对车辆的关注重点。销售人员在试乘试驾活动中获取更多客户资料与信息，激发客户的购买欲望，引导或跟踪客户，能够有效促进销售的达成。

2. 体验产品，激发购买欲望

有人说，“车主与汽车的感情实际上产生于方向盘与踏板之间”。汽车的行驶性能和操控性能是客户购车时不容忽视的因素，却也是难以用数据进行衡量的，因此试驾成为客户了解汽车的行驶性能和操控性能的唯一途径。客户通过亲自操控车辆，体会车辆的性能和乘坐感受，对音响、空调、电动门窗、座椅调节等车辆装备及功能，都能有更加深入细致的了解，从而获得关于车辆的最直接、最全面的感官冲击和真实的细节体验。相较于展厅中断油断电的展示车辆，动态体验更能激发客户的购买欲望。

3. 树立形象，影响购买意愿

试乘试驾是一项涉及具体操作和安全问题的服务，是汽车销售人员销售产品和服务的最佳时机，是企业展示企业形象和员工专业素养的良好机会。例如：销售人员要主动为客户打开车门，在客户坐到驾驶座上后，销售人员先帮助客户完成座椅调节、方向盘调节、后视镜调节，以及系好安全带等工作后，才能坐到副驾驶座；在试驾过程中销售人员用明确的手势和语言为客户指明行车路线，并与客户交流驾驶感受，介绍车内装备等。无论是目标客户，还是舆论领袖、媒体工作者，一次有效的试乘试驾将带来对车辆的正确认识，增加对车辆的好感和对汽车正面的舆论扩散，这是影响客户购买决定的重要因素之一。

4. 促进销售，获得成交机会

试乘试驾是有效的媒体推广和销售促进手段，销售人员根据客户的需求及购买动机介绍说明车辆，引导客户集中精神对车辆进行细致的体验，同时留意客户的反应，抓住机会达成交易，或者获取目标客户的线索和信息，以方便后续跟踪，促进销售的达成。

二、试乘试驾的准备

（一）车辆的准备

试乘试驾车辆是汽车销售企业必须配备的，通常是最新款、颜色具有代表性的车辆。试乘试驾车辆在投入使用前，要办理上路手续，投保机动车全险，并且只用于试乘试驾，不能用于企业经营或其他与试乘试驾无关的业务。

车辆准备的重点在于日常管理，主要内容有以下六个方面。

1. 车辆的检查

对车辆各个部件进行常规检查，确保车况良好。每天由维修部门按要求对试乘试驾车辆进行严格的保养及维护，保证车辆处于良好状态。每次试车结束后，要及时整理试乘试驾车辆。

2. 车辆清洁

试乘试驾车辆必须保持良好的清洁。车身彻底清洁并上光打蜡，随时用皮革清洁剂清洗座椅，但皮革清洁剂不能放置在车内，以防高温爆炸。

3. 车辆调整

每次使用试乘试驾车辆后要及时将常用设施（座椅、方向盘、音响等）恢复到使用前的状态。保证试乘试驾时将车内所有可以移动发出声响的物品移除，以确保在行驶时不会发出异响。

4. 车内必备物品

试乘试驾车辆内应备有香水、不同风格的 CD 等。

5. 试乘试驾车由专人负责管理

试乘试驾车的钥匙由专人保管，汽车销售人员有试乘试驾任务时向其领取钥匙，用完后及时归还。

6. 其他注意事项

试乘试驾车辆的数量要足够，停放在专属区域，保证随时拥有半箱以上燃油。

（二）证件资料的准备

试乘试驾是汽车销售中的一个重要的服务环节，对促进销售有重要的作用，也是一项涉及操作规范和人身财产安全的服务。因此，建立合理的试乘试驾规章制度、制定规范的流程和提高工作人员的执行力是保障员工及客户安全，提高工作效率的有效途径。汽车销售人员在客户试驾前做好相关文件的准备，可以体现企业的规范性，提高工作效率，有效保障人员及财产安全，也有利于了解更多客户的信息，从而达成交易。

现以上海大众汽车经销商试乘试驾销售环节为例，介绍试乘试驾需准备的文件类型和内容。

1. 试驾保证书

销售人员邀请客户试驾，客户应填写“试驾保证书”（表 5－1）后，方可试驾。

表 5－1　试驾保证书

试驾保证书

经销商（店）名称：
试驾车辆型号：
试驾车辆牌照号：
试驾路线：
试驾时间：

本人于_________年____月_____日 在_____________________________（地点）自愿参加上海大众汽车特许经销商（公司名称见以上表格）举行的汽车试驾活动，为此作如下陈述与声明：

本人在试驾过程中，将严格遵守国家及地方有关行车驾驶的一切法律和法规要求，并服从上述特许经销商提出的一切指示，做到安全、文明驾驶，尽最大努力和善意保护试驾车辆的安全和完好。否则，对试驾过程中造成的对自身和／或他人的人身伤亡、对上述特许经销商和／或上海大众和／或他人财产的一切损失，本人将承担全部责任。

试驾人签名：
身份证号码：
驾驶证号码：
驾驶证有效期：
联系地址：
联系电话：
日期：

2. 试乘试驾客户预约登记表

为了提高试乘试驾的效率，销售人员要及时填写“试乘试驾预约登记表”（表 5－2），记录试乘试驾预约客户的基本信息及预约时间。

为了使销售人员及时了解试乘试驾车辆的使用信息，以方便安排客户试乘试驾和预约，在企业的显著位置放置“试乘试驾预约看板/表”，见表 5－3，在目标客户试乘试驾的前一天填写。

表 5－2　试乘试驾预约登记表

客户姓名		意向级别		意向客户管理编号		客户另行约定时间	
联系电话		试驾时间		客户是否按时来店试驾		客户取消试驾原因	
预约时间		是否建卡		客户爽约原因		约定客户跟踪记录	
预约车型		客户级别		时间推迟/取消试驾		其他事项	

汽车销售人员：＿＿＿＿＿＿　　时间：＿＿＿＿＿＿

表 5－3　试乘试驾预约看板/表

2018 年 4 月 30 日　　星期一				
时段	车型	路线	客户	销售顾问
8:30－9:00	POLO 劲情	展厅→A→展厅	王先生	陈
9:10－9:40	Passat 领驭	展厅→B→展厅	张小姐	李

3. 试乘试驾客户信息及意见反馈表

试乘试驾后，为帮助客户回顾试乘试驾过程，销售人员要与客户交流试乘试驾感受，协助客户作试乘试驾总结，并请客户填写“试乘试驾客户信息及意见反馈表”（表 5－4），以便清楚掌握客户信息，了解客户对试乘试驾车辆性能的满意程度和对销售人员服务态度的满意程度。

表 5－4　试乘试驾客户信息及意见反馈表

客户姓名		性别		
身份证号码				
联系电话				
驾照类型		驾龄		
试乘试驾车型		是否试驾	□是　□否	
试乘试驾时间		线路		
销售顾问		试车员		
试乘试驾意见反馈				

续表

意见反馈项目	不满意	基本满意	很满意
1. 您对试乘试驾车辆的车况和清洁程度是否满意？			
2. 您对试乘试驾路线的长度是否满意？			
3. 您对试乘试驾线路设置的测试项目是否满意？			
4. 您对销售顾问的试乘试驾服务是否满意？			
5. 您对试乘试驾车辆的动力表现是否满意？			
6. 您对试乘试驾车辆的操控性能是否满意？			
7. 您对试乘试驾车辆的制动性能是否满意？			
8. 您对试乘试驾车辆的舒适性能是否满意？			
9. 您对试乘试驾车辆的内部乘坐空间感受是否满意？			
10. 您对试乘试驾车辆的综合评价是否满意？			
请在这里写下您对本次试乘试驾的任何感受、意见或建议：			
您认为试乘试驾对您决定购买这辆汽车是否有很大的影响作用？		□是	□否
感谢您的支持与配合！请在此处签署您的名字：			

4. 试乘试驾记录表

企业要为每一辆试乘试驾车辆准备“试乘试驾记录表”，见表 5-5。客户完成试乘试驾后，汽车销售人员要填写“试乘试驾记录表”，加强车辆管理和维护保养。

表 5-5　试乘试驾记录表

试乘试驾车辆型号：　　　　颜色：
车辆底盘号：　　　　投入使用日期：
发动机号：　　　　车辆牌照号：
变速箱类型：

序号	试车日期	试车性质请选择： 1. 试乘； 2. 试乘试驾	试车路线	千米数起讫	客户姓名	销售顾问	备注（购买意向等）

5. 其他资料

汽车销售人员要请客户出示本人合法有效的驾驶证件并审核，注意发证机关、有效期、准驾车型和驾龄，不满足驾龄条件的客户只能试乘。客户签订协议书，留下相关有效证件，试车完毕后退回。

（三）路线规划

评定汽车性能的指标主要有动力性、燃油经济性、制动性、操控稳定性、平顺性、安全性以及通过性等。客户在进行试乘试驾活动时，行驶路线必须能体现出汽车的性能特点和优势，这样的路线需要事先进行规划。根据试乘试驾的目的，可分为来店客户试乘试驾，新车上市活动试驾，结合活动、巡展的特殊试驾活动，为预计一周内成交客户特别安排的试驾活动等。来店客户试乘试驾路线通常是固定的，这有利于车辆性能特点的体现和保障人员安全。同时，销售人员又会根据目标客户的需求和个人情况，如驾龄长短，灵活规划路线。试乘试驾参考路线如图 5－1 所示。标准试乘试驾路线规划要考虑的因素如下：

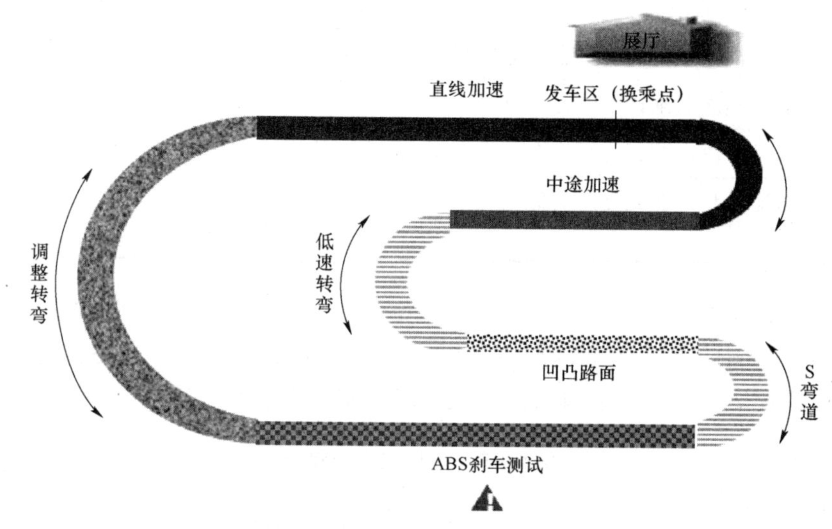

图 5－1　试乘试驾参考路线

（1）安全是路线规划首要考虑的因素，应选择路上行人、车辆、障碍物少的线路，该段路线应该有明显的交通信号标志，尽量避免在恶劣路况和天气条件下进行试乘试驾。

（2）试乘试驾路线全程时间控制在 10 分钟内为宜，线路最好以企业为起始点和终点，最好为环线，减少左转弯，以提升行车的安全性和试驾的效率。起始点距离企业最好不超过 3 km，长度为 8～12 km（线路可重复循环）。

（3）选择路况良好的路线，尽量避免颠簸：尽量选择车流量较小，没有堵车现象的路线。

（4）路线要与车辆性能相适应。

（5）至少有 5 km 的路段可以达到时速 80 km 的要求，车道为封闭式车道（路口除外），应包含常见的路况，如直线加速段、弯道等，但并不一定要连续路段。

（6）选择一个客户可以在中途换手的地方。

（7）必要时可在标准路线的基础上延长（两圈或更长）。

（四）陪驾人员的准备

为了更顺畅地与客户沟通交流，获取更多客户信息，促进销售，本书将汽车销售人员作为陪驾人员。汽车销售人员要成为一名优秀的试乘试驾人员，需要掌握全面的产品知识和车辆特性，具备精湛的驾驶技能和与客户良好沟通的能力。只有这样，陪驾人员才能更好地指导体验者操控试驾车辆，体验并感受车辆特性，根据客户的需求介绍产品，激发客户的购买欲望，获取客户的更多信息并伺机促成交易或跟进销售。

三、试乘试驾邀约话术

试乘试驾对于促进成交具有决定性的作用，销售人员要做到主动邀请客户试乘试驾，但汽车销售人员发出邀请以后客户未必接受。为了提高试乘试驾率，本书总结出以下试乘试驾邀约话术（销售人员在企业车辆展示区域展示车辆旁或者洽谈桌旁时，主动邀约客户参加试乘试驾的参考话术）。

参考阅读 5－1

试乘试驾邀约话术一

汽车销售人员主动邀约客户参加试乘试驾，一边说一边引导客户向试乘试驾车辆停放区域走："刚才我已经给您介绍了这款车的基本情况，俗话说'听过不如看过，看过不如试过'，要想更加了解我们的车，仅仅由我给您介绍是不够的，我们专门给您准备了试乘试驾的车型，您看我陪您试驾一下我们的车怎么样？"

试乘试驾邀约话术二

汽车销售人员主动邀约客户参加试乘试驾，一边说一边引导客户向试乘试驾车辆停放区域走："刚才我已经简单地向您介绍了车辆的性能特点和配置，不过，只靠看和听就作出购买决定是不够的，买车是件大事。因此，在您作决定之前建议您先试乘试驾，亲身感受一下。"

试乘试驾邀约话术三

汽车销售人员主动邀约客户参加试乘试驾，一边说一边引导客户向试乘试驾车辆停放区域走："我们的车和其他车不太一样，一定要开过以后才能体会到它的好处。如果您想真正了解这部车，我建议您试乘试驾一下，如果您愿意，我马上为您安排。"

试乘试驾邀约话术四

汽车销售人员主动邀约客户参加试乘试驾："×先生/女士，在给您完整介绍完该车的性能和配置以后，想必您一定充满了浓厚的兴趣，接下来我诚挚地邀请您试乘试驾该车。相信在您亲身体验它的魅力后更能加强您的购买信心，所以让我为您立即安排吧。"

试乘试驾邀约话术五

汽车销售人员主动邀约客户参加新车型试乘试驾，一边说一边引导客户向试乘试驾车辆停放区域走："我们的汽车迄今为止销量已经超过了×万辆，这代表着×万用户的口碑与肯定，这次更以新基准作为唯一标准来打造它。我相信您只要试乘试驾之后，将会毫不犹豫地想要成为它的准车主，所以我们出发吧！"

四、试乘试驾邀约抗拒处理话术

汽车销售人员在邀约目标客户参加试乘试驾活动时，因为客户普遍存在的抗拒心理，销售人员会遇到客户拒绝的情况。为了保证顺利邀约到客户，本书总结出常遇到的客户拒绝的理由，有些是真实的理由，有些是客户的托词，列出应对客户抗拒的话术作为参考。

参考阅读 5－2

情　景　一

目标客户："我还有事情，没时间了。"

汽车销售人员："啊，太可惜了。不过我们试车大概只要 30 分钟，您看来得及吗？"（客户一般会回答来不及）

汽车销售人员："如果时间来不及的话，那么我特别为您安排下一次的时间，您看哪天来方便？周末怎么样？"

情况一：客户同意。

汽车销售人员："那好，我就先帮您预订。"

情况二：客户不确定。

汽车销售人员："那好，我近期会再找时间和您预约。"

情　景　二

目标客户："我开车的技术不好，会不会有危险啊？"

汽车销售人员："您别担心，我们在试车的时候都作了非常完善的规划与安全防护，而且我们会安排专业的试车人员陪同您，您可以先试乘一下再决定是否要自己开。"

情　景　三

目标客户："算了吧，我只是先看看，不一定要买。"

汽车销售人员："您不必担心试过车后就必须要买，毕竟为您提供周到的服务是我们的责任。就算是看看，试乘试驾这个环节也是必不可少的。"

情　景　四

目标客户："我开过我朋友的车，就不用试了。"

汽车销售人员:“您开过的话那就太好了,这样我就不必再跟您介绍该车的基本操作了。不过开朋友的车多少会有些束手束脚，在我们这里试驾是有专门规划线路和专业技术指导的，说不定会和您原来开的时候感觉不一样哦，为了慎重起见还是试一试吧。”

情　景　五

目标客户：“我今天没带驾照。”

汽车销售人员：“那没关系，改天试驾也没问题。您看这个周末或者平时哪天方便？在周五我会和您再次确认具体时间，同时我们还会向您提供专业的试乘试驾服务，届时还会由我们专业的技师带您体验我们的汽车的综合性能。”

情　景　六

目标客户：“我要考虑考虑。”

汽车销售人员：“谢谢您，您考虑就是给我们一个服务的机会。大部分客户在买车下决定前会考虑的问题包括：颜色、配置、价格、付款方式等。不知道您是考虑哪方面的问题？您可以告诉我，我来为您服务。”

情　景　七

目标客户：“还是不要了，试过没买会很抱歉的。”

汽车销售人员：“只有亲自体验才知道车的好坏。广告是一时的，试驾体验才是真实的，而且试驾并不代表一定买车，您可以慢慢考虑。您有参考的权利，没有一定购买的义务，试乘试驾是客户的权利，您不需要有压力。”

情　景　八

目标客户：“我改天再带家人或者朋友一起来试吧。”

汽车销售人员：“谢谢您愿意再度带家人及朋友来让我为您服务，更感谢您帮助我们作免费的宣传。无论如何选择，我们都相信您的眼光，今天若不赶时间您可以先试乘试驾，把您的感受告诉家人，下次带您家人再试乘试驾一次。”

情　景　九

目标客户：“我不习惯开别人的车。”

汽车销售人员：“当然，我认同您的说法，我也一样不太愿意开别人的车。但是买车之前一定要经过试乘试驾才能作决定，您说是吧？所以还是亲自体验一下吧。”

情　景　十

目标客户：“我要再比较比较。”

汽车销售人员：“谢谢您，买车本来就是应该多参考比较再作决定。您愿意比较就是给我一个服务的机会，所以我诚挚地邀请您亲身体验这款车在加速、转弯、乘坐等各方面的综合性能。”

五、客户同意试乘试驾后的话术

目标客户同意参与试乘试驾后，销售人员要确认三件事：客户只参与试乘，还是参与试乘试驾；请客户填写“试乘试驾客户预约登记表”和“试驾保证书”；复印客户的驾驶证。

参考阅读 5－3

试乘试驾后话术示例

销售人员：“×先生/女士，您准备只试乘还是同时试乘和试驾？”

……

销售人员：“×先生/女士，有两份必要的文件需要您填一下：一份是‘试乘试驾客户预约登记表’，另一份是‘试驾保证书’。”（在说的同时向客户出示文件，并指导客户填写）

……

销售人员：“我能复印一下您的驾驶证吗？”

客户：“我没带驾驶证。”

销售人员：“很遗憾，如果您没有带驾驶证的话，我们今天只能提供试乘试驾预约或者试乘服务。……请您填好这张‘试乘试驾客户预约登记表’，我们帮您安排下一次试乘试驾。”

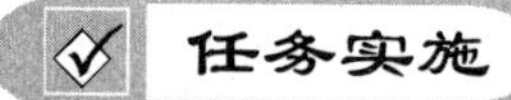

任务实施

一、任务描述

某汽车销售公司新车上市，为加大宣传力度，让客户全面地了解新车性能，并且得到客户的认可，举行新车上市试乘试驾活动。模拟汽车销售人员邀约目标客户参加活动的情境，并做好试乘试驾线路规划、文件准备等工作。

二、任务目的

（1）学生理解试乘试驾的目的和作用。

（2）学生能够邀约目标客户参加试乘试驾活动。

（3）学生能够完成试乘试驾的各项准备工作。

三、任务实施步骤

第一步：准备。

（1）学生熟悉汽车性能，准备试乘试驾介绍话术。

（2）学生了解意向客户信息。

（3）学生拟写邀约客户试乘试驾话术。

（4）学生规划试乘试驾路线。

（5）学生准备试乘试驾需要的文件资料：“试驾保证书”“试乘试驾客户预约登记表”“试乘试驾预约看板/表”“试乘试驾客户信息及意见反馈表”“试乘试驾记录表”。

第二步：实施。

（1）学生分配扮演的角色。

（2）邀约意向客户参与试乘试驾活动。

（3）填写“试乘试驾客户预约登记表”。

（4）填写“试乘试驾客户预约看板/表”。

第三步：描述与点评（略）。

四、成果与检测

（1）在全班组织一次邀约客户参加试乘试驾活动的情境模拟。

（2）学生对文件准备情况进行自我点评。

（3）教师点评学生试乘试驾文件的准备情况。

五、评估标准

评估标准见表 5－6。

表 5－6　任务实施评估标准

评估等级/评估指标	评估标准	分值/分	得分/分
邀约客户情境模拟	了解客户信息，了解客户需求，主动邀约并激发客户参加的兴趣，完成邀约任务	好（16～20）	
		中（12～15）	
		差（0～11）	
准备文件	文件类型准备充分，文件内容符合国家相关法律法规，符合岗位工作流程和企业一般管理规范	好（24～30）	
		中（18～23）	
		差（0～17）	
学生在自我点评中的表现	能自然、大方地表达自己的观点，表述完整，语言流畅	好（16～20）	
		中（12～15）	
		差（0～11）	
运用知识的能力	能够正确、熟练地运用知识解决问题	好（16～20）	
		中（12～15）	
		差（0～11）	
学习态度	态度认真，积极努力，能够完成任务	好（8～10）	
		中（6～7）	
		差（0～5）	

任务二 试乘试驾

任务分析

在试乘试驾过程中，销售人员要让客户感受、体会到试乘试驾车辆的独特之处，让客户认识到该车独具的特点与其利益紧密相关，并且加深这种体会与认识，如此才能激发目标客户购车的欲望。

相关知识

一、试乘试驾说明

在试乘试驾前，销售人员先向客户介绍车辆和路线。车辆介绍的内容包括车头、车尾的外形特征；引导客户在驾驶室或者副驾驶座就座，协助客户调节座椅及系好安全带；让客户熟悉车内各项配置，如天窗、车窗、转向盘、灯光、仪表盘、挡杆、安全气囊等的分布及其使用；进行车内空间和布局展示（静态介绍）：座椅调节便捷、转向盘调整便捷、空间宽敞、仪表台布局典雅、显示鲜明；介绍座椅舒适度、空调舒适度、音响效果等，根据客户的需求说明体验的重点。另外，销售人员要向客户简要说明试乘试驾路线中的路况，以及操控汽车各项配置及功能的方法，着重突出汽车在各种路况中的优势，提醒客户注意安全。

参考阅读 5-4

试乘试驾前线路介绍话术示例

汽车销售人员引导客户办完试乘试驾手续后，在客户上车之前，要向客户简明介绍试驾路线："×先生/女士，在开始试乘试驾之前，我给您作一个简单的情况介绍。我们已经为您挑选了一条比较适合试车的路线，全长大约 10 km，等一下我会先开一圈，以便您熟悉车辆的性能特点和路线，接下来，您就可以亲自驾驶这辆车了。

"在驾驶过程中，有两件事情要请您注意一下。第一是要注意安全，毕竟您的安全是最重要的；第二，在驾驶过程中，我会适时提醒您行驶的路线，这样您就完全不必担心走错路，尽情享受试驾的乐趣了。

"×先生/女士，如果您没有问题，我们现在就出发吧。"

二、试乘试驾流程

在试乘试驾过程中，汽车销售人员要向客户说明重点体验项目，加强客户对此配置为其带来的利益的认识；要暗示客户产品有优异特性，让客户留下深刻的、优异的、差异性的印象。为了给客户带来更好的试乘试驾体验，销售人员要按照流程引导客户进行试乘试驾，同时树立企业的良好形象，展示销售人员的专业素养。

1. 引导客户入车

（1）销售人员引导客户入车时，要注意基本的礼仪态度，主动向客户提供帮助，如替客户开车门、关车门，防止客户的头部碰到车门等。

（2）入车后，销售人员应系好安全带，并提醒所有乘客系好安全带。可播放轻音乐，音量大小以不会打扰与客户交谈为宜。

2. 客户试乘

（1）在不同的行驶状态下，销售人员要引导客户感受车辆的性能。

（2）起步时不要急加速，引导客户体验起步时平稳顺畅的性能。

（3）加速时保持适当的油门深度，引导客户体验换挡顺畅无冲击的性能。

（4）匀速行驶时引导客户体验车内的安静和座椅的舒适。

（5）转弯时引导客户体验对侧倾的控制和座椅侧向支撑力。

（6）根据车型的不同性能及侧重点，销售人员要向客户进行产品说明。

（7）在客户试乘时，销售人员要向客户说明产品，更多地向客户介绍车辆的性能及配置，突显产品优势，以便客户试驾时能够重点体验车辆的性能。

3. 换手驾驶

到达试乘试驾路线图上标注的预定换手地点时，销售人员将车移交客户，开始客户试驾阶段。

（1）提前告知客户，然后将车停在安全区域。

（2）确保在安全地点换手，将车辆移交客户。

（3）提醒客户开车门时注意安全。

（4）换手时销售人员根据客户的意愿将座椅、安全带、后视镜等调节至客户感觉舒适。

（5）协助客户熟悉挡位、灯光、喇叭的操作。

（6）换手时销售人员应在客户的视线范围内换到副驾驶座。

（7）帮助客户观察路况。

（8）提供不同的音乐盘片供客户选择。

（9）再次提醒客户注意驾驶安全。

4. 客户试驾

（1）销售人员要确认所有乘员都系好安全带。

（2）客户自主操作，销售人员避免多言，让客户细细品味性能，客户操作顺手后要赞美客户的驾驶技术。

（3）仔细倾听客户的谈话，以发现更多客户需求。

（4）如果在试驾中发现客户有明显的危险驾驶动作，销售人员应该及时、果断地请客户在安全地点停车。

（5）向客户解释安全的重要性，以获取其谅解，再次确认车内人员必须系上安全带。

（6）改试驾为试乘，由销售人员把车辆驾驶回企业。

三、试乘试驾过程中与客户沟通的技巧

在试乘试驾过程中，销售人员既不能说话太多而影响客户体验车辆，又要能够静态介

绍车辆，激发客户对试驾车辆的兴趣。因此，销售人员利用有限的说话机会加强与客户的交流显得格外重要。试乘试驾过程中与客户的语言沟通技巧主要应用于询问客户感受、解答客户的问题和引导客户体验等时刻。

（1）客户试驾时，销售人员要解答客户的问题。

① 帮助客户观察路况并给予必要的提醒。

② 判断客户的驾驶水平和驾驶习惯。

③ 尽量不要分散客户的注意力。

④ 不要出现不信任客户的动作。

⑤ 及时回答客户提出的问题。

（2）询问客户试驾感受，不断寻求客户的认同。

当路况允许且时机合适时，引导客户再次感受车辆的性能，如在直线加速且前方车辆不多时："×先生/女士，您看咱们这车的油门是不是很灵敏啊？提速是不是很有力啊？"

（3）沟通技巧。

销售人员要注意与客户沟通的技巧，以发现客户更多的需求和对车辆的体会与感受。

① 开放式引导：×先生，您觉得这款车怎么样啊？

② 封闭式引导：×先生，您觉得这款车开起来是不是很顺手啊？

③ 寻找客户感兴趣的话题，建立共同语言。

参考阅读 5－5

试乘试驾过程中的沟通技巧

在试乘试驾过程中，销售人员应让客户集中精神进行体验，并针对客户的需求和购买动机适时地进行解释说明，建立客户的信心。销售人员介绍时的语言表达和沟通技巧示例如下：

车辆刚刚启动时："发动机刚启动，声音会比正常运转时响一点，这是因为发动机的最佳工作温度为 90 ℃，冷车时发动机会自动转得快一点，让车辆尽快达到最佳温度。"

车辆启动两分钟后："您听到声音变小了吧？您对该车的发动机怠速自动调整这个功能还满意吧？"

加速前："×先生/女士，您坐好了，我们现在试一下这辆车的提速，您靠好座椅，同时扶好扶手。试提速主要留意两个方面：一是有没有推背感；二是发动机的声音是不是很浑厚，而且没有金属摩擦的杂音。"

深踩油门后："刚刚您感觉到推背感吧？您注意到了吗？当我深踩油门时，发动机的声音很浑厚，而且没有多余的杂音。"

加速前："×先生/女士，您坐好了，接下来我要演示中段超车加速，在这个项目中，您可以体会到车辆在行驶过程中加速的能力。"

加速后："×先生/女士，刚才您是否感觉到在行驶过程的加速能力同样也很棒，而且加速的响应速度和平稳性都很好？"

刹车前："×先生/女士，您也知道我们在路上最怕遇到突然蹿出自行车或行人，我们会紧急刹车同时打转向盘，对不对？我们现在的速度是 60 km/h，马上就试一下紧急刹车，同时我会打一把转向盘，您坐好，扶稳。”

紧急制动后：“刚才您听到那种‘啪啪’的声音了吧？这就是 ABS 在工作了，它其实是在帮助我们作快速的点刹。这样保证我们在急刹车的时候，方向盘依然能控制车辆方向，这样的刹车给了我们极大的安全保障，您感觉如何？”

通过不平道路前：“前面有一段在施工的碎石不平道路，我们将要慢速通过，在通过时您可以感受一下车辆在通过不平路面的颠簸情况，以及您乘坐的舒适性。另外您还可以留意一下来自底盘的声音。”

路面颠簸时：“悬挂采用麦弗逊式独立悬架系统，能很好地兼顾颠簸行驶的操控稳定性和通过坏路的舒适性。”

四、试乘试驾的注意事项

在试乘试驾过程中要注意以下事项：

（1）一定由销售人员首先驾驶，按线路剧本让客户作完整的试乘体验。

（2）每次发动车辆之前，必须检查所有乘员是否系好安全带。

（3）销售人员必须严格按预定要求演示线路剧本。

（4）销售人员与客户换手时，必须先将车停在预先指定的安全地点，并将汽车熄火。

（5）请客户下车，并引导客户坐到驾驶座上。

（6）销售人员上车后再将车钥匙交予客户。

（7）客户坐到驾驶座上后，必须先完成座椅调整、转向盘调整、后视镜调整以及系好安全带四项工作，才能发动汽车。

（8）客户在试驾车辆时，只需适时提醒客户按预定线路剧本行驶，不要过多地与客户谈话，以确保行车安全。

（9）客户驾驶车辆作出危及安全的危险驾驶动作时，应及时提醒客户注意安全，必要时可中止客户试驾。

（10）在试乘试驾过程中，应劝导客户不要在车内吸烟。

任务实施

一、任务描述

作为某汽车经销店的销售顾问，你要陪同客户试乘试驾车辆，让客户更好地体验产品。以某车型为例，制订一份试乘试驾计划，包括试乘试驾流程、引导客户体验车辆性能的内容和车辆介绍话术。

二、任务目的

（1）培养学生针对客户需求静态介绍车辆的能力。

（2）培养学生引导客户体验车辆的能力。

（3）培养学生的沟通能力。

三、任务实施步骤

第一步：准备。

（1）教师准备汽车产品资料。

（2）教师准备客户资料。

（3）学生分组。

（4）学生熟悉产品及客户信息。

第二步：实施。

学生以小组为单位制订试乘试驾计划，内容包括：

（1）试乘试驾路线设计；

（2）试乘计划，包括礼仪规范、介绍话术、注意事项等；

（3）试驾计划，包括礼仪规范、介绍话术、注意事项等。

第三步：描述与点评（略）。

四、成果与检测

（1）以小组为单位制订试乘试驾计划。

（2）在全班组织一次试乘试驾交流会。

（3）学生对各组的计划进行点评。

（4）教师点评。

（5）教师根据学生在制订计划、交流、点评中的表现进行评估。

五、评估标准

评估标准见表 5－7。

表 5－7　任务实施评估标准

评估等级 评估指标	评估标准	分值/分	得分/分
试乘试驾计划	结构完整，流程规范，礼仪得体，表达清晰准确	好（24～30）	
		中（18～23）	
		差（0～17）	
在学生交流、点评中的表现	能自然、大方地表达自己的观点，表述完整，语言流畅	好（24～30）	
		中（18～23）	
		差（0～17）	
运用知识的能力	能够正确、熟练地运用知识解决问题	好（24～30）	
		中（18～23）	
		差（0～17）	
学习态度	态度认真，积极努力，能够完成任务	好（24～30）	
		中（18～23）	
		差（0～17）	

任务三 试乘试驾后续工作

任务分析

试乘试驾后客户能更好地感受产品，汽车销售人员应该抓住机会根据客户的感受与反应突显客户的利益以及车辆的优势，以便说服客户，为成交作好铺垫。

相关知识

一、试乘试驾后的注意事项

（1）邀请客户与试乘试驾车辆合影。

（2）请客户填写“试乘试驾客户信息及意见反馈表”，了解客户对试乘试驾线路设置长度和测试项目是否满意，对试乘试驾车辆的车况、动力表现、操控性能、制动性能、舒适性能、内部乘坐空间等方面是否满意，对试乘试驾车辆的综合性能是否满意。

（3）针对客户特别感兴趣的性能和配置再次加以说明，并引导客户回忆美好的试驾体验。

（4）针对客户试驾时产生的疑虑，立即给予合理和客观的说明。要再次强调客户的需求重点以及回答客户需确认的事项，寻求与客户的共识。

（5）在客户试驾后对产品的热情尚未退却时，伺机引导客户进入购买商谈阶段，促进客户成交。

（6）对暂时未成交的客户，要利用留下的相关的信息与客户保持联系。

（7）对每一位客户均应热情地道别，并感谢其参与试驾。

（8）客户离店后，汽车销售人员应填写“试乘试驾记录表”，以便进行试乘试驾车辆的日常管理、维修保养。

（9）客户离店后，汽车销售人员应立即清洁试乘试驾车辆。

二、促进交易达成或留下联系方式的技巧

（一）营造试乘试驾后的成交环境

销售人员要引导客户认同车辆的特性，加深客户对车辆的印象，使其肯定车辆，为成交铺路。客户在选择商品时通常有一个决定性的力量在支配，那就是感觉，感觉是一种看不见、摸不着的影响人们行为的关键因素。企业、产品、人、环境、语言、肢体动作等都会影响客户的感觉。在整个销售过程中，销售人员要为客户营造一个良好的感觉环境，这是赢得客户的“钥匙”。成交的关键不仅在于技巧，还在于拉近与客户的心理距离，其最有效的途径就是让客户感受汽车展厅内快乐的气氛。

汽车销售展厅的布置要以营造舒适的购车环境为主旨，这有利于延长客户的逗留时间，激发客户的购车欲望，提高终端客户成交率，提升品牌形象并充分展现品牌实力。

1. 常规布置

（1）店面内外清洁有序，让客户有宾至如归的感觉，销售人员对待客户要像对待家人一样。

（2）展厅内保持清新淡雅的气味，以提升展厅的档次。

（3）店内可以适度的音量播放一些轻缓柔和的音乐。

（4）店内温度一般为 24 ℃左右。

（5）灯光要能突显出展车，满足展厅内的气氛要求。

（6）展车必须保证干净整洁，布置特色展车或者改装精品车。在展厅外摆放展车，营造“多人、多车”的气氛。

除此之外，展厅设置应避免“过简”“过杂”，要有效地运用销售道具，在已售车辆上标识“此车已售”字样；在展厅的显著区域设置企业文化墙，宣传企业形象，如设置交车相册、今日提车榜、客户满意度签名、公司车辆获奖奖杯等物品，设置影响体验区、客户洽谈区、儿童区、精品配件展示区等，这有利于加深客户对企业和产品的认识，加强企业和产品形象的宣传，强化客户的印象。

2. 气氛烘托

店内布置应充分营造热销、喜庆的气氛。例如，每逢各种节日举办活动，或者自行策划“周年庆”“购车节”等各种主题活动以营造热销氛围。推出极具吸引力的广告词，例如“激情红五月，天天送现金，日日抽大奖”“春暖花开特卖惠，抢购××好出游”“特价节后，抢购乐翻天”等。利用网络、电视、报纸、传单等各种途径宣传，扩大知名度。

3. 试乘试驾后营造成交环境的要求

（1）洽谈环境：温度适宜，环境不嘈杂。

（2）接待桌椅：舒适的桌椅可引导客户进入成交阶段，延长商谈时间。

（3）茶水招待：满足生理需求，通过服务减少抗拒。

（4）试驾后留影：连接客户与车辆，暗示客户拥有车辆的情境，并留下美好的回忆。

（5）试驾后问卷：探寻客户试驾后的满意度，为成交切入点做准备。

（6）成交要求：对表现出购买信号的客户，及时提出成交要求。

（7）成交工具：随时准备好报价单、贷款/保险资料、销售合同/订单、计算器。

（8）其他要求：交车时尽量邀请多个客户在同一天交车，让更多的意向客户看见交车的流程，感觉到店内的车一直卖得很火爆，从而提升对品牌的信心。

（二）试乘试驾后的成交技巧

1. 推动客户成交的话术

试乘试驾过程中客户产生了购买欲望常常不会直言，而是不自觉地通过语言、行为、表情等流露出来。销售人员要善于捕捉成交信号，抓住成交时机，及时促成成交，并保留一定的余地。成交的关键是六个字：主动、自信、坚持。汽车销售人员要镇定自若、充满信心，即使提出的成交请求遭到客户拒绝，也要锲而不舍，力争成交，韧性在销售的成交阶段是很重要的。

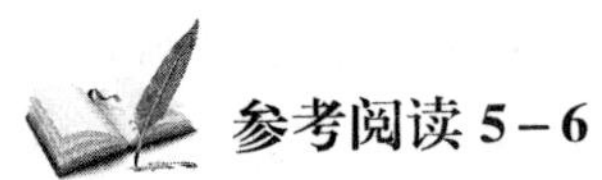

参考阅读 5－6

试乘试驾过程中推动客户成交的常用话术

（1）看起来×先生/女士，您很喜欢开这款车哦？……我们还有一套很棒的金融服务计划，您要不要准备按揭？

（2）×先生/女士您真的是很懂行！只有真正懂车的人在开车时才会有您刚才的感受。对了，您比较喜欢什么颜色？喜欢深色系还是浅色系的？

（3）您要带天窗的是吗？还有没有其他配置您需要加入？……×先生/女士这边请，您坐下来休息一下，我帮您详细算一算。

（4）×先生/女士，您说得一点都不错，您刚才开的这部车是两气门的，而且是一款技术非常成熟稳定的发动机，想必您试车的时候已经感觉到它的动力不错了吧？×先生/女士，您比较中意带天窗的还是不带天窗的型号呢？

（5）×先生/女士，您的运气真不错，刚好我们最近在搞促销活动，像您这样参加试乘试驾的客人如果当场下订单，还可以获得一个额外的大礼包呢！

2. 试乘试驾后的回访

对没有立刻签单的客户，要开展回访，一般在试乘试驾后2～3天内开展回访。回访的目的主要是借机保持与目标客户的接触，争取邀约客户再次到店以促成销售。根据回访信息更新“意向客户跟踪卡”。

参考阅读 5－7

试乘试驾客户回访话术

（1）这次的试车顺利完成，请问您感觉如何？
（2）×先生/女士，看您驾驶熟练，请问您这次试车感觉如何？
（3）请问，这款车和您现在驾驶的车比如何？（如果客户换新车）
（4）看您试车那天心情愉快，有兴趣再来试乘试驾吗？
（5）请问您希望何时开新车呢？

试乘试驾后的回访不仅能增进销售人员与客户之间的情感流，提升客户对销售人员的重视度，还能使销售人员及时掌握目标客户的购买意图和动向。很多目标客户都是在多次回访后达成交易的。

参考阅读 5－8

防止目标客户流失的回访技术

销售顾问：您好！我是××汽车销售公司的销售顾问××，请问您是×先生/女士吗？

看到您有一段时间没来我们公司看车了，想了解一下您购车的情况。您已经购车了吗？

目标客户：我还在看。

销售顾问：您是×天（日期）在我们店看的车，不知道您还看了别的车没有？

目标客户：还没有/有。

销售顾问：那您什么时候方便再来我们公司看看车？最近我们公司在做一些活动，可能您会感兴趣，所以邀请您再次来我们公司看车，我们可以提供预约服务。

目标客户：哦，这样。那我要来前给你打电话吧。

销售顾问：好的，可以。感谢您抽出宝贵的时间接受我们的回访，那就不打扰您了。×先生/女士，再见！

参考阅读 5－9

潜在客户回访问卷

回访专员：×先生/女士您好，我是××汽车销售公司的回访专员××，首先感谢您在某月某日来我店看车，我们想针对您在我店接受销售服务方面的满意度情况作个调查，耽误您 2 分钟左右的时间，您看您方便吗？以下有份调查问卷，请您用“是”或“否”，或以 1～10 分打分的方式作评价，其中 1 分是非常不满意，10 分是非常满意。

1. 是否有店内人员第一时间接待您？

是：10　　否：0

2. 汽车销售人员是否主动递交名片、作自我介绍并提供车型资料？

是：10　　否：0

3. 接待您的销售顾问的姓名是________________。

4. 您对汽车销售人员的礼貌礼仪方面如何评价？（1～10 分）

5. 您对汽车销售人员的专业知识方面如何评价？（1～10 分）

6. 汽车销售人员是否详细为您介绍车辆的功能并强调该功能给您带来的好处？

是：10　　否：0

7. 汽车销售人员是否邀请您到洽谈区坐下来洽谈购车相关事宜？

是：10　　否：0

8. 店内是否有服务人员主动为您提供饮品并询问您的选择？

是：10　　否：0

9. 汽车销售人员是否主动邀请您试乘试驾？

是：10　　否：0

10. 汽车销售人员是否陪同您试乘试驾？

是：10　　否：0

11. 若试驾车辆在限行日期内，汽车销售人员是否与您预约下次试乘试驾的时间并主动与您联系？

是：10　　否：0

12. 您对试驾过程中的讲解如何评价？（1～10 分）

13. 汽车销售人员是否主动为您介绍贷款产品及贷款的好处？（1～10分）

14. 汽车销售人员是否主动为您介绍保险并提出建议？

是：10　　否：0

15. 我店整体展厅环境如何评价？（1～10分）

回访专员：非常感谢×先生/女士抽出宝贵的时间接受我们的回访，对您的回访我们将存档保留，您在我店购买新车时我们将会有一份精美的礼品赠送给您。祝您工作愉快，如有需要可以与接待您的销售顾问及时联系。不再耽误您的时间，×先生/女士再见。

任务实施

一、任务描述

假如你是一名汽车销售顾问，以某车型为例，你要对目标客户进行一次试乘试驾后的回访，了解客户的购车意向，并邀约客户再次到店洽谈，尽量抓住机会促成交易。

二、任务目的

（1）培养学生的试乘试驾回访能力。

（2）培养学生与客户沟通的能力。

（3）培养学生分析并判定客户购车意向的能力。

（4）让学生熟练掌握试乘试驾后续工作流程、工作内容及工作方法。

（5）培养学生抓住机会促成交易的能力。

三、任务实施步骤

第一步：准备。

（1）教师编写脚本，准备由目标客户填写的“试乘试驾客户信息及意见反馈表”“意向客户跟踪卡”。

（2）学生分组。

（3）确定角色扮演者，分配扮演任务。

（4）布置观察任务。

（5）布置场景。

第二步：实施。

（1）汽车推销人员通过客户填写的“试乘试驾客户信息及意见反馈表”，了解客户的需求和异议。

（2）进行试乘试驾后的回访。客户试乘试驾后对产品有更好的认识，作为汽车推销人员应抓住机会再次强调客户的需求重点以及回答客户需确认的事项，寻求与客户的共识，邀请客户再次到公司洽谈。

（3）抓住时机促进成交。在客户试驾后对产品的热情尚未退却时，伺机引导客户进入购买商谈阶段，自然地促使客户成交。

（4）填写“意向客户跟踪卡”，作好潜在客户管理。

第三步：描述与点评。

（1）观察学生进行点评。
（2）扮演角色的同学叙述感受。
（3）教师点评。

四、成果与检测

（1）能够成功邀约客户再次到企业洽谈。
（2）能够填写“意向客户跟踪卡”。

五、评估标准

评估标准见表 5－8。

表 5－8　任务实施评估标准

评估等级 评估指标	评估标准	分值/分	得分/分
分析并判断客户购车意向的能力	能够根据客户信息分析并判断客户购车的需求，判断客户购车意向的级别	好（24～30）	
		中（18～23）	
		差（0～17）	
处理试乘试驾后续工作的熟练程度	能够熟练填写、调整试乘试驾相关资料、文件，作好目标客户管理和车辆管理	好（24～30）	
		中（18～23）	
		差（0～17）	
沟通能力	语言表达流畅，善于倾听，善于引导与客户的谈话内容	好（16～20）	
		中（12～15）	
		差（0～11）	
促成交易的能力	能够确定跟进客户的频率，能够与客户良好地沟通并自然过渡到推销洽谈阶段	好（16～20）	
		中（12～15）	
		差（0～11）	

思考题

1. 张先生与王女士夫妻两人相继来展厅关注奥迪 A4L 汽车很多次，但每次都只是听完销售人员介绍该车辆的情况后就离开展厅。销售人员邀约了很多次试乘试驾，夫妇二人都未答应。今天夫妇二人又来展厅关注该车辆，作为销售人员的你，该怎样说服夫妇二人在今天试乘试驾？试写一段情景对话。

2. 昨天与李先生联系好今天下午三点来展厅对比亚迪汽车进行试乘试驾。作为汽车销售人员的你在试乘试驾时该如何针对试驾路况给李先生介绍车辆，并最终促进该车辆成交？试写一段情景对话。

项目六　处理客户异议

项目描述

处理客户异议是指在已知客户异议产生的原因的基础上，抓住时机，把握异议处理的原则，运用处理客户异议的方法和技巧，灵活地处理客户在产品、价格、质量、销售顾问、服务等方面的怀疑、抱怨和反对意见。

项目目标

- 理解客户异议的含义；
- 明确客户异议产生的原因；
- 熟悉客户异议的类型；
- 掌握处理客户异议的原则；
- 把握处理客户异议的时机；
- 运用客户异议处理的方法及技巧，合理处理客户异议。

引例

销售顾问：刚才介绍了这么多，您看，您喜欢这款车吗？或者还有其他我遗忘的问题没有介绍吗？

客户：哦，我还是很喜欢这款车的，但是我需要和我的太太商量一下，买车前还是让她了解一下比较好。

销售顾问：当然了，买车是件大事，有必要让家人一同参与。我在买任何东西前都要和太太商量。您太太现在方便过来吗？

客户：她在上班。

销售顾问：您可以给她打一个电话吗？或者我们可以现在就将车开过去，给她一个惊喜。

客户：现在不行，她是一个客户经理，可能正在拜访客户呢，要不我们先谈谈价格，晚上她下班后也许会过来。

销售顾问：我的意思是先让她看车或者试驾，当您决定购买了以后，我们可以协商一个好的价格。

客户：还是晚上和我的太太一起来看吧。

销售顾问：先生，其实我有三个原因希望你们一起来试驾。第一，刚才您试驾的时间比较短，可能对车的体会不深；第二，如果与您的太太一起试驾，两个人的体会比较全面；第三，您说了，您喜欢这车，只有您知道您的太太喜欢什么样的车。

客户：哦，是这样，这个全新的车我还不熟悉，让我自己开还有一点担心。

销售顾问：没有关系，只要开上手就熟悉了，况且即使新车也有保险，不用担心。最后您不喜欢这车也没有关系，就当交个朋友。

客户：好吧，你为什么现在不能给我车子的底价呢？

销售顾问：我觉得您和您的太太都在的时候我们再谈价格比较好，除非您决定购车不需要她的意见，等她在的时候我们一起商讨一个合适的价格这样多好，您觉得呢？另外，我也要根据您的情况与经理协商一下，看是不是有好的分期付款计划。

客户：也许你说的对，那我们现在就走吧。

任务　处理销售中的异议

任务分析

在汽车销售过程中销售人员经常会听到客户提出各种各样的异议，例如“这车太贵了”“这车真像你说的那样好吗”“我不需要你们这款车”“我已经选择其他品牌的汽车了”等。客户异议是销售过程中的正常现象，是成交的前奏和信号。俗话说“嫌货人才是买货人”。据美国百科全书的统计，销售人员每作成一笔生意，平均要收到179次异议，可见客户异议是常见的现象。在平常的销售过程中，客户异议是多种多样的，处理的方法也千差万别，在处理客户异议时必须因时、因地、因人、因事采取不同的方法。针对客户提出的异议，销售人员要找出正确的方法，运用一定的技巧去应对，这样才会提高销售业绩。

相关知识

一、客户异议的定义

客户异议是指客户对产品、价格、质量、销售人员本人、服务、销售方式和交易条件发出的怀疑、抱怨，以及提出的否定或反对意见。

二、客户异议的类型

（一）需求异议

需求异议是指客户认为不需要产品而形成的一种反对意见。它往往是在销售人员向客户介绍产品之后，客户当面拒绝的反应。

这类异议有真有假。真实的需求异议是客户由于暂时没有需要或者对汽车产品不满意或抱有偏见而表达出的异议，它是成交的直接障碍。这些异议主要表现为：认为价格太高、认为产品质量有问题、担心售后服务、担心交易条件、对汽车公司不满、对销售人员不满等。对于客户的以上异议，销售人员应该积极响应，认真应对，正确理解，详细分析不同异议产生的原因，从根本上消除客户异议，有效地促进客户的购买行为。例如客户会说：“我现在上下班都有单位的车定点定时接送，我根本就不需要买车”“我有车了”。针对这样的客户异议，应对方式可以是：“如果以后您需要我们的产品或者您的亲戚朋友有购车意向，您可以推荐我们的产品”。

虚假的需求异议既可表现为客户以之作为拒绝购买的借口，也可表现为客户没有认识或不能认识自己的需求、对自己购买的产品没有足够的信心、车的价格超过了自己的预算等，例如“这车价格太高”“这车不够时尚”等。

汽车销售人员应认真判断客户需求异议的真伪，对虚假需求异议，可设法使客户认识到产品所提供的利益和服务能够满足其需求，使之动心，再进行销售。

（二）财力异议

财力异议是指客户因缺乏货币支付能力所产生的异议，例如“你们这款车不错，我关注它很久了，可惜我现在无钱购买”“近来买房把钱花光了，现在买车也没钱了”等。一般来说，对于客户的支付能力，销售人员在寻找客户的阶段已进行过严格审查，因此在销售中能够准确辨认真伪。真实的财力异议处置较为复杂，销售人员可根据具体情况，协助对方解决支付能力问题，例如“您可以放心，这里有各种不同的分期付款计划，一定可以符合您的预算要求”。对于作为借口的异议，销售人员应该在了解真实原因后再作处理。

（三）权力异议

权力异议是指客户以缺乏购买决策权为理由而提出的一种反对意见。例如，客户说“我只是我们老板的驾驶员，做不了主，我等老板回来问问他再说”“我要回去和家人商量了再决定”等。与需求异议和财力异议一样，权力异议也有真实和虚假之分。销售人员在寻找目标客户时，就已经对客户的购买人格和决策权力状况进行过认真的分析，也已经找准了决策人。面对没有购买权力的客户极力销售产品是销售工作的严重失误，是无效销售。在决策人以无权购买作借口拒绝销售人员及其产品时放弃销售更是销售工作的失误，是无力销售。销售人员必须根据自己掌握的有关情况对权力异议进行认真分析和妥善处理。

（四）价格异议

价格异议是指客户以销售产品价格过高而拒绝购买的异议。无论产品的价格怎样，总有些人会说价格太高、不合理或者比竞争者的价格高，例如“你们这车太贵了，不在我的经济承受范围内”“我现在只想买价格在 10 万元以内的，18 万元超出我的预算范围了”“我不打算投资那么多，我只使用很短的时间”“在这些方面你们的价格不合理”以及“我想等降价再买”等。当客户提出价格异议，表明对销售产品有购买意向，只是对产品的价格不满意时，应与其讨价还价。在实际的销售工作中，价格异议是最常见的，销售人员如果无法处理这类异议，就难以达成交易。例如针对价格太高的异议处理：“请问您能承受什么价位的车，我们公司也有比这款便宜的车”。

参考阅读 6－1

假如你是某品牌汽车的销售顾问，现在销售的某款车的市场价格为 20.8 万元，在你的权限范围内的最低价格是 20.3 万元，现在可以用如下步骤来应对客户：

销售顾问：张先生，您认为我们的价格太高，那您觉得多少钱合适呢？

客户：20 万元吧！

销售顾问：张先生，您太会开玩笑了！我们这个价格是全国的市场指导价格，您说的价格肯定是不可能的！

客户：那么 20.2 万元吧！这是我能承受最高的价格了！

销售顾问：张先生，说真的，我也很乐意帮您，可是这个价格我还是没有办法接受啊，我要是以这个价格卖给您，老板肯定要炒我鱿鱼了！

客户：不会的，你们老板夸奖你还来不及呢，这个价格可以啦！

销售顾问：张先生，您就别为难我了！这样吧，我帮您向经理请示一下看能否按我们内购价 20.3 万元卖给您。如果这个价格您可以接受的话，我现在就给经理打电话。

客户：好吧！

（五）产品异议

产品异议是指客户认为产品本身不能满足自己的需要而形成的一种反对意见。例如“这款车的其他地方都还可以，只是颜色我不喜欢”“这款车的造型不是我想要的。”“我听一个朋友说，你们这款车特别耗油”这些都是客户对产品的设计、功能、结构、样式、型号等提出的异议。产品异议表明客户对产品有一定的认识，但了解还不够，担心产品能否真正满足自己的需要。因此，虽然有比较充分的购买条件，但客户就是不愿意购买。为此，销售人员一定要充分掌握产品知识，能够准确、详细地向客户介绍产品的使用价值及其为客户带来的利益，从而消除客户的异议。

（六）销售顾问异议

销售顾问异议是指客户认为不应该向某个销售顾问购买产品的异议。有些客户不肯购买销售产品，只是因为对某个销售顾问有异议，客户不喜欢该销售顾问，不愿让其接近，也排斥此销售顾问的建议，但客户肯接受自认为合适的其他销售顾问。例如，“我听我的朋友介绍说你们公司有位销售顾问某某，现在麻烦你让他来给我推荐下你们公司的产品”“对不起，请贵公司另派一名销售顾问来”等。销售顾问对客户应以诚相待，与客户多进行感情交流，作客户的知心朋友，消除异议，争取客户的谅解和合作。

（七）货源异议

货源异议是指客户认为不应该向有关公司的销售人员购买产品的一种反对意见，例如“听说国产车在各方面没有合资车和进口车好”“别人都推荐我买某品牌的车，听说某品牌的车在这方面比较好”等。客户提出货源异议，表明客户愿意购买产品，只是不愿向当前这位销售人员及其所代表的公司购买。当然，有些客户是利用货源异议来与销售人员讨价还价，甚至利用货源异议来拒绝销售人员接近。因此，销售人员应认真分析货源异议的真正原因，利用恰当的方法处理货源异议。

（八）购买时间异议

由于销售环境、客户及销售方法的不同，客户表示异议的时间也不同。一般来说，客户表示异议的时间有以下几种：

（1）首次会面。销售人员应预料到客户开始就有可能拒绝安排见面时间。如果客户非常具备成为潜在客户的条件，销售人员应事先做好心理准备，想办法说服客户。

（2）产品介绍阶段。在这一阶段，客户很可能提出各种各样的质疑和问题。事实上，销售人员正是通过客户的提问去了解客户的兴趣和需求。如果客户在产品介绍的整个过程中一言不发、毫无反应，销售人员反而很难判断介绍的效果。

（3）产品介绍结束（试图成交）阶段。客户的异议最有可能在销售人员试图成交时提出。在这一阶段，如何有效地处理客户异议尤为重要。如果销售人员只在前面两个阶段圆满地消除了客户异议，而在最后关头却不能说服客户，那一切的努力都将付诸东流。为了避免在成交阶段出现过多的异议，销售人员应该在准备销售介绍时就主动回答客户有可能提出的异议，为成交打下基础。如果在试图成交阶段客户异议接二连三，就说明在产品介绍阶段存在很大的漏洞。

购买时间异议是指客户有意拖延购买时间的异议。客户总是不愿马上作出决定。事实上，许多客户用拖延来代替说“不”。销售人员经常听到客户说：“让我再想一想，过几天答复你”“我需要研究研究，有消息再通知你”以及“把材料留下，以后答复你”等。这些拒绝很明显地意味着客户还没有完全下定决心，拖延的真正原因，可能是价格、产品或其他方面不合适。有些客户还利用购买时间异议来拒绝销售人员的接近和面谈。因此，销售人员要具体分析，有的放矢，认真处理。

三、客户异议产生的原因

（一）客户方面的原因

（1）客户本能的自我保护。人有本能的自我保护意识，在没弄清楚事情之前，会对陌生人心存警戒，摆出排斥的态度以自我保护。

当销售人员向客户销售时，对于客户来说销售人员就是一位“不速之客”，产品也是陌生之物。即使客户明白产品的功能、作用，知道产品是自己所需要的物品，也会表示出一种本能的拒绝，或者提出这样那样的问题乃至反对意见。绝大多数客户所提出的异议都是在进行自我保护，也就是自我利益的保护。他们总是把得到的与付出的作比较。因此，销售人员要注意唤起客户的兴趣，提醒客户产品能带给他（她）的利益，以消除客户的不安，排除障碍，进而达成交易。

（2）客户对产品不了解。现代科学技术的发展，使产品的市场寿命周期越来越短，新产品层出不穷，产品的科技含量大大提高。一些新产品，尤其是科技含量较高的产品的特点与优势并不能立即被认识和接受，这导致了客户异议的产生。一般来说，客户的文化程度越低，其所懂得的购买与消费方面的知识越少，往往在新技术产品的购买、消费方面知之甚少，容易导致异议。因此销售人员应从关心与服务客户的角度出发，以各种有效的展示与介绍方式深入浅出地向客户推荐产品，进行启蒙和普及宣传工作，使客户正确认知产品，以便有效地消除客户异议。

（3）客户缺乏足够的购买力。客户的购买力是指在一定的时期内，客户所具有的购买产品的货币支付能力。它是客户满足需求、实现购买的物质基础。如果客户缺乏购买力，就会拒绝购买，或者希望得到一定的优惠。有时客户也会以此作为借口来拒绝销售人员，有时也会利用其他异议来掩饰缺乏购买力的真正原因。因此，销售人员要认真分析客户缺乏购买力的原因，以便作出适宜的处理。

（4）客户已有较稳定的采购渠道。大多数客户在长期的生产、经营中，往往与某些销售顾问及其所代表的企业形成了比较稳定的购销合作关系，组织购买者尤其如此。当新的销售人员及其企业不能使客户确信可以从销售方得到更多的利益和更可靠的合作时，客户是不愿冒险放弃长期以来建立的固定的业务合作关系的，因此他们对陌生的销售人员和产品怀有疑惑、排斥的心理。

（5）对产品或销售企业等有成见。客户在日常购买活动中的经验往往用来指导其后续的购买行为，如果客户在以往的购买实践中有过较大的经验教训，客户可能会牢记心间并形成对某类产品或某位销售人员的成见。在高新技术产品日新月异、层出不穷的当今社会，经验与成见是导致销售失败的障碍，尤其对一些新产品与高新技术产品而言更是如此。

参考阅读 6－2

一位“吃过亏”的客户的回答

一位汽车销售员正在电话里同客户进行交谈。客户虽然很有礼貌，但声音显得很强硬：“不，谢谢你啦！我现在不需要购买新汽车，如果需要的话，我自己会找汽车经销商的。记得一年前，我经不起一个销售员的百般劝说，就向他买了一辆小汽车，可是还没用多长时间，那辆汽车就坏了。老实对你说吧，吃亏上当只有一次，我再也不会听你们那套销售经了。”

由于其他销售人员使用了对客户不负责任的销售方法，使这位“吃过亏”的、有过经验教训的客户面对其他的销售人员心生反感，给其他销售人员的销售工作带来不利影响，增加了销售阻力。销售人员对于固守购买经验与成见的客户，应从认知的角度进行科学的分析，做好转化与耐心的解释工作，以达到有效处理客户异议的目的。

在销售洽谈过程中，来自客户方面的异议是多方面的，也是复杂的。销售人员要想处理好这一环节，就应始终站在客户的立场，处处为客户着想，方能达成交易。

（6）客户的决策有限。在实际的销售洽谈过程中，销售人员会遇到客户说“对不起，这个我说了不算”“等我家里人回来再说吧”“我们再商量一下”等托词，这可能说明客户确实决策权力不足，或客户有权但不想承担责任，或者客户在找借口。销售人员要仔细分析，针对不同的情况区别对待。

（7）客户的情绪不好，心情欠佳。人的行为有时会受到情绪的影响。销售人员和客户约好见面，但是客户临时遇到不开心的事情时，就很可能提出各种异议，甚至恶意反对，借题大发牢骚，肆意埋怨。此时，销售人员需要理智和冷静地正视这类异议，以柔克刚，缓和气氛，反之，可能会陷入尴尬的境地。

（二）产品方面的原因

（1）产品的质量。产品的质量包括产品的性能（安全性、舒适性、动力性、可靠性、操纵性等）、规格、颜色、型号、外包装等。如果客户对产品的上述某一方面性能存在疑虑、不满，便会产生异议。当然，有时确实是产品本身有问题，有时却是客户对产品的质量存在认识上的误区或成见，有时是客户以异议为借口从而获得价格或其他方面的优惠。销售人员要耐心听取客户异议，去伪存真，发掘其真实的原因，对症下药，设法消除异议。

（2）产品的价格。美国的一项调查显示，有 75.1%销售人员在销售过程中会遇到有价格异议的客户。客户产生价格异议的原因主要有：客户主观上认为产品价格太高。物非所值；客户希望通过价格异议达到其他目的；客户无购买能力等。要解决价格异议，销售人员必须加强学习，掌握丰富的产品知识、市场知识和一定的销售技巧，提高自身的业务素质。

（3）品牌及包装。品牌在一定程度上可以代表产品的质量和特色。在市场中，同类同质的产品就因为品牌不同，其售价、销售量、美誉度都不同。一般来说，客户为了保险起见，即客户为了提高心理安全度，通常在购买产品时都会挑选名牌产品。产品包装是产品的重要组成部分，具有保护和美化产品、利于消费者识别、促进产品销售的功能，是产品竞争的重要手段之一。一般客户都喜欢购买包装精巧、大方、美观、环保的产品。可见，无论是品牌还是包装，它们都是产品的有机组成部分。如果客户对它们有什么不满，都可能产生异议。销售人员要能灵活处理，企业也应该重视产品的品牌创建和产品包装。

（4）产品的销售服务。产品的销售服务包括产品的售前、售中和售后服务。在日益激烈的市场竞争中，客户对销售服务的要求越来越高。销售服务的好坏直接影响到客户的购买行为。在实际销售过程中，客户对产品的服务异议主要有：销售人员未能向客户提供足够的产品信息和企业信息；销售人员未能提供令客户满意的服务；销售人员对产品的售后服务不能提供明确的信息或不能得到客户的认同等。对企业来讲，产品的销售服务是现在乃至将来的市场竞争中最有效的手段，销售人员为减少客户的异议，应尽其所能，为客户提供一流的、全方位的服务，以赢得客户，扩大销售。

（三）销售人员方面的原因

（1）销售人员素质不高。销售人员不注意自身的仪表仪态，举止态度让客户反感，不能给人舒服和信任的感觉，这些都会使客户产生异议，处理方法是销售人员要注意自己的仪表仪态，平时加强自己言行举止方面的训练，树立良好的职业形象。

（2）进行夸大不实的陈述。以不实的说辞哄骗客户，会引发更多异议。处理方法是销售人员要诚实守信，实事求是。

（3）使用过多的专业术语。如专业术语使用过多，客户会觉得自己无法较好地使用产品并提出异议。处理方法是销售人员要用通俗易懂的语言进行陈述。

（4）服务不周到。

（5）无效的沟通。说得太多或听得太少都无法把握客户的需求点，从而产生许多异议。销售人员说话太多，令人讨厌，也不能了解客户的真实情况；销售人员说话太少，客户了解信息太少，双方都难为情。处理方法是销售人员要善于倾听，多听少说，客户说话时，及时回应对方，如点头、以目光注视，或用语言回应“是呀”“对呀”“为什么”等。

（6）销售人员姿态过高。销售人员处处强势，使客户感觉不愉快，从而提出主观异议。

（7）企业方面的原因。

这是指客户针对产品的生产或经销企业提出的一种异议。客户的这种异议往往和产品异议有一定的联系，有时由于对产品的偏见影响其对企业的看法。

企业异议形成的原因有以下几个方面：

① 大众传媒对企业有不实的报道；

② 客户想以此来压低产品的价格；

③ 客户对某一品牌产品有偏爱心理；

④ 企业确实存在某些方面的不足。

四、客户异议的处理原则

（一）做好准备工作

“不打无准备之战”是销售人员面对客户拒绝时应遵循的一个基本原则。销售前，销售人员要充分估计客户可能提出的异议，做到心中有数。这样，即使遇到难题也能从容应对。事前无准备，处理客户异议时就可能不知所措，客户得不到满意的答复，自然无法成交。良好的准备工作有助于消除客户异议的负面性。

（二）把握适当的时机

据美国对几千名销售人员的研究，优秀销售人员所遇到的客户严重反对的机会只是其他人的十分之一，原因就在于优秀的销售人员往往能选择恰当的时机向客户提供满意的答复。

（三）忌与客户争辩

对于客户的批评，销售人员永远不要与客户争辩，与客户争辩，失败的永远是销售人员。争辩是销售工作的第一大忌，因为争辩不是说服客户的好方法。客户的意见无论是对还是错，是深刻还是肤浅，销售人员都不能表现出轻视的样子，销售人员首先要学会倾听，销售人员要学会换位思考，从客户的角度处理客户异议。

参考阅读 6-3

销售人员最忌跟客户争执

有个爱尔兰小伙子叫欧哈瑞，他年轻时酷爱跟别人“抬杠”。他当过汽车司机，后来改行销售卡车。其实销售员这个职位根本不适合他这个爱“抬杠”的人，客户挑剔他的车子，他就会涨红脸大声强辩。

欧哈瑞承认，那时候他在嘴上赢得不少辩论，但是这对自己的工作毫无作用，他一辆卡车也销售不出去。渐渐地，他意识到自己的弱点，就从各个方面反省自己，改变自己。他开始懂得克制自己，避免和客户发生口角。

现在，欧哈瑞是纽约怀德汽车公司的明星销售员，他是如何走向成功的呢？欧哈瑞这样说：“如果我现在走进客户的办公室，而对方说：‘什么？怀德的卡车，不好！我要的是何赛的卡车。怀德的卡车送给我，我都不要！’我会说：‘老兄，何赛的卡车确实不错！买他们的卡车绝对错不了。’这样他就无话可说了，没有‘抬杠’的余地。如果他说何赛的卡车最好，我说没错，他只有住口了。他总不能在我同意他的看法后还说上一下午‘何赛的卡车最好’吧？当我们不再谈何赛的卡车后，我便开始介绍怀德的卡车了。

“当年要是听他那种话，我早就气得脸一阵红一阵白了。我会开始挑何赛的卡车的毛病，我批评别人的车子不好，对方就说好，越辩对方就越喜欢我的对手的产品。”

就这样，欧哈瑞成功地运用了“舍车保帅”的策略，尽管对方在口舌上占了上风，但是，他却在销售卡车上取得了胜利。

（四）给客户留面子

客户的意见无论是对是错、是深刻还是幼稚，销售人员都不能给对方留下轻视的印象。销售人员要尊重客户的意见，讲话时应面带微笑，正视客户，听客户讲话时要全神贯注，回答客户的问题时语气不能生硬。“你错了”“连这你都不懂”“你没明白我说的意思，我是说……”这样的表达方式抬高了自己，贬低了客户，挫伤了客户的自尊心。

参考阅读 6-4

给客户留面子，不为自己辩护

一次一位雇主交给费丁南·华伦一项任务，由于时间紧迫，匆忙间他只是把画稿交给雇主，费丁南·华伦见雇主在客厅里发怒的样子，心想这次定要被他“大作道理一番”。费丁南·华伦见雇主正要张口，连忙主动说：“先生，我的错误不可原谅，我为你工作这么多年，确实应该知道怎样画才对。我觉得很惭愧。”没想到雇主竟为他辩护起来，他说：“其实并不是什么大不了的错误，只不过……”华伦打断他的话继续说：“今后我一定更加小心，这一次我一定重新再来。”“不！不！”雇主连连摇手，“我不想麻烦你，我只要稍加修改就行了……”就这样华伦获得了雇主的好感，并为他的商业道路奠定了稳定的基础。

五、客户异议处理的时机

（一）提前处理

在客户提出异议前处理，是客户异议处理的最佳时机，从消费者行为学的角度说，如若让客户讲出异议，克服它的难度就会大大增加，因为客户一旦说出反对意见，他的自尊心就会让他去坚持这个异议，这样说服的难度就会大大增加。最好的销售技巧是在客户提出异议之前就将异议处理掉。如果在介绍产品的时候，一种异议反复出现，就说明销售方式是有问题的，必须分析并改善销售方式。可以用旁人的身份，比如“有的客户说……”“我的客户某某在购买的时候有这种想法……”来化解客户异议。

（二）及时处理

当客户提出一个其非常关心，认为非常必要的问题，如果不解答销售行为就无法往下进行的时候，销售人员应该马上解答这个问题，否则客户就会失去兴趣，导致还没继续进行其他销售说明就让该客户白白流失。这时客户会觉得销售人员在背书，故意不理睬自己，或者对自己的问题不感兴趣，这种情绪一旦形成，销售就结束了。

（三）推迟处理

对于有些客户异议，比如关于价格的异议，如果客户不了解产品的优点，马上处理势必会使客户认为价格偏高，从而全盘拒绝销售，这样的问题要放在后面解决。销售人员可以愉快地说“我马上就要谈到价格了”“我很高兴您对价格感兴趣，过一会当我谈价格的时候，您一定会感到满意的”或者“价格包含许多因素，如型号、配置、优惠套餐等，等一会我详细来谈好吗”。销售顾问对权限之外的异议、明显不合理的异议、涉及较深专业知识的异议，都可以采用这种方法。

（四）不予处理

对于那些无意义或不相干的反对意见（也许客户随便一说，也许是客户的托词），要求销售人员细心观察，如果客户说的时候心不在焉，就不要理睬。这种无意义的异议有时和客户的个性有关，如果回答反而会耽误正事，不回答客户异议也是一种销售技巧。但如果对方第二次提出相同的异议就要注意了，这说明这个问题对客户很重要，销售人员要马上解决，否则客户会反感。容易造成争议的话题、可一笑置之的戏言、具有不可辩驳的正确性的异议，可以采用沉默、继续按照原来的思路介绍、转换话题、幽默回应等方式处理。

六、处理客户异议的步骤

（一）倾听客户异议

倾听，不仅表示对客户的尊重，更要听清楚客户想要讲什么。销售人员要通过询问一些问题鼓励客户讲出异议，比如“您能说得更详细一些吗”“请您再讲一遍好吗”“您的这个想法很有意思”。销售人员一边听一边记。这个过程是非常必要的，通过询问，销售人员可以让客户重新认真思考自己的异议，并准确地将异议表达出来，这对解决客户异议是十分必要的。当客户提出一些反对意见时，销售人员应采取积极的态度，应该告诉客户有异议是好事，这说明他们真正关心产品，有意向购买，但自身有一些要求又不知道销售方是否能给予满足，于是产生异议。那些没有提出异议的客户，也许没有急切的需求，或对销售方的产品根本就不感兴趣。因此，销售人员要控制好自己的情绪，积极地看待客户异议。

（二）表示理解客户异议

表示理解客户异议是一种必要的销售技巧。当客户提出异议的时候，其情绪是紧张的，其准备迎接销售人员的反击。此时销售人员要用表示理解这个技巧让客户松弛下来。一个不愿意被说服的人，是永远不能被说服的，销售人员必须改变客户的敌意，可以通过“我非常理解您的想法……”“我也有同样的感受……”“我知道您的意思了，您的担心……”这样的话表示和客户是站在一起的，将共同面对问题，以此淡化冲突的气氛。

参考阅读 6－5

美国纽约电话公司曾遇到一个蛮不讲理的客户，他拒不付电话费，声称电信公司的记录是错的。对此，该客户暴跳如雷，破口大骂，甚至威胁要砸碎电话机，同时写信给各大报社，向公共服务委员会抱怨。为此，该客户与电信公司打了好几场官司。公司派出好几个人去处理此事都失败了。后来，公司派了最有耐心的乔治去处理此事。在乔治面前，该客户没完没了地大发脾气。第一次，乔治静静地听了三个小时，对该客户所讲的每一点都表示同情。后来乔治又去了三次，静听该客户的抱怨。在第四次时，该客户的态度渐渐变得友好起来。最后，乔治说服了该客户加入了他的“电话用户保持协会”，与此同时，该客户付清了全部电话欠费账单，结束了他的投诉。

美国心理学家马斯洛认为，每个人都有受尊重的需求，都希望得到别人的尊重。身为销售人员，当客户提出异议时，应学会认真倾听并表示理解与同情，不要随便打断客户的话，更不要与客户发生争吵，因为争吵说服不了客户，即使争吵“得胜”，也会因此而失掉成交的机会。正所谓“口头争论占上风，得罪买主一场空”。

（三）重述客户异议，使异议具体化

销售人员在听到客户的异议后，不要急于就客户异议本身作出解释，而要探询客户更为详细、具体的反对意见。将反对意见具体化的方法是，将客户异议归纳出来，然后用提问的方式重述，让客户确认，主要是利用发问技巧。由于客户往往不会对异议的原因作出解释，这就需要销售人员通过发问来了解产生客户异议的原因。提问通常有两种方式：一是开放式的提问方式，即询问细节的问题，比如“为什么”“您觉得应该怎样”“×先生/女士先生，综合您刚才说的，您的担心是产品的售后维修工作，是吗”等；二是封闭式的提问方式，其是验证性的，要求回答是与否的问题，比如“对吧”“是吧”等。在发问时，开始一般采用开放式的提问方式，尽量鼓励客户主动地细说、多说，以了解其更多的想法和意见，最后采取封闭式的提问方式，来确认客户的真正意见，只有听到客户的真正意见，才能有针对性地进行解释。

这是一个十分必须的销售技巧，因为在很多时候客户自己都不明确异议，如果此时销售人员急于按照客户说的去解释，往往可能跑题，当客户不感兴趣的时候，销售人员就失败了。使客户意见具体化有助于彻底找出导致客户异议的真正原因，这样才能有的放矢。

（四）提出解决客户异议的建议或方案

当销售顾问把所有铺垫都做好以后，就可以拿出解决客户异议的清晰有效的销售技巧了。或是对客户异议进行有效的解释，或是针对客户异议提出解决方案。在这个步骤一定要注意，销售顾问是为了成交，那么提出的解释应该有助于成交，提出的方案（比如价格优惠等）也是为了成交的。

七、客户异议处理的方法

（一）转折处理法

转折处理法是销售工作中的常用方法，即销售人员根据有关事实和理由间接否定客户的意见。应用这种方法时首先承认客户的看法有一定道理，也就是向客户作出一定让步，然后再讲出自己的看法。此法一旦使用不当，可能会使客户提出更多的意见。在使用过程中要尽量少用“但是”一词，而实际交谈中却包含着“但是”的意见，这样效果会更好。只要灵活掌握这种方法，就会保持良好的洽谈气氛，为自己的谈话留有余地。

例如：

“你们的这款车没有越野车的那种野性，缺少那种我想要的男人的阳刚之气。”

“你说的没错，我们这款车型的 SUV 没有越野车那样阳刚，它是刚柔并济，很适合你这样成熟稳重、事业有成的人驾驶。”

（二）转化处理法

转化处理法是利用客户的反对意见自身来处理问题。客户的反对意见是有双重属性的，它既是交易的障碍，同时又是一次交易机会。销售人员如果能利用其积极因素去抵消其消极因素，未尝不是一件好事。

这种方法是直接利用客户的反对意见，将其转化为肯定意见，但应用这种技巧时一定要讲究礼仪，不能伤害客户的感情。此法一般不适用于与成交有关的或敏感性的反对意见。

例如：

客户：“这款车我喜欢，可惜它油耗太多了，我可不想投那么多钱在油耗上。”

销售人员：“看来你很会算经济账，很多人和你一样不愿意买油耗高的车，不过我们这款车虽然是柴油车，但它采用了世界上最先进的可变截面涡轮增压和共轨燃油缸内直喷的发动机，每百公里油耗 7.5 L，比同排量的车还要省 2 L 左右。”

（三）以优补劣法

以优补劣法，又叫补偿法。如果客户的反对意见的确切中了产品或公司所提供的服务中的缺陷，千万不可以回避或直接否定。明智的方法是肯定有关缺点，然后淡化处理，利用产品的优点来补偿甚至抵消这些缺点。这样可使客户的心理达到一定程度的平衡，有利于使客户作出购买决策。

当销售的产品质量确实有些问题，而客户恰恰提出产品质量的异议时，销售人员可以从容地告诉客户：“这种产品的质量的确有问题，所以我们才削价处理。不但价格优惠很多，而且公司还确保这种产品的质量不会影响您的使用效果。”这样一来，既打消了客户的疑虑，又以价格优势激励客户购买。这种方法侧重于心理上对客户的补偿，以使客户获得心理平衡感。例如，客户提出“这款车车身太短了”，销售人员回答“车身短可以使停车更方便”。

（四）委婉处理法

销售人员在没有考虑好如何答复客户的反对意见时，不妨先用委婉的语气把对方的反对意见重复一遍，或用自己的话复述一遍，这样可以削弱对方的气势。有时转换一种说法会使问题容易回答得多。但只能削弱客户的气势而不能改变客户的看法，否则客户会认为销售人员歪曲其意见而产生不满。销售人员可以在复述之后问“你认为这种说法确切吗”，然后再继续下文，以求得客户的认可。比如客户抱怨“价格比去年高多了，怎么涨幅这么高”，销售顾问可以说“是啊，价格比起前一年确实高了一些”，然后再等客户的下文。

（五）合并意见法

合并意见法是将客户的几种意见汇总成一个意见，或者把客户的反对意见集中在一个时间讨论。总之，要削弱反对意见对客户所产生的影响。要注意不要在一个反对意见上纠缠不清，因为人们的思维有连带性，往往会由一个意见派生出许多反对意见。摆脱纠缠的办法，是在回应了客户的反对意见后马上转移话题。

（六）反驳法

反驳法是指销售人员根据事实直接否定客户异议的处理方法。理论上讲，这种方法应该尽量避免。直接反驳对方容易使气氛僵化，使客户产生敌对心理，不利于客户接纳销售人员的意见。但如果客户的反对意见产生于对产品的误解，而销售人员掌握的资料可以更好地说明问题，那么不妨直言不讳地告诉客户，但要注意态度一定要友好而温和，最好引经据典，这样才有说服力，同时又可以增强客户对产品的信心。反驳法也有不足之处，这种方法容易增加客户的心理压力，弄不好会伤害客户的自尊心和自信心，不利于销售成交。例如，客户提出：“2013 全新迈腾采用 DGS 变速箱，这种变速箱是新产品，不可靠。”销售人员回应：“DGS 变速箱很可靠，现在这款变速箱所采用的技术已经很成熟了，现在众多车型都采用这款变速箱，您对此可能不了解，这点可以放心。”

（七）冷处理法

对于不影响成交的反对意见，销售员最好不要反驳，采用不理睬的方法是最佳的。千万不能客户一有反对意见，就反驳或以其他方法处理，那样就会给客户造成销售人员总在挑毛病的印象。当客户抱怨销售公司或同行时，对于这类无关成交的问题，可不予理睬，转而谈论客户关心的问题，如产品为客户带来的利益。

参考阅读 6－6

客户：“你们公司生产的外墙涂料日晒雨淋后会出现褪色的情况吗？”

销售人员：“经理您请放心，我们公司的产品质量是一流的，中国平安保险公司给我们担保。另外，您是否注意到东方大厦所采用的就是本公司的产品，已经 10 年了，光彩依旧。”

客户：“东方大厦啊，我知道，不过听说你们公司交货不是很及时，如果真是这样的话，我们不能购买你们公司的产品，那会影响我们的工作。”

销售人员：“经理先生，这是我们公司的产品说明书、国际质检标准复印件、产品价目表，这些是我们曾经合作过的企业以及他们对我们公司和产品的评价。下面我给您介绍一下我们的企业以及我们的产品情况……”

国外的销售专家认为，在实际销售过程中，80%的反对意见都应该冷处理。但这种方法也存在不足，不理睬客户的反对意见会引起某些客户的注意，使客户产生反感，且有些反对意见与购买决策关系重大，销售员不予理睬会有碍成交，甚至失去销售机会。因此，运用这种方法时必须谨慎。

（八）询问法

询问法又称为问题引导法或追问法，是指销售人员利用客户提出的异议，直接以询问的方式向客户提出问题，引导客户在回答问题的过程中不知不觉地回答自己提出的异议，甚至否定自己，同意销售人员的观点。运用询问法处理客户异议，可使销售人员掌握更多的客户信息，为进一步销售创造条件。带有请教意义的询问会让客户感到受到尊重或重视，从而愿意配合销售人员的工作，使销售过程保持良好的气氛与人际关系。另外，询问法还使销售人员从被动听客户申诉异议变为主动提出问题与客户共同探讨。这种方法如果运用不当，可能会引发客户的反感与抵触情绪，有时在销售人员的多次询问或追问下，客户会产生更多异议，破坏销售过程的气氛，阻碍销售工作的顺利进行。

1. 提问的原则

（1）不能给对方太大的压力（咄咄逼人）；

（2）必须发自内心（友好合作）；

（3）必须关心、了解对方（双赢关系）；

（4）使自己值得信赖；

（5）能深入探讨，以发现问题和客户需求。

2. 问话的方法

（1）封闭式提问法（简洁明了，呆板生硬）。其为可以具体回答是或不是的提问方式。可以归纳出问题点，将无关资料删除。其问句中常用到“谁”“什么”“何时”“何处”“如何”等词。

（2）开放式提问法（婉转）。使用该方法时应注意启发客户回答。其为不能简单回答是或不是的提问方式。应鼓励客户说出其对问题的看法、感受，使客户说出相关信息，以明确问题。其问句中常用到“为什么……”“感觉如何”……“您认为……”“您的意思是……”等句式。

参考阅读 6－7

客户：“你的产品是不错，不过现在我还不想买。”

销售人员：“经理先生，既然产品很好，您为什么现在不买呢？”

客户：“产品虽然不错，可它不值 5 万元一辆啊！”

销售人员：“那您认为这样的产品应该卖什么价格？”

客户：“反正太贵了，我们买不起。”

销售人员：“经理先生，看您说的！如果连您都买不起，还有什么人买得起？您给还个价。”

八、不同心理类型的产生异议的客户

（一）内向型客户

内向型客户的主要表现为，喜欢一个人观看车辆，不愿别人在旁边插话，也不愿意别人“越俎代庖”。这类客户对汽车挑剔，对汽车销售人员的态度、言行、举止异常敏感。

对于这类客户，汽车销售人员给予他们的第一印象将直接影响他们的购买决策。另外，应对内向型客户时，汽车销售人员应做好必要的辅助工作，给其更多的“自由”，做到话不多，但服务周到又细心。

（二）随和型客户

总的来看，随和型购车客户性格开朗，容易相处，内心防线较弱，对陌生人的戒备心理不如内向型客户强。他们面对汽车销售人员时容易被说服，不令汽车销售人员难堪。这类客户不喜欢当面拒绝别人，所以，要耐心地接待他们，而这也并不会引起他们的反感。

对于性格随和的客户，汽车销售人员的幽默、风趣会起到意想不到的作用，如果他们赏识销售人员，他们会主动帮助销售人员销售。但这类客户容易忘记自己的诺言。

（三）刚强型客户

刚强型客户性格坚毅，个性严肃，对待工作尤其认真，思维缜密。总体来说，刚强型客户不喜欢汽车销售人员随意行动。对于这类客户，最好找第三者帮助介绍，这样会更有利。

（四）虚荣型客户

虚荣型客户在与人交往时喜欢表现自己，突出自己，不喜欢听别人劝说，任性且嫉妒心较强。汽车销售人员要熟悉这类客户感兴趣的话题，为其提供发表意见的机会，不要轻易反驳或打断其谈话。在整个销售过程中，汽车销售人员不能表现得太突出，不要给对方极力劝说的印象。如果在销售过程中能使第三者开口附和，那么客户会在心情愉快的情况下作出令人满意的决策。

（五）好斗型客户

对待好斗型客户一定要做好心理准备，准备好被步步紧逼时的应对策略。准备足够的数据资料、证明材料有助于取得销售成功。还要防止对方提出额外要求，不要给对方突破口。

（六）顽固型客户

顽固型客户多为老年客户，其是在消费上具有特别偏好的客户。他们往往不接受新的汽车产品，不愿意轻易改变原有的消费模式与结构。他们对汽车销售人员的态度多半不友好。对这类客户应该先发制人，不要给其表示拒绝的机会，因为对方一旦明确表态，再让其改变会很困难。

（七）怀疑型客户

怀疑型客户对汽车和汽车销售人员都会提出质疑。面对怀疑型客户，汽车销售人员的自信心尤为重要，一定不要受客户的影响，要对汽车充满信心。这时某些专业数据、专家评论会对销售有所帮助。切记不要轻易在价格上让步，因为价格上的让步也许会使对方对汽车产品产生疑虑，从而使交易破裂。与客户建立信任至关重要，端庄严肃的外表与谨慎的态度会有助于成功。

（八）沉默型客户

沉默型客户在整个销售过程中表现消极，对销售人员冷淡。这类客户陷入沉默的原因是多方面的，客户的沉默令会使整个局面僵持。这时汽车销售人员可以提出一些简单的问题刺激客户的谈话欲。客户对面前的汽车产品缺乏专业知识并且兴趣不高时，汽车销售人员一定要避免讨论技术性问题，而应该就其功能进行解说，打破沉默。客户由于考虑问题过多而陷入沉默时，不妨给对方一定的时间思考，然后提一些诱导性的问题，试着让对方将疑虑讲出来。客户如果因为讨厌汽车销售人员而沉默，汽车销售人员最好反省一下自己，找出问题的根源，如能当时解决则迅速调整，如问题不易解决则先退出，以备再试成功。

任务实施

一、任务描述

教师组织学生进行一次处理汽车客户购车异议的情境模拟和角色扮演。

二、任务目的

（1）学生能够通过观察、分析，断定客户的心理类型。

（2）学生能够灵活运用客户异议处理技巧处理客户异议。

（3）学生能够运用汽车专业知识，汽车保险、汽车金融等其他学科知识处理客户异议。

三、任务实施步骤

第一步：准备。

教师编写情境模拟脚本，准备潜在客户的信息。

第二步：实施。

（1）学生分组，分配角色。

（2）布置模拟场景进行角色扮演、情境模拟。

第三步：描述与点评。

（1）观摩的学生进行点评。

（2）教师点评。

四、成果与检测（略）

五、评估标准

评估标准见表 6－1。

表 6－1　任务实施评估标准

评估等级 评估指标	评估标准	分值/分	得分/分
判断客户的心理类型	能够通过观察、分析，判断购车客户的心理类型	好（24～30）	
		中（18～23）	
		差（0～17）	
处理客户异议的技巧及方法	能够熟练运用处理客户异议的技巧及方法处理客户异议	好（24～30）	
		中（18～23）	
		差（0～17）	
综合运用知识与技能的能力	能够运用汽车专业知识，汽车保险、汽车金融等其他学科知识处理客户异议	好（24～30）	
		中（18～23）	
		差（0～17）	
学习态度	态度认真，积极努力，能够完成任务	好（8～10）	
		中（6～7）	
		差（0～5）	

思考题

小王是某一汽大众 4S 店的销售顾问，客户张先生向他问询了多个关于速腾汽车的问题，小王都很好地解答了张先生的异议，但是张先生一直坐在展车上摆弄着车上的饰品，如果你是小王，你将如何引导客户进入下一个销售流程？

项目七　签约成交

项目描述

签约成交是整个销售过程的最终目标,其他销售阶段的活动都是为了最终成交做准备,只有到了成交阶段,客户才决定是否购买。成交是面谈的继续,汽车销售人员不仅要继续接近和说服客户,而且要采取有效的措施帮助客户作出选择,促成交易。因此,签约成交是销售过程中最重要、最关键的阶段。

项目目标

- 能够识别客户的成交信号;
- 能够正确认识汽车客户在成交时的心理;
- 能够正确认识汽车销售人员在成交时的心理活动,并具有积极的成交态度;
- 能够促成成交,达成交易。

引例

张先生和妻子王女士多次来展厅了解迈腾 2.0 T 豪华型汽车,恰逢今天周末,天气晴朗,夫妻两人再次来到展厅进行试乘试驾。试乘试驾完毕后,作为汽车销售人员的你怎样利用机会促成这次的签约成交?

任务　引导客户达成交易

任务分析

在签约成交这一销售步骤中,销售人员要增强客户的信心,让客户更加主动,并留出时间让客户作决定。销售人员要把握客户发出的购买信号和时机,灵活地运用成交技巧引导客户达成交易。

相关知识

一、签约成交的概念

签约成交是指客户接受汽车销售人员的销售建议以及销售演示,购买销售产品的行动过程。签约成交是汽车销售人员积极发挥主观能动性,实现最终目标,促使客户采取购买行动的过程，这也是汽车销售人员与客户之间反复进行信息沟通的过程。

二、签约成交时的心理

（一）客户的心理

汽车属于耐用商品，中国大多数汽车客户在购买汽车时都表现出理智的购买行为特点。面对购车合同，客户保持着习惯性的抗拒心理。对于客户来说，一旦签字就意味着购车付款，但客户又担心操之过急，担心有遗留问题没有解决。一般情况下，汽车客户的心理状态是在即将付款之时表现得犹豫、小心，不会爽快地付款签约，特别是在付款金额比较大的情况下，这种心理表现得更明显。

（二）销售人员的心理

对于没有经验的销售人员，在面对签约成交环节时，常常表现得手足无措、无所适从；即使稍有经验的销售人员也常常感到，在克服了非常大的困难，经历了客户开发、信息咨询、产品介绍、试乘试驾，以及处理完客户异议之后，本应感觉比较轻松，但很多时候却莫名其妙的紧张。这是因为，销售人员一方面非常迫切地希望能够与客户达成协议，另一方面由于内心存在一定的压力和恐惧，以及缺乏促使客户达成交易的技巧，担心在接下来与客户的接触中发生失误导致前功尽弃。销售人员在达成交易这段关键时刻与客户接触时找不到合适的方式去引导客户成交，消极被动地等待客户主动作出购买决定。

销售人员应克服主动提出交易的心理障碍。

阻止销售人员向客户主动提出成交的心理障碍主要是因为担心。销售人员担心得罪客户，担心即将到手的订单丢失。这种不自信的心理，使销售人员非常在意客户说的每一句话，也导致销售人员不敢或不善于主动向客户提出成交建议。在这段关键时期，竞争对手会抓紧攻关客户，因此，销售人员要克服不自信的心理，要灵活运用成交技巧，把握成交时机，及时、主动地提出交易，赢得客户。

参考阅读 7－1

提出成交的重要性

某汽车 4S 店销售顾问小王接待了一位购车意向很不错的客户，从接待、洽谈、产品介绍到替客户排忧解难，所有过程中客户都比较愉快，也比较满意，只是到了关键时刻，小王没有主动抓住机会提出购买建议，而是由着客户把谈话主题转到了与购车毫不相关的方面。最后客户接到了朋友打来的电话，有事要他马上回去。客户对小王说“我明天再来看看”，就急匆匆地走了。结果这个客户在他的朋友怂恿下去了另一个 4S 店购买了相同的车辆，没有再回到小王的公司来。

（资料来源：韩宏伟. 汽车销售实务［M］. 北京：北京大学出版社，2006.）

三、成交信号

成交信号就是客户作购买决定时无意中发出的信号。成交信号取决于一定的环境和气氛，还取决于客户的购买动机和个人特性，因此汽车销售人员要注意分析，随时了解和揣摩客户的心理，捕捉各种有利于成交的信息，适时促成交易。销售人员可根据下列客户特征判断成交信号，把握成交时机。

（一）语言信号

客户的语言可能是表示成交意向最直接的信号。当客户说出以下语言时，汽车销售人员可以认为客户有成交意向：

（1）客户对汽车销售人员的介绍给予积极的肯定回应，例如客户说“不错”“可以考虑下”“好想法”“好主意”，以及客户寻求第三者的意见等。

（2）询问一些细小的问题。客户询问一些成交的具体事项时，可以认为是成交的时机，例如最快的提车时间及限制条件、货物的运输、使用安全、零配件供应等问题。

（3）用假设的口吻说出一些肯定或否定的话。有的客户有了成交意向，但为了保险起见其给自己留有回旋的余地。例如，客户提出“如果我需要购买，你们必须在月底交车，如果在月底不能交车的话，那就没商量”“即使我们签了合同我也没那么多钱，只有等下个月中旬看能不能筹到”，这时，如果汽车销售人员能够给予客户更多的鼓励，成交的可能性比较大。

（4）客户询问各项参数、价格、竞争对手的比较、售后服务、交车时间、交车手续、维修费用、保养方法、操作注意事项等。例如，客户问“这部车配置几个安全气囊”“请问这部车的油耗如何”“这一型车有天窗的多少钱”“刚才我们开的车的发动机是不是太老了，听说好像还是 2 气门的”“这车维修配件的费用贵不贵”“请问定速巡航是如何控制的”“能看到这部 1.6 T 的白色现车吗”等。

（二）动作信号

汽车销售人员可以通过观察客户的动作、表情来判断客户是否已经作了决定。客户在经过思考后会认为自己已经完成了对产品从感性到理性的认识过程，因此可以作出决定。动作信号主要包括：

（1）客户动作的变化。如果客户的思考有了结果，其心理的放松就会表现在行动上，例如动手操作产品、反复观看、多角度审视，一边看一边询问等。

（2）客户主动靠近汽车销售人员。客户主动靠近汽车销售人员，进一步审视汽车销售人员，从对汽车销售人员漠不关心转为专注汽车销售人员，例如对汽车销售人员的每个答复都仔细倾听并频频点头。

（3）有成交的动作。客户的成交意向比较强烈时，其反应在动作上有以下行为：向汽车销售人员要合同单、拿起桌子上的订单反复看，或者打电话叫具体办事人员到现场等。

（4）客户频频点头、仔细观察车辆、细看说明文宣资料、眼神变得很认真、更加注意解说的态度等。例如，客户对试驾前的行程说明特别认真听讲，甚至主动发问；试驾后频频点头，表现出肯定的表情；客户专注地观看某项配置，专注地触摸某项配置，仔细观看车辆的“6+1”方位；仔细地观看车辆的介绍资料，与他人交头接耳地谈论车辆的配置或看法。

（三）表情信号

在购买产品时，有时客户的面部表情不易观察，但作为汽车销售人员只要用心留意，积累经验，仍然可以捕捉到信息。例如，感情由冷漠、怀疑、深沉变成热情、信任、随和，眼神由无神变得有神，原来紧缩的眉头慢慢舒展并露出笑容，表情放松等都是成交的表情信号。

（四）事态信号

如果销售活动的形式发生以下变化，则说明客户对于购买的思索有了结果。例如，客户要求汽车销售人员转换洽谈环境，如由展厅转移到办公室等；客户询问其他随同的人员的意见，尤其是其中起决定性作用的人的意见。

四、成交方法

成交方法是在成交过程中，销售人员在适当的时机用以启发客户作出购买决定，促使客户购买的销售技术和技巧。

（一）请求成交法

请求成交法是一种最简单、最常见的成交方法，也叫直接成交法。它是指在接到客户的购买信号后，用明确的语言向客户直接提出购买建议，以求适时地成交。汽车销售人员和客户在经过一番洽谈以后，就主要问题达成一致的看法，这时汽车销售人员应抓住时机主动向客户提出成交请求。

请求成交法的优点在于，若能正确运用，其能够有效促成成交，可以避免客户在成交的关键时刻故意拖延时间，贻误成交时机，从而节约销售时间，提高效率。该方法也存在一定的局限性，若汽车销售人员不能很好地把握时机，盲目要求成交，很容易给客户造成压力，从而产生抵制情绪或者怀疑的态度，使汽车销售人员失去成交的主动权，而客户则获得心理上的优势。

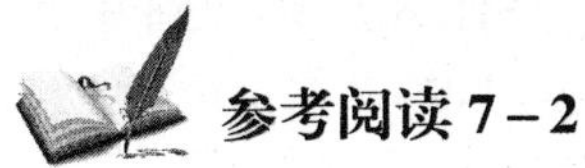

参考阅读 7－2

请求成交法示例

销售人员对客户说：“×女士/先生，现在您把车开走保证您不会后悔。您看吧，我们的现车也就这么几辆了，其中又有您喜欢的颜色，您试了这车也觉得不错。其他几辆都有准客户了，您来得可真是时候，这款车再次到货的话多半又要等上一两个月了，所以您现在购买是最佳选择，那我们准备签单吧。”

（二）假定成交法

假定成交法也叫假设成交法，是指不管成交与否，汽车销售人员假定客户已经接受销售建议，而直接要求其购买的一种策略。

采用假定成交法有利于节省销售时间，提高销售效率。在整个销售过程中，客户随时可能流露出成交意向，若汽车销售人员及时察觉可促成成交。但是，汽车销售人员若在把握时机上出现偏差，很容易给客户造成过大的心理压力，使客户产生怀疑，增加成交的难度。

参考阅读 7－3

假定成交法示例

你作为汽车销售顾问，已将一部汽车开出去给客户看过，而感到完成这笔交易的时机已经成熟，这时你就可以进一步处理这个问题，使客户真正签下订单。你可以这样对客户说：“×先生/女士，现在您只要花几分钟时间就可以将换取牌照的手续办妥，再有半小时您就可以将这部车开走了。如果您有事办理，那么就把这一切交给我们吧，我们会为您打点好一切。”经你这么一说，如果客户根本没决定要买，其自然会向你说明，如果客户有心购买，但因为觉得办理手续很麻烦而仍然犹豫，那么你的话有一种推动的力量。尽管客户迟早会下决心，但如果没这种推动力，可能客户会花一段时间才决定购买或者根本不买。

（资料来源：陈新武，龚士林. 销售实训教程[M]. 武汉：华中科技大学出版社，2006.）

（三）小点成交法

小点成交法又叫局部成交法，是汽车销售人员利用小点（局部）成交促成大点（整体）成交的一种策略。一般情况下，客户在作出重大决策时往往存在较大的心理压力，而对较小的问题作出决策则比较轻松容易。

正确地使用小点成交法有利于创造良好的成交气氛，减轻客户的压力，但此方法使用不当，将提示的小点集中在客户比较敏感或不满的地方，则很容易使客户只看到缺点或放大缺点，不利于成交。例如，销售人员可以这样对还在犹豫的客户说：“×先生/女士，这车您已试乘试驾过了，您的异议我们也解决了，现在这车对您来说可以放心购买了。如果今天您还没准备好的话，您可以先付点定金，我把车给您洗好，等着您明天来提，可以吗？”

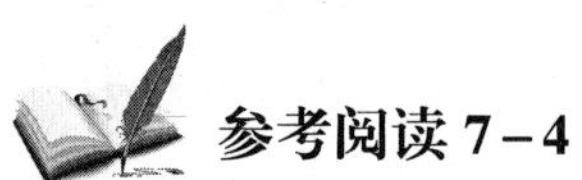

参考阅读 7－4

小点成交法示例

汽车销售人员：“王先生，您要是觉得全款购买我们的车负担比较重的话，您可以考虑按揭购买该车？”

客户：“按揭购买是怎么个算法？”

汽车销售人员：“是这样，您现在只需首付三成的价格就可以提车了。剩下的贷款您可以分 12 期、24 期或 36 期还款。如果您按 36 期还款的话，您每月只需还 1 600 元，每天只需还款 53.3 元。这样不仅减轻了您的压力，您还可以把钱用到其他的投资方面，说不定您投资的回报就可以帮您还每个月的贷款呢！”

客户：“嗯，可以好好考虑一下。”

（四）选择成交法

选择成交法是汽车销售人员向客户提供几种购买方案来促成交易的策略。这种方法的前提是客户已下定决心购买，但尚未确定买哪件，在这种情况下汽车销售人员提供几种选择，可促使客户下决心。

采取选择成交法可以解决客户难以下决心购买的问题，这时客户掌握一定的主动权。真正的主动权在汽车销售人员手中，无论客户选择哪种方案都能促成交易。有时采取选择成交法会让客户感到无所适从，丧失购买信心，增加新的成交心理障碍，从而产生抵触情绪，并拒绝购买。

参考阅读 7－5

选择成交法示例

客户在购买雪佛兰科鲁兹时下不了决心，汽车销售人员可以采用局部成交法来促成交易。

汽车销售人员：“您是要 1.6 L 的科鲁兹是吗？”

客户：“是的。”

汽车销售人员：“您是需要动力强劲点、配置高点的吗？

客户：“是的。”

汽车销售人员：“那我给您建议下，1.6 L 手动挡的需要 13.49 万元，而 1.6 T 自动挡的需要 15.99 万元，其带涡轮增压的发动机动力更强劲，而且相比较 1.6 L 自动挡的配置更高、更完善。您只需要多花一点钱就可以享受驾驶带来的便捷和乐趣。”

客户：“这样确实很划算。”

汽车销售人员：“那您就订 1.6 T 自动挡的科鲁兹吧，它的动力性和操控性是绝对不会让您失望的。”

（五）限期成交法

限期成交法是汽车销售人员通过限制购买期限从而促使客户购买的方法。人们往往对各种机会，特别是那些一去不复返的机会给予极大的关注，并且希望抓住这样的机会。但限期成交法有可能使未在优惠时期购买的客户感到气愤，让客户有上当受骗的感觉，从而丧失销售信誉。

参考阅读 7－6

限期成交法示例

客户在购买迈腾车时非常犹豫不决，汽车销售人员可以采用限期成交法来促成交易。

汽车销售人员："王先生您要购买 1.4 T 排量的迈腾车是吗？"

客户："是的。"

汽车销售人员："王先生，您也来我们展厅看过多次这款车了，想必您是非常喜欢这款车的，目前这款车的厂商在做一个年终优惠购车限时抢购的活动。"

客户："哦，什么活动？"

汽车销售人员："嗯，活动是这样的，在本周周末两天时间里，厂商仅限前四位购买迈腾车的客户在官方报价的基础上优惠 5%，而且赠送 3 次免费保养。"

客户："嗯，这样啊。那你快帮我看看现在有几位客户购买了这款车。"

汽车销售人员："好的，我现在马上帮您问一下目前您是第几位。"

（六）从众成交法

从众成交法是指汽车销售人员利用大众购买行为促成客户购买的方法。从众是一种普遍的社会现象，汽车销售人员往往利用这种心理来促成交易。

采用从众成交法可以用一部分客户去吸引另一部分客户，有利于汽车销售人员寻找和接近客户，提高销售的效率。由于商品得到客户的认可，汽车销售人员在销售时更有说服力，可消除客户的疑虑。但使用从众成交法可能引发某些客户的反从众行为，从而破坏交易。

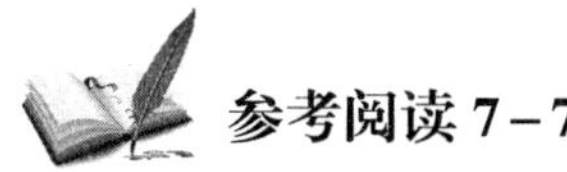

参考阅读 7－7

从众成交法示例

销售人员给客户打电话时说："喂，王先生您好。您对上次试驾的车考虑得怎样了？这款车外观豪华气派，流线型的造型时尚而简洁，内部结构合理舒适，空间的感觉也非常棒。这款车的动力强劲。来我们这里看车的很多成功商务人士，他们的首选就是这辆车，购买它非常符合您的身份。上次跟您一起来试车的那位张总昨天就购买了这款车，他买的是白色的，您试驾的那辆黑色的车还给您留着，有时间您还是过来再看看吧。"

（七）保证成交法

客户在考虑购买销售产品时，往往因害怕受骗上当而拖延成交时机，甚至最后放弃购买。保证成交法是汽车销售人员向客户提供某种成交保证来促成交易的方法，它可以解除客户的疑虑，增强其成交信心。

保证成交法通过提供保证使客户没有疑虑，增强购买信心。若汽车销售人员能够出示有关销售的证据则更有利于增强说服力和感染力。使用保证成交法时，要针对客户的疑虑进行保证，否则会让客户产生反感，不利于与客户发展长久关系。

参考阅读 7-8

保证成交法示例

一位客户在看中车以后很不放心，怕买亏了，为此迟迟不肯成交。汽车销售人员指出："您大可放心，汽车这个东西不是衣服或手机电器之类的物品，毕竟要花那么多钱，市场行情您也看到了，不可能一直降价，说不定过完这个节日就涨价了。这个价格是厂家在节日期间回馈客户的最优惠的价格，您不在这个节骨眼上提车真的要后悔。如果以后降价您来找我，我补差价给您怎样？这样您该放心了吧？"

（八）优惠成交法

优惠成交法是汽车销售人员通过提供某种优惠条件来促成交易的方法。它利用客户在购买时希望获得更大利益的心理，实现让利销售，从而促成交易。

正确地使用优惠成交法，利用客户的求利心理，可以吸引并招揽客户，提高成交效率。该方法尤其适用于销售某些滞销品，减轻库存压力，加快存货周转速度。但若没把握好让利尺度，该方法会减少销售利益，此外还让客户误认为优惠产品是次货而不予信任。

参考阅读 7-9

优惠成交法示例

很多 4S 店在周末实行闭馆销售。所谓闭馆销售，主要就是利用大多数客户休息的周末时间以优惠的活动吸引客户。例如，汽车销售人员说："张总，这周我们店回馈准客户，实行闭馆销售，也就是专门为准客户服务，在以往优惠的基础上再优惠 3%，您要是觉得合适就可以尽早提车了，过了闭馆销售我们就没有优惠了。"

（九）最后成交法

最后成交法是指汽车销售人员通过告知客户现在是购买的最为有利的时机来促成交易。它利用客户害怕失去某种利益机会的心理大做文章，变购买时的压力为动力。

最后成交法的关键在于把握有利时机，时机把握得当往往具有很强的说服力，产生立竿见影的效果。但此使用方法时最忌讳欺骗客户，这种做法一旦被发现，会丧失信誉以及客户的信任。

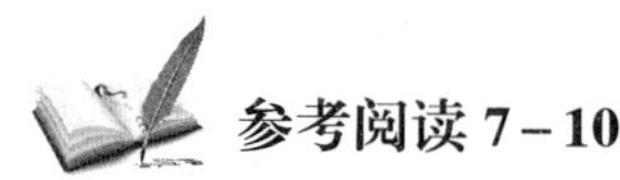

参考阅读 7－10

最后成交法示例

汽车销售人员："张姐，您看的那款车现货就只有这一辆了。如果您现在还不订车，下次我不敢保证还有您喜欢的颜色，再说下次到车至少是 2 个月以后，并且说不定会推后更长时间。那时您不仅要等，而且还要加价提车，所以您还是抓紧这最后的机会吧。"

（十）激将成交法

激将成交法是汽车销售人员用激将的语言刺激客户购买，促成交易的方法。这种方法利用客户自尊心强、要面子的心理，刺激客户的购买欲望。

采用激将成交法一定要给客户留面子，若把握不好则可能刺激客户的自尊心，失去成交的机会。

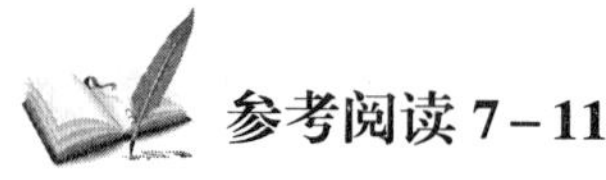

参考阅读 7－11

激将成交法示例

例如，当客户因商品价格问题而犹豫不决时，可以对客户说："王总，您还是别犹豫了。上周天天房产的那个张总也看中了这款车，简直爱不释手。他因为一直在外地出差，所以迟迟没提车，但他一直都关注这款车，前天还打电话问我这款车的价格是否下降。您就别再犹豫价格了，可以订车了。"这位汽车销售人员就采取了激将成交法的话语来刺激客户的自信心，从而促成交易。

（十一）让步成交法

让步成交法是指汽车销售人员在销售的关键时刻让步来促成交易的方法。在双方僵持不下时，汽车销售人员退让一步就可能将洽谈推进一大步，从而达成交易，而且汽车销售人员可以采用先紧后松的方法。这种方法一般不会给实际销售带来损失，但要注意的是，汽车销售人员切不可一次性让步太多，这样反而失去洽谈的优势，从而让客户产生汽车销售人员可以继续让步的错觉，推迟成交的时间。

（十二）饥饿成交法

饥饿成交法是通过让产品处于一种供不应求的状态来促成交易的方法。事实上产品未必供不应求，只是在供求之间始终保持时间差。这种方法一般只适用于名优产品，只有这类产品才会使客户耐心等待。使用此方法时，如果在产品定位上有偏差，会造成客户"饥不择食"的情况，使客户选择其他产品。

（十三）欲擒故纵法

欲擒故纵法是指汽车销售人员先假装消极销售来引诱客户积极购买，从而实现交易的方法。

有时汽车销售人员越积极销售，越没人理睬；而汽车销售人员采取消极的态度后，反而效果明显。这是因为客户可能认为，汽车销售人员之所以不叫卖是因为产品很好不愁销路。欲擒故纵法使用的是“假纵真擒”的策略，即假消极，真引诱，促使客户积极购买。

五、未成交时的处理办法

当遇到客户的拒绝时，销售人员要有正确的心态，正确认识失败和挫折。未能成交时，即使心中感到沮丧，也千万不要流露出失望无奈的表情，做出言行无礼的举动。临别时，要友好地与客户告别，要继续保持热情的态度，真诚地感谢客户，如说“百忙中您能来参加活动，真是非常感谢”。同时，要预约客户再来公司以创造成交机会。

任务实施

一、任务描述

一位客户试乘试驾后再次来店看车，汽车销售顾问把握成交信号，灵活运用成交技巧来促成交易。

二、任务目的

（1）培养学生观察成交信号的能力。

（2）培养学生熟练应用成交技巧的能力。

三、任务实施步骤

第一步：准备。

（1）教师编写情境脚本。

（2）学生分组。

（3）分配学生扮演角色。

（4）分配观察任务。

（5）布置场景。

第二步：实施。

情境模拟。

第三步：描述与点评。

（1）进行观察的学生就所观察到的任务实施情况进行点评。

（2）扮演销售顾问和客户的学生分别叙述所扮演角色的心理活动和体会，帮助大家理解销售人员的心理和汽车客户的心理。

（3）教师点评。

四、成果与检测

（1）在全班组织一次签约成交的洽谈模拟。
（2）教师根据学生在模拟或点评中的表现进行评估。

五、评估标准

评估标准见表 7－1。

表 7－1　任务实施评估标准

<table>
<tr><th>评估等级
评估指标</th><th>评估标准</th><th>分值/分</th><th>得分/分</th></tr>
<tr><td rowspan="3">把握客户心理</td><td rowspan="3">能够把握成交时客户的心理，能让客户在无压力下成交</td><td>好（24～30）</td><td rowspan="3"></td></tr>
<tr><td>中（18～23）</td></tr>
<tr><td>差（0～17）</td></tr>
<tr><td rowspan="3">自我心理调节的能力</td><td rowspan="3">能够不急不躁、沉稳适度地引导客户成交，控制好情绪，不因成交失败而产生并表现出挫折感，也不因签约成功流露出欣喜之态</td><td>好（24～30）</td><td rowspan="3"></td></tr>
<tr><td>中（18～23）</td></tr>
<tr><td>差（0～17）</td></tr>
<tr><td rowspan="3">运用知识的能力</td><td rowspan="3">能够熟练运用知识、技巧解决问题</td><td>好（24～30）</td><td rowspan="3"></td></tr>
<tr><td>中（18～23）</td></tr>
<tr><td>差（0～17）</td></tr>
<tr><td rowspan="3">学习态度</td><td rowspan="3">态度认真，积极努力，能够完成任务</td><td>好（8～10）</td><td rowspan="3"></td></tr>
<tr><td>中（6～7）</td></tr>
<tr><td>差（0～5）</td></tr>
</table>

思考题

1. 周先生今天第一次来展厅了解高尔夫汽车，但他已经在网上关注了很久该车型。试乘试驾后周先生表现得对该车很心仪。在洽谈时，销售人员在价格方面未跟周先生达成共识。作为销售人员的你，该运用哪些方法促成交易？试写一段情景对话。

2. 蒋先生是比亚迪展厅的老熟人了，他几乎每周末都会到展厅了解比亚迪汽车，但每次蒋先生都是试乘试驾完就借故离开。今天恰逢周末，该车辆也在做一些促销活动。如果蒋先生今天来展厅，作为销售人员的你该如何促成这次交易？试写一段情景对话。

项目八 交车服务

项目描述

交车流程是承接车辆销售和售后服务的关键环节，汽车销售人员能在此环节中对客户进行最佳的车辆操作指导及售后服务内容说明，从而提高车辆销售的成功率，提升客户的满意度和忠诚度。

项目目标

➢ 了解交车服务的重要性；

➢ 能够完成交车与文件交接；

➢ 能够解决、处理交车服务中遇到的各种问题，完成交车流程；

➢ 能够给客户美好的交车体验，提升客户的满意度；

➢ 能够通过完美的交车过程激发客户的热情，使其开始建立对汽车品牌的热情，并保持与汽车生产商和经销店的长期关系。

引例

王先生在某 4S 店买了一辆新车，在提车当日，他与妻子、朋友来到 4S 店，因为当天看车的人较多，所以只有他的销售顾问小李接待了他。小李在忙乱中安排了一个简陋的交车仪式，只有寥寥几个工作人员参加了仪式，不到 10 分钟就结束了，这让专门带妻子、朋友来提车的王先生很失望，感觉 4S 店有过河拆桥的嫌疑。以后的保养维修，王先生都对 4S 店有不信任的感觉，也从未介绍他的朋友到此店购车。

任务一 交车准备

任务分析

交车是客户最兴奋的时刻，也是与客户保持良好关系的开始。在交车环节客户是否满意是影响客户满意度的重要因素。了解交车时的客户心理、做好完善的交车准备是完美完成交车服务的基础，是打造客户忠诚度的关键。

相关知识

一、交车时的心理基础

整个汽车销售服务流程中，客户的心情在交车时达到最兴奋的状态，如图 8－1 所示。汽车销售人员要通过标准的交车流程，确保车辆与服务品质能让客户对企业的服务体制及商品保证有高度认同，提升客户的满意度，将客户的喜悦心情带到极点。

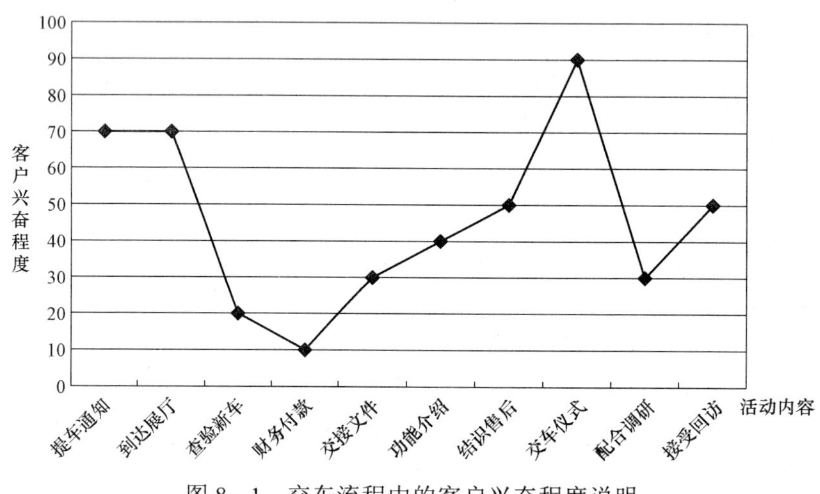

图 8－1　交车流程中的客户兴奋程度说明

（一）客户期望

客户期望是指客户根据以往的经历和介绍对应该得到相应产品和服务的主观认识。客户可能会对汽车产品及服务有各种期望，如“我希望我的新车能按时到货”“我希望知道车辆的操作及维修的内容”等。汽车销售人员在交车过程中要注意满足客户期望，要随时关心客户，给予客户良好、及时的建议，并且要及时兑现承诺。

客户期望：

（1）可以通过各种沟通渠道，如网站、电子邮件、电话等与经销商取得联系；

（2）可以通过网站及时联系到训练有素的工作人员，并且工作人员能迅速准确地解答问题；

（3）经销商的网站时时更新，便于浏览；

（4）在网页上提交的登记表和发送的电子邮件，可在 20 分钟内以自己习惯的方式得到回复；

（5）进行电话咨询时，工作人员能及时准确地应答（如果服务中心不能回答，由专业的销售顾问解答）；

（6）如果不能回答自己的问题，应解释原因，并提供可以解答问题的明确时间；

（7）经销商提供免费咨询热线电话；

（8）展厅接待员和销售人员了解已经与其沟通过的内容，不要就同样的问题反复提问；

（9）拨打电话时，铃响三声之内有人接听应答，并能从其言谈中感受到其热情。

（二）汽车销售人员的心理

汽车销售人员每月都有卖车及附带的保险、装潢、金融等任务，非常忙碌，压力很大，做成一单生意后，很多销售人员终于放心。对于厂家规定的交车流程、交车仪式，销售人员在忙的时候可能顾全不了，以至于交车仪式比较随意。某单生意对于销售人员来说是很多单生意中的一单，但是对于客户来说交车仪式却是人生中的重要一刻。客户千辛万苦攒够了车钱，纠结了很长时间后明确了目标，比较了难以计数的4S店，最后签单买车，结果确定买车后销售人员的态度却变得敷衍。这种态度很难获得客户的信任，因此丢失客户是得不偿失的。

作为一名汽车销售人员，一定要调节自己的心态，谨记当客户决定提车就说明之前的努力是被客户肯定的，若在交车的时候出了问题，丢了客户就得不偿失了，所以再忙再累也要做好交车工作，因为这样获得的不仅是未来更多的客户和成交量，还有客户的忠诚度等不能用数字衡量的东西。

（三）交车流程对客户满意度的影响

热情、专业、规范的交车流程，可以加深客户对企业的印象，提高客户的满意度，并以此为机会发掘更多销售机会。可以通过新车交付前的精心准备，使新车交付过程成为客户难以忘怀的时刻，并通过规范的交车流程让客户充分了解新车的操作和使用，以及后续保养服务等事项，确保客户熟练驾车，无后顾之忧，使新车交付过程成为客户的愉快的经历、美好的回忆，最终提升客户的满意度。销售人员需要按规范要求完成交车前的准备工作，做好预约；始终保持对客户的细心关注和热情友好；确保交车过程井然有序（迎接客户、验收车辆、客户交付车款、交接车辆和文件说明、进行交车仪式、与服务部门进行交接工作、欢送客户等）；为每位交车客户安排1小时左右的时间，也可以依据客户的要求进行调整。

二、交车准备

交车前的准备工作是整个交车服务的基础，关系着整个交车流程的服务质量水平。交车前的准备工作包括客户邀约、车辆准备、人员准备、资料准备、交车区确认、增值业务及其他准备等。

（一）客户邀约

在交车前打电话邀约客户，与客户协商交车的具体时间，并告知客户交车的流程和需占用的时间，记得征得客户的同意，然后以客户方便为准约定时间及地点。销售人员需要提醒客户带齐必要的文件、证件和尾款，必要时向客户提供解释。可以鼓励客户邀约亲友一起前来，但须确认参与交车仪式的人数，以便准备小礼品。如果预定交车日期发生延迟，销售人员需要主动向客户说明原因及解决方案。

（二）车辆准备

交车前一日销售人员按照新车PDI流程，根据“PDI检查表”的内容进行检查，见表8-1。确保车辆内部、外部干净整洁，配置符合订单要求，赠品及附件准备妥当。销售人员必须对车辆上的时钟、收音机等进行调试，确保客户能立即使用。

表 8-1　PDI 检查表

<table>
<tr><td>
外观与内部
检查：
（1）□内部与外观缺陷
（2）□油漆、电镀部件和车内装饰
（3）□随车物品、工具、备胎、千斤顶使用说明书、随车钥匙
（4）□拆下车轮防波动和车身保护膜
发动机部分
检查：
（1）□发动机盖锁扣及铰链
（2）□电瓶电极
（3）□电解液高度
（4）□主地线
（5）□主保险及备用件
（6）□发动机润滑油位
（7）□冷却液位及水质
（8）□助力转向液位
（9）□A/T 油位
（10）□玻璃清洗液位
（11）□传动皮带的松紧状况（助力转向、发电机、压缩机）
（12）□油门控制拉线（A/T 控制拉线）
操作与控制
检查：
（1）□离合器踏板高度与自由行程
（2）□制动器踏板高度与自由行程
（3）□油门踏板
（4）□检查室内保险及备用件
把点火开关转至位置 I
检查：
（1）□收音机
</td><td>
（2）□收音机/录音机/CD 机与天线把点火开关转至位置Ⅱ
检查：
（1）□所有警报灯、发电机、手刹、油压、制动故障、A/T 挡位显示器、ABS、SRS
（2）□AT 启动保护器
起动发电机
检查：
（1）□电瓶和起动机的工作及各警告灯显示情况
（2）□怠速
（3）□前部清洗器的工作
（4）□前雨刮器的工作
（5）□方向指示灯与自动解除
（6）□侧灯和牌照灯
（7）□大灯及远光（远光指示灯）
（8）□雾灯开关
（9）□制动灯和倒车灯
（10）□仪表灯和调光灯
（11）□喇叭
（12）□点烟器
（13）□天窗的操作
（14）□后窗除雾器与指示灯
（15）□各种挡位下空调系统性能（制冷、送风量）
（16）□循环开关
（17）□电动后视镜
（18）□时钟
关闭发动机
检查：
□“未关灯”警告灯
关闭各灯
检查：
</td><td>
（1）□方向盘自锁功能
（2）□手刹调节
（3）□转向盘角度调整
（4）□遮阳板
（5）□中央门锁及遥控装置（警报）
（6）□室内照明灯
（7）□阅读照明灯
（8）□前、后座椅安全带
（9）□座椅靠背角度、座椅调整
（10）□开启
（11）□行李箱灯
（12）□加油盖的开启及燃油牌号
（13）□行李箱盖（后车门）的关闭及锁定
打开所有的车门
检查：
（1）□手动车窗
（2）□后门儿童锁
（3）□给锁/铰链加注润滑油
（4）□关闭车门检查安装情况
支起汽车
检查：
（1）□底部、发动机、制动器与燃油管路是否磨损或破损
（2）□悬加的固定与螺栓
（3）□M/T 油位
降下汽车
检查：
（1）□所有车轮螺母扭矩
（2）□轮胎压力标签
（3）□轮胎压力（包括备胎）
（4）□工具与千斤顶
</td></tr>
<tr><td>
行驶试验
检查：
（1）□驾驶性能
（2）□从内部、悬架及制动器发出的噪声
（3）□制动器及手刹
（4）□方向盘自动回正
（5）□方向盘震动与位置
（6）□A/T 挡位变化（升挡、降挡）
（7）□里程表行程读数及取消
</td><td>
最终检查
检查：
（1）□冷却风扇
（2）□怠速/排放
（3）□燃油、发动润滑油、冷却液及废气的渗漏
</td><td>
（4）□热起动性能
（5）□用 ABS 检测仪检查 ABS 性能
最终准备：
（1）□清洗车辆内、外部
（2）□检查车内包括行李箱是否有水漏入
</td></tr>
</table>

续表

PDI	销售
对以上项目的正确安装、调试及操作已作过检查。 特此证明。 （盖章） 检查员签字： 日期：	该车辆已完成了所有车辆检查项目，可以满意交付用户使用。车上的所有必要附件已配备齐全，所有证明文件已正确填写完毕。 特此证明。 （盖章） 销售员签字： 日期：

（三）人员准备

销售人员应提前通知财务、库房管理等相关人员，以防止交车过程中出现人员缺位。提前一日告知售后服务部门并邀请其参与及提供协助。

（四）资料准备

需要准备随车文件：使用手册、保护保养手册、快捷使用手册、使用光碟、合格证、出厂车检验单、车架号、发动机号拓印本、回函等以及各项缴费收据及发票。另外还要准备的相关文件包括费用清单、交车确认单、交车服务验收清单、满意度调查表等。准备文件时要方便、实用、精致，解释语言要清晰明确、容易理解。

（五）交车区确认

交车区设立在来店及展厅客户可明显看见的区域，要保持明亮、整洁，不得被其他物品占据，要方便客户从各方位打开车门绕车检查。交车区应有品牌的标志背景板、作业流程看板、交车客户姓名及预定时间告示牌等，还可在交车区布置洽谈桌椅，供应饮料及点缀绿化等。

（六）增值业务及其他准备

如客户有按揭、代上牌照等需求，需要提前准备按揭月供进度表。为了增加交车仪式的欢乐气氛，需要准备欢迎牌、鲜花、小礼物等，还要准备相机照相留念。通知售后服务部门、客服中心、销售部等相关人员仪式时间，检查对客户的承诺事项，准备好车辆出门证等。

PDI 流程如图 8－2 所示。

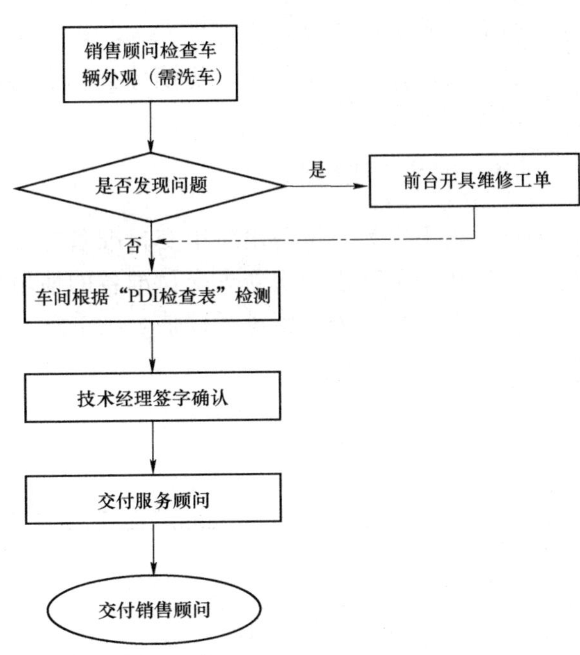

图 8－2 PDI 流程（时间：交车前一天）

任务实施

一、任务描述

你作为某汽车经销店的销售顾问，向一位客户售出一辆新车，新车于一周内到货，根据设定的客户信息及选定的新车信息，为这辆新车作交车准备计划。

教师组织学生开展一次新车交付准备的情景模拟、角色扮演教学。

二、任务目的

培养学生的新车交付准备能力。

三、任务实施步骤

第一步：准备。

（1）教师编写情景模拟脚本，设定客户信息，选定需交付的新车车型。

（2）教师分配角色，确定扮演任务。

（3）学生分组。

（4）分配观察任务。

（5）布置场景。

第二步：实施。

（1）学生制定新车交付准备方案。

（2）进行情境模拟，角色扮演。

第三步：描述与点评。

（1）观察的学生进行点评。

（2）扮演角色的学生描述扮演体会和心得。

（3）教师进行点评。

四、成果与检测

（1）以小组为单位写出新车交付准备方案。

（2）在全班开展一次新车交付准备的情境模拟。

（3）教师对任务实施进行评估。

五、评估标准

评估标准见表 8－2。

表 8－2　任务实施评估标准

评估等级 评估指标	评估标准	分值/分	得分/分
制定新车交付准备方案	方案目标明确，流程规范合理具体，有预见性、可行性	好（24～30）	
		中（18～23）	
		差（0～17）	

续表

评估指标＼评估等级	评估标准	分值/分	得分/分
在任务模拟中的表现（在观摩点评中的表现）	准备工作细致完善，交车准备工作合理，在过程中的表现自然大方，考虑问题周到细致，能够顺利完成准备工作，准备工作充分满足客户需要（表述完整，语言流畅，能很好地表达自己的观点）	好（16～20）	
		中（12～15）	
		差（0～11）	
运用知识的能力	能够熟练地运用知识解决问题	好（24～30）	
		中（18～23）	
		差（0～17）	
学习态度	态度认真，积极努力，能够完成任务	好（16～20）	
		中（12～15）	
		差（0～11）	

任务二　车辆和文件的交接与确认

任务分析

车辆和文件的交接与确认是整个交车服务流程中应用专业知识最多的步骤。在此过程中，让客户了解自己的车辆的功能，使其感觉物有所值，坚定其信心，提高客户的满意度，同时体现汽车销售人员的专业性，使客户的信任度得到提升，间接提高客户的忠诚度。这个步骤还体现了品牌价值，很多看不到的亮点需要汽车销售人员将其用语言表述出来。

相关知识

交车是整个销售过程中客户最兴奋的环节，是获得推荐的最佳时刻，为了使客户满意，提升客户的忠诚度，销售人员必须打造完美的交车流程，追求精益求精的服务。新车交付流程如图 8－3 所示。

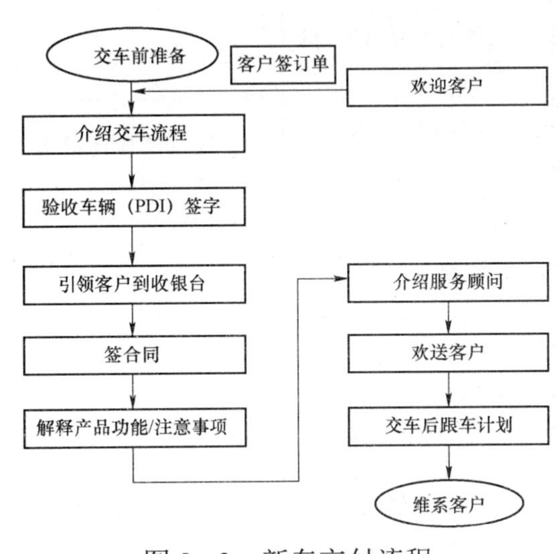

图 8－3　新车交付流程

一、迎接客户

在展厅门口设立欢迎立牌，祝贺客户提车。销售人员及主管到门口迎接并祝贺客户，准备专门的祝贺词：“欢迎您，××先生/女士，祝贺您拥有一辆崭新的××汽车”。为客户挂上交车贵宾的识别标志，要求经销店每位员工见到带有这个识别标志的客户均应热情道贺。同时关注随行人员，主动要求介绍并递名片。

将客户引领至交车区坐下，并提供饮料，简要介绍交车步骤、需要确认的事项及全程陪同的交车专员，并向其介绍："××先生/女士，请先坐一下（提供茶水），我会花几分钟时间向您介绍一下交车的步骤和需要您签字确认的内容，您看好吗？您先检查确认车辆，签署文件，付尾款，然后我将向您演示车辆的操作要领、注意事项，我还会请服务顾问向您介绍车辆的保修条款、使用注意事项，最后我们会为您举行一个交车仪式。全部过程约需要×小时。给您介绍一下，这是我们的交车专员××，今天的交车流程由他协助我共同完成，在交车过程中如果您有什么疑问，可以随时问我们，我们会全程陪同您。"

二、验收车辆

（一）交车确认表

引导客户按"交车确认表"（表 8-3）逐项检查车辆："××先生/女士，我们一起按这张表上的每一项进行细致的检查，看看有没有问题"。

表 8-3　交车确认表

<table>
<tr><td colspan="4">客户与汽车销售人员双方确认项目</td></tr>
<tr><td colspan="4">车况检查：</td></tr>
<tr><td>□车身外观完好</td><td>□灯具、灯光正常</td><td rowspan="2">□各车门开启/关闭正常</td><td>□车门锁、中控锁正常</td></tr>
<tr><td>□轮胎胎压正常</td><td>□车辆外观清洁</td><td></td></tr>
<tr><td colspan="4">车辆操作演示：</td></tr>
<tr><td>□电瓶充足，启动正常</td><td>□安全带操作说明</td><td>□座椅调节操作说明</td><td>□喇叭正常</td></tr>
<tr><td>□收音机或 CD 机正常</td><td>□雨刮器正常</td><td>□空调及暖风系统正常</td><td>□组合开关功能说明</td></tr>
<tr><td>□油门加油操作说明</td><td>□离合器操作说明</td><td>□刹车操作说明</td><td>□手刹制动操作说明</td></tr>
<tr><td colspan="4">车辆证件及物品交付：</td></tr>
<tr><td>□合格证（1）张</td><td>□销售发票（4）联</td><td>□红布（6）条</td><td>□车钥匙（2）把</td></tr>
<tr><td>□保修手册（1）本</td><td>□客户手册（1）本</td><td>□发动机说明书（1）本</td><td>□点烟器（1）个</td></tr>
<tr><td>□危险标识（1）个</td><td>□随车工具（1）套</td><td>□千斤顶及摇手柄（1）套</td><td>□备胎（1）个</td></tr>
<tr><td colspan="4">注意：尊敬的客户，钣金凹陷与漆面划痕不在三包之内，请您仔细检查好。</td></tr>
<tr><td colspan="2">汽车销售人员签字：</td><td colspan="2">客户签字：</td></tr>
</table>

（二）PDI 检测表

汽车销售人员请客户根据“PDI 检测表”（表 8－1）逐项检查，确认车辆的具体型号、颜色、外观、内饰，轮胎是否有划痕、瑕疵等。（“××先生/女士，请您确认一下，您的爱车与您实际购买的型号配置是否相符。外观、内饰等有无划痕。我已经为您的爱车加了足够的汽油，希望您满意。”）

（1）车漆。引导客户查看车身表面是否有划痕、凹陷，是否厚薄均匀；是否某一部分漆色或厚薄与周围不吻合，或显现出细微的圈状刮痕。

（2）缝隙。引导客户检查前盖、车门及周围框的间隙是否均匀，有无过大/过小处，前车盖两边缝隙是否对称。

（3）车辆配件。引领客户检查车辆配件，如电瓶、雨刷、轮胎、润滑油等耗材，看其是否老化。

（4）底盘、轮拱、避震器、悬挂。查看底盘、轮拱、避震器、悬挂等的工作情况，可让客户用手大力按动车头和车尾，松开后，看其弹动次数，为 2～3 次较好。

（5）玻璃。引导客户查看风挡玻璃下脚的标记，可知是否原配。

（6）轮胎。查看轮胎是否完好无磨损、轮胎有无亏气和破损现象、轮胎等是否老化。

（7）装饰条与接缝。查看装饰条是否松动或粘贴不牢，各钣金件接缝间缝隙是否均匀。

三、财务付款

（一）付款资料

首先提前通知客户准备资料：身份证（暂住证）、订车意向书、定金收据，如果是单位购车要准备组织机构代码证、公章（单位购车）、销售单、订车意向书、订金收据、出库单。按照“交款—领取合格证—出库—财务开票—复印手续”的内部作业流程，全程陪同，随时作出解释。

（二）交费程序

（1）对各项费用进行说明。

（2）询问是否采用之前谈好的支付方式。

（3）引领客户到收银台，向客户介绍收银员。

（4）办理付款手续（若按揭，支付首付款），收银员将装有发票的信封递交给客户。

四、文件交接及确认

交付尾款后，汽车销售人员当着客户的面交接文件/证件：“××先生/女士，我们先清点一下证件、资料等，这是车辆合格证、车辆发票、车辆钥匙及条码、纳税申报表、保险手续、合格证、免费保养凭证、使用说明书等，您看有没有问题？如果没有问题，请您签字确认，您看好吗？”

移交随车资料，包括《保养手册》《服务网通讯录》《售前检查证明》《安全使用说明》等。按照资料袋上的文件清单清点，以防遗漏。向客户解释各种单据、证件、手册的用途，告知其与客户的利益关系以便引起重视，提醒客户保存好这些资料，以备日后使用。

（一）购车发票

购车发票是购车时最重要的证明，同时也是汽车上户的凭证之一，汽车销售人员务必介绍其重要性及有效性。

（二）车辆合格证

车辆合格证是汽车的另一个重要凭证，也是汽车上户时的必备证件。汽车销售人员必须告知具有合格证的汽车才符合国家对机动车装备质量及有关标准的要求。

（三）三包服务卡

汽车销售人员需告知客户三包服务卡的重要性。根据有关规定，汽车在一定时间和行驶里程内，若因制造质量问题出现故障或损坏，凭三包服务卡可以享受厂家的无偿服务，不过灯泡、橡胶等汽车易损件不包括在内。

（四）车辆使用说明书

车辆使用说明书是介绍如何合理使用车辆的。如果客户不按使用说明书的要求使用而造成车辆损害，厂家不负责三包。客户需要详细阅读使用说明书以合理使用车辆。

（五）其他文件或附件

如果有单独的车辆发动机使用说明书，或某些选装设备有专门的要求或规定，汽车销售人员也要详细向客户解说。

（六）铭牌

告知客户核对铭牌上的排气量、出厂年月、车架号、发动机号等内容，合格证上的号码必须与车上的发动机号、车架号一致。

五、产品功能/注意事项

交接完之后不要忘了对客户解释产品内饰、配置和功能等。销售人员要用《安全使用说明》讲解车辆规范操作要领，介绍保养周期、质量担保规定和新车注意事项等。

（一）汽车使用说明

结合《安全使用手册》，进一步说明车辆操作与使用注意事项，关键项目必须说明，如钥匙和中央门锁、天窗应急关闭、安全带和气囊、儿童安全座椅、倒车警报、转向盘、仪表指示、灯光、空调、音响、备胎、急救箱和警示牌等。汽车销售人员需要把每一个开关、每一个步骤都讲解清楚，切忌用“你自己回去慢慢找”“客户手册上有说明的”等语句敷衍客户。讲解完毕提醒客户回去仔细阅读客户手册。

（1）车门。引导客户检查开车门时钥匙和锁的配合情况，有中控装置的检查是否到位和反应是否灵敏。让客户试试车门开启的灵活性，开门锁时不应太吃力，门轴不应有杂音。

关门能一步到位，听到的声音较沉闷。如果车门质量差，用力小了关不严，需用大力撞击方能关严，而且声响尖利，不悦耳。

（2）备胎。引导客户查看备胎的型号，检查其他备用工具是否齐全。

（3）仪表板。介绍各种象形图案的含义，检查仪表板上的各种仪表是否齐全有效、不反光、不被任何物体遮挡。插入钥匙打开电源，仔细解说各个指示灯的作用，检查其是否正常工作。通常有 ABS、刹车、车门开启提示、润滑油警示、刹车片过薄警示、水温异常、油温异常、未系安全带警示、灯光、转向等多个指示灯，其中大部分在正常行驶时应该是不亮的，如有红色警示灯亮就应该多加注意。查看里程表所显示的已行驶里程，要求总里程数＜20 km。演示仪表盘上时钟的调节方法，并让客户亲自操作。

（4）转向盘。用力晃动转向盘，向客户解说上、下不应有间隙，左、右自由行程不应过大，引导客户感受表面手感。

（5）座椅。座椅表面应清洁完好，无破损、划伤。向客户演示前排座椅的前后自由移动，并在多个位置进行固定。让客户动手操作感受前、后移动和靠背倒立是否困难。

（6）安全带。解说演示每一条安全带拉开、自动回收、锁止的过程，查看是否平稳顺畅。用手特别迅速地拉动安全带，检查其在发生作用时的可靠性。如果是高低可调的安全带，还应该进行调整测试。

（7）脚踏板。让客户在副驾驶座上坐好，自己在驾驶座坐好后，解说演示离合踏板、刹车踏板及油门踏板的工作。

左脚踏离合器踏板，应感觉轻松自如，并有一小段自由行程；右脚踩下制动踏板不放，其应保持一定高度，若其缓慢下移，则表示制动系统有泄漏现象；油门踏板不应有犯卡、沉重、不回位的现象，腿、脚放在油门踏板上时，应自然舒适，这样才能保证长途驾驶不疲劳。引导客户换座后协助客户亲自操作。

（8）后视镜/车窗/天窗。调整两侧后视镜及中央后视镜，使其基本覆盖身后视野，带有后视镜折叠功能（电动或者手动）的需要测试折叠的可靠性。如果是带有记忆功能的高级轿车，还应该对记忆功能进行测试。车窗应该洁净、平整，视线清晰。在开启、闭合的过程中应该自如、平稳、顺畅，不应该有明显的噪声。带有天窗的，解说并演示天窗的滑动/开启/倾斜等功能。如果车窗/天窗带有一键式或防夹功能的，应该在保证安全的条件下进行必要的测试。各项调整功能，尤其是电动调节功能必须都能够调整到最大限位。

（9）灯光。依次解说各项灯光（示宽灯、近光灯、远光灯、雾灯、转向灯、刹车灯、倒车灯、高位刹车灯、仪表盘照明、车门灯、前门槛灯、阅读灯、化妆灯、储物箱照明灯、后备厢照明灯等），灯光应该明亮、稳定，开关应当可靠。方向灯、故障警告灯都要看（前、后、左、右、两侧后视镜）。演示调节仪表盘夜光灯、指示灯亮度以及大灯俯仰角度。

（10）雨刷系统。演示调节各挡位（慢速、间歇、快速、自动感应、多级可调），查看速度是否合理（绝对不要在无水情况下使用雨刷器），检查喷水系统是否工作正常，喷水角度是否正确。雨刷扫过玻璃时，应该基本上没有刮玻璃的噪声，且扫水方面没有明显的遗漏。

（11）空调。打开空调，解说演示 A/C 开关，冷热都要试，时间长些。调整冷热，应该能够在一定时间内吹出冷/热风。调整风口应该可以顺利关闭、开启或者转向指定角度，带风口开度调节的应该同时测试开度。演示调整风的循环模式，如内外循环模式、除霜模式、出风模式等。如果是自动空调，可以感觉一下温控功能是否可靠、准确。如果带有电辅助加热后视镜、后挡风、座椅的，还应该进行通断及效果演示。

（12）音响/影音系统。熄火后演示 CD 音响和收音机功能——换碟、AM/FM、选台、音量，检查各个按钮是否有效。

（13）液体罐及液体。先检查水箱补充液、清洗液、动力转向液、润滑油、制动液的液面是否正常，若不正常应怀疑有泄漏。液罐外表要干净，无水痕、油渍，液面在最高与最低刻度之间可算正常，在 3/5、4/5 左右基本可算正常。

（14）润滑油。拉出润滑油尺看润滑油的颜色，看的时候要启动汽车 3 分钟后熄火，拉出油尺用纸巾擦拭，让客户检查油的颜色。

（15）电瓶。检查电瓶的固定桩头与电线的连线是否可靠、良好，用手扳无松动现象。检查接头有否腐蚀，小窗是否为绿色。

在解说过程中汽车销售人员还可以开车带客户行驶一段，边开边作介绍，然后换手让客户开一段，让客户亲身操作可使其记得更加牢固。在换座时应主动为客户开启车门，请客户坐上驾驶座，并协助调整座椅、转向盘、后视镜等。当客户对某些操作有疑惑时，要随时为客户解答或多作几次示范，解决客户的疑问。

所有配置、功能介绍完毕后，如客户没有疑问，请客户在“交车确认表”上签字。

（二）《保养手册》

根据《保养手册》的内容有选择地给客户介绍保养的时间、周期、内容和注意事项，提醒客户一定要认真阅读，有疑问可以致电询问。

（1）对于首保时间，各地要求不一致，有的要求 3 000 km，有的要求 4 000 km 等，新车一般都有一定的磨合期，第一箱润滑油里肯定存在大量铁屑之类的杂质，及时更换润滑油也是对发动机的一种有效保护。

（2）首保过后，则要求每行驶 8 000 km 或 6 个月保养一次。如果经常在环境较差的地方行驶，需要比要求的更频繁地作养护。平时行车的时候可以注意行车电脑中的各项提示，如出现“请速更换润滑油”的提示，证明车辆还可极限行驶 500 km。

（3）提醒常规保养项目更换三滤及润滑油。所谓三滤，包括润滑油滤清器、空气滤清器和汽油滤清器，它们的作用是过滤润滑油中、空气中和汽油中的杂质，防止这些杂质进入发动机内部，影响其正常工作。定期地更换这些部件，可以有效地延长发动机的使用寿命。

六、交车仪式

举行交车仪式，摄录交车仪式的整个过程及车辆底盘号，并制作成光碟，光碟上配有客户姓名。除大用户可以在户外举行以外交车仪式，所有车型的交车仪式皆在交车间举行。音乐响起，事先约定的经销商总监、服务顾问、客服人员及无接待任务的销售顾问（参加者不少于 6 人）一同前来恭喜客户拥有自己的新车，感谢客户选择本公司的产品，赠送鲜花/礼品，拍纪念照。

七、介绍服务顾问

销售人员向客户介绍客服人员、服务顾问并交换名片，做好售前售后的衔接。向客户介绍售后服务部门的服务顾问，方便日后到店保养与维修，然后由服务顾问向客户介绍自己的职责："×先生/女士，我是服务顾问×××，感谢您成为我们的客户，从今天起，您的车有什么问题请联系我""请您收好名片，有任何问题都可以打这个电话咨询"。

服务顾问需要向客户介绍售后服务预约流程及注意事项、24 小时救援服务和热线电话，安排首次服务预约。介绍车辆检查、维修的里程及日程，重点提醒首次保养的服务项目和公里数以及免费维护项目；向客户说明保修内容和保修范围，强调保修期限；提醒客户在新车磨合期中的注意事项；提醒客户每次到店保养或维修时，务必带上《使用说明书》。要让客户感觉到，今后的维修接待是一对一的管家式服务。

八、欢送客户

整个交车仪式结束，销售人员可主动询问周围是否有潜在客户，提醒就近加油，并指明具体位置，或陪同前往。将早已准备好的出门证交予客户，根据客户的去向，指导行驶路线。如果客户有需要，可陪同试车或提供送车服务。全体人员送客户到门口，目送客户远去至看不见为止。

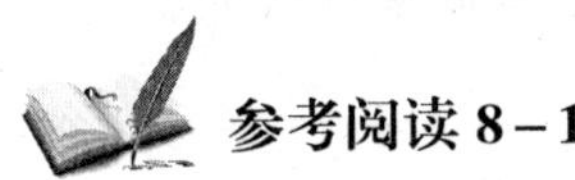

参考阅读 8－1

上海通用的交车仪式

根据上海通用厂家的新车 SSI 电访要求，关爱部必须在交车 3 天内进行电话回访。更好地对新车客户提供关怀服务，特做以下工作。

1. 前提工作

1）建议成立关爱部

关爱部的主要成员为汽车销售人员、展厅经理、质量跟踪员、售后接待人员、上牌专员、GMAC，其他人员也可参与，主要是烘托气氛。

2）交车礼品

（1）交车礼品按年龄段分别发放，主要分为 20～30 岁（未婚）、20～35 岁（已婚）、35～45 岁（已婚）、45～60 岁（已婚）。

（2）交车礼品按工作类型发放，主要分为经商人员、建筑服务行业人员、事业小有成就的刻苦勤奋创业人员、总经理及董事长级别的事业有成人员、政府在职及离/退休人员、用父母的钱买车的年轻人。

（3）交车礼品按车型发放，车价越高，礼品价值越高。

（4）如遇到交车当天是客户生日、结婚纪念日等人生中的重大节日，公司准备鲜花或生日蛋糕。

3）交车播放音乐

根据不同客户的不同情况，选择不同的音乐。

（1）感恩类音乐，如《感恩的心》《谢谢你》《朋友》等；

（2）喜庆类音乐，如《恭喜恭喜》《放飞美丽》《快乐老家》等；

（3）按客户的年龄或喜好播放，可播放专辑或片段。

4）感谢信

根据不同的车型给予客户不同的感谢信，请文笔好的人撰写。

5）交车贺词

交 车 贺 词

大家下午好，今天是 2018 年__月__日，在这个美好的日子里，××的全体员工恭贺　　先生/女士今日提取爱车。让我们把最热烈的掌声献给我们的贵宾。

6）客户意见簿

设立客户意见簿，放置在休息区，供客户写意见或对汽车销售人员的表扬。

2. 活动流程

1）交车礼品

精美礼品、小灯笼或中国结一个、写有汽车操作方式的精美卡片若干、抽纸 2 盒、环保袋 1 个。

2）交车合影责任人

交车合影责任人主要为汽车销售人员、展厅经理、质量跟踪员、售后接待人员，上牌专员、GMAC（有分期客户时介绍 GMAC）。

3）流程

（1）汽车销售人员提前一天通知关爱部参加交车仪式。

（2）交车前观察所有参加交车的人员是否已经提前到场。

（3）在汽车销售人员带领客户检验过车，办理各项手续时：

① 其他人员把礼品用专用礼品盒包好，放在中控台（务必使客户看到），并在车内后视镜挂上有中国特色并带有车辆徽标的中国结或小红灯笼渲染气氛；

② 在储物箱或者副驾驶座椅上放置写有操作方法的祝福卡片。

（4）客户办理保险业务时，请填写客户满意度调查问卷，事前不通知客户填问卷有礼品赠送（第一个惊喜）。

（5）汽车销售人员完成相应交车流程，客户在“交车检查表”上签字后，汽车销售人员向客户介绍客户关爱员（第二个惊喜）。

（6）关爱部关爱员向客户递交名片，介绍自己，并告知客户回访情况、客户投诉热线。

（7）关爱部给客户拍人车合影。

（8）10 分钟后（遇特殊情况，如节假日，或彩打机器、相机故障等时，可延长时间）关爱部将合影照片打印出来连同感谢信交给客户（第三个惊喜）。

（9）在客户等待照片的时候，销售经理向客户致谢购买××车，并询问汽车营销企业需要改进的地方以及客户的建议。

（10）展厅广播播放喜庆音乐，播音员播放“恭喜×先生/女士提走一辆××汽车”，门口 LED 灯循环播放“恭喜×先生/女士提走一辆××汽车”，在客户驾车之前，碰到客户的工作人员均应对客户说“恭喜……”，有条件的话列队欢送客户离开（第四个惊喜）。

（11）客户到新车上，看到专用礼品盒，汽车销售人员邀请客户打开（第五个惊喜）。

（12）客户看到爱车内放置的各种卡片（第六个惊喜）。

其他建议：（1）把照片做成台历送给客户，放置写有祝福语的卡片；

（2）送客户平安果，预祝一路平安。

任务实施

一、任务描述

学生作为某汽车营销企业的汽车销售人员，要向一位客户交付一辆新车，进行交车情景模拟（车型可自选）。

二、任务目的

（1）培养学生对新车功能及特点介绍的话语组织能力。

（2）培养学生熟悉交车流程。

三、任务实施步骤

第一步：车辆交接及确认。

（1）检查车辆。引导客户按“交车确认表”逐项检查车辆。

（2）确认车辆状况。汽车销售人员请客户确认车辆的具体型号、颜色、外观、内饰，轮胎是否有划痕、瑕疵等。

（3）说明书讲解。结合《客户使用手册》，进一步说明车辆操作与使用注意事项。

第二步：文件交接及确认。

向客户解释车辆发票、购置税发票、合格证、《客户使用手册》等，告知其与客户的利益关系，引起客户的重视，提醒客户保存好这些资料，以备日后使用。

四、成果与检测

（1）以小组为单位写出某一种新车确认过程计划。

（2）在全班组织一次某一种新车确认的实施模拟。

（3）进行任务模拟的学生和进行观摩的学生进行点评。

（4）根据学生在模拟或交流中的表现进行评估。

五、评估标准

评估标准见表 8－4。

表 8－4　任务实施评估标准

评估指标 \ 评估等级	评估标准	分值/分	得分/分
新车确认过程计划	准备资料充分，确认内容完善，介绍内容流畅	好（16～20）	
		中（12～15）	
		差（0～11）	
新车文件交付过程计划	资料准备完整，有条理，交付过程顺畅	好（16～20）	
		中（12～15）	
		差（0～11）	

续表

评估指标 \ 评估等级	评估标准	分值/分	得分/分
在模拟任务中的表现（在观摩点评中的表现）	表现自然大方，能够完成计划中的任务（表述完整，语言流畅）	好（24～30）	
		中（18～23）	
		差（0～17）	
运用知识的能力	能够熟练地运用知识解决问题	好（16～20）	
		中（12～15）	
		差（0～11）	
学习态度	态度认真，积极努力，能够完成任务	好（8～10）	
		中（6～7）	
		差（0～5）	

思考题

张先生和张太太与销售顾问小王预约了周四下午三点钟进行新车交付，如果你是小王，在交车前应做好哪些准备工作？请描述交车流程。

项目九　客户关系管理

项目描述

客户关系管理是企业为提高核心竞争力，达到竞争致胜、快速成长的目的，所树立的以客户为中心的发展战略。

项目目标

- 了解客户对企业的重要性；
- 了解售后回访流程及其对客户满意度的影响；
- 通过售后回访，与客户建立朋友关系，提供用车咨询，成为客户的终生顾问，维护基本客户群，提高客户的满意度；
- 掌握客户关系管理，不断开发新的商机，开拓业务，促进销售。

引例

魏先生在某 4S 店买了一辆车，交车的兴奋过后，日子归于平静。但是销售顾问小薛从未忘记魏先生，小薛不但在交车一个月内进行三次电话回访，而且在节假日也会发短信祝福，以后每年在固定时间给魏先生打电话询问汽车有无问题，若有问题则非常热情地帮助解决，让魏先生十分感动。小薛由此与魏先生建立了良好的关系，只要魏先生有朋友要买车，魏先生都会将其介绍给小薛，说小薛是为十分可靠的人。

任务一　销售回访

任务分析

销售回访是在交车仪式后进行的项目，是与已购车客户建立日常联系，维护基本客户群，提高客户满意度的一项有力措施。要赢得更多的忠诚客户，汽车销售人员必须提供最好的售后跟踪和服务，真正满足客户的需求，赢得客户的信赖和满意。

相关知识

一、客户满意度理论

（一）客户满意度

汽车销售人员的工作表现反映企业给客户所提供的产品和服务水平，而客户满意度是一种心理状态，是客户根据自己的期望和对产品或服务的感受所作出的一种评价。客户满意度就是工作表现与客户期望之差，如图 9－1 所示，汽车销售人员只能通过标准的交车流程来提高客户满意度。

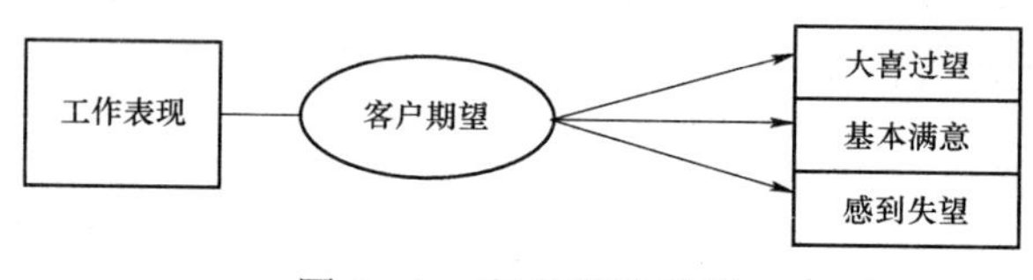

图 9－1　客户满意说明

客户满意度调查显示，购车客户在提车时担心不能按时提到车，担心销售人员在交车时不认真、马马虎虎、敷衍了事，担心汽车销售公司没有把好车辆检查关，担心自己不懂汽车知识而被骗，担心所提走的车辆存在质量问题，担心销售人员没有履行销售前的承诺，担心车辆提走以后就再也没有人来关心等。要提高客户满意度，就要理解客户的心理状态和期望，消除他们的后顾之忧。

（二）客户忠诚度

交车是打造客户忠诚度的开始。汽车销售人员要谨记“没有一次交易的客户，只有终生的客户”。在交车过程中，要让客户感到惊喜，以专业知识赢得客户的信任，再加以持续的售后跟踪维持感情，这样客户忠诚度就建起来了。

（三）双因子理论

心理学家赫芝伯格（Frederick Herzberg）在双因子理论中提出内在因素（满意因子）与客户满足相关，外在因素（保健因子）与客户不满足相关。满意因子涉及人对工作的积极感情，是内在的；保健因子涉及人对工作的消极感受，是外在的。这两类因子不是对立的，而是互补的。也就是说，激励因子的对立面不是保健因子。同样，在汽车销售行业，保健因子与客户不满足相关，满意因子与客户满足相关。汽车销售人员在做好保健因子的同时还要做好满意因子。

1. 保健因子

保健因子是外在因素，是物质层面的因素。汽车产品及服务所包含的明示的或预期提供给客户的用途或服务，是客户认为不言而喻的特性。其满足客户需求的程度，是影响客户满意度的因素，一旦有不到位的方面，就会造成客户不满。但是当具备保健因子的时候，譬如汽车使用简单方便、质量较好、售后有保障，客户不满意的感觉就消失了，但也不会因此而自动产生满意的感觉。客户不会抱怨，但也不会因此而自动自发地形成较高的满意度。

2. 满意因子

满意因子就是内在因素，是精神层面的因素。在服务过程中，使客户得到意外收获，如受到重视、得到赞美，往往会使客户非常满意，然而，不提供这些特性也不会引起客户不满。改善保健因子，只会消除客户不满意的感受，必须同时改善满意因子，才能真正让客户感到满意。了解满意因子，就可以很好地把握激发客户满意的方法，只有规避形成客户不满意的因素，尽力策划和实施让客户满意的因素，才能不断地满足客户的要求，提高客户的满意度，从而实现客户满意的质量目标，促进企业的发展。

（四）客户满意的因素

1. 增加客户好感的因素

客户的想法："我想和那些诚实可信并理解我的时间是宝贵的汽车销售人员打交道。我只会把时间给那些关心我的需求的专业人员或汽车销售人员。"了解客户的想法才能知道增加客户好感的做法，从而赢得客户的信任。能够赢得客户信任的汽车销售人员最有可能影响客户的购买决定。

（1）具有健康、漂亮的外表；可以加强个人的修养、素质、专业知识、诚信、口碑以及良好的服务技能。

（2）具有良好的个人修养与专业知识，可以赢得客户的尊重与信赖。

（3）真正把客户的利益放在首位，以客户为导向。

（4）创造一个安心、舒适、愉悦的销售环境，与客户保持适当的距离。

（5）尊重和重视同来的每一位客户（包括老人和小孩），认真对待和处理客户的每一个问题、意见和建议。

（6）适时正确地运用销售技巧。

（7）适时地赞美和感谢客户。

2. 做好准备

（1）汽车销售人员使用"意向客户级别状况表""销售活动日报表""意向客户管理卡"等对自己的意向客户进行定期的跟踪服务，同时填写登记表并归档。

（2）汽车销售人员与潜在的客户联系，并确定销售对象，向潜在客户介绍个人和公司的详细情况。

（3）汽车销售人员要向客户说明来电理由，并确认客户有足够的交谈时间。注意在约定的时间内完成交谈，不要随意占用客户的时间。

3. 为客户解决问题

（1）与客户讨论对车的需求及用途，了解客户目前所使用车辆的情况。

（2）了解客户购买新车的实际使用人、主要用途及其家庭成员等信息，从而知悉客户需要一部什么样的汽车，为客户选车当好参谋。

（3）给予客户切合实际的建议，以便获得邀约的机会，例如，提出可以将车开到客户家或办公地点让客户进行试乘试驾。

（4）通过与客户的交流和对专业知识的了解，从客户的角度出发，帮助客户解决实际问题，最终成为客户的朋友。

4. 建立相关的销售业务表单

汽车销售人员要将客户的重要信息及主要的洽谈经过及时记入“销售活动日报表”中。将访问后的客户级别和客户的相关资料结果分别记入“意向客户级别状况表”和“意向客户管理卡”中。

（五）客户不满意的因素

客户的不满很多时候起因于心理层面，比如：

（1）不被尊重：客户感觉不受尊重。

（2）不平等待遇：客户以前购车时在价格、配置、服务态度等方面受到不平等的待遇。

（3）受骗：经销店的有意欺瞒而导致客户的不满。

（4）历史经验的累积：从新车购入到售后服务的阶段中累积多次不满而产生抱怨。

二、销售回访流程

（一）回访流程

回访流程如图 9－2 所示。

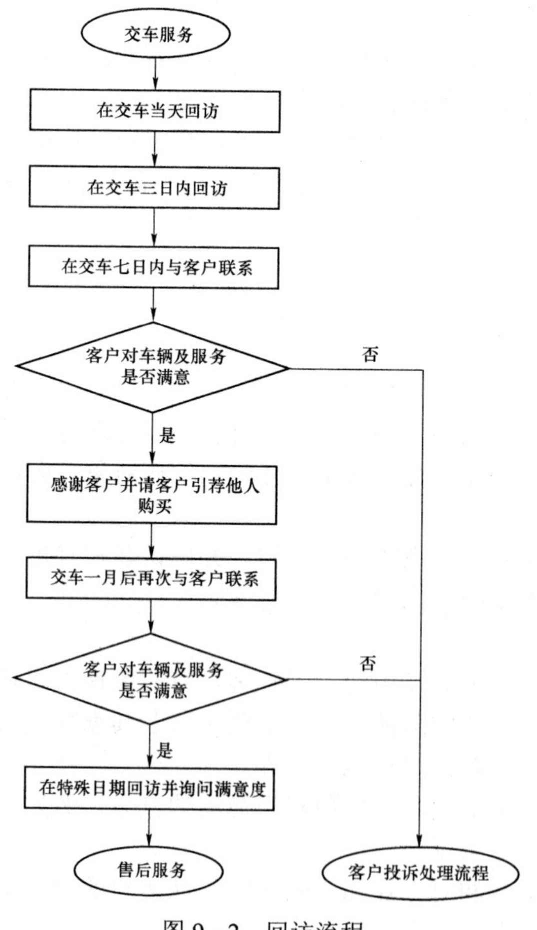

图 9－2　回访流程

（二）回访方法

回访的核心是满足客户期望。客户提车后，其希望在提车之后仍能感受到汽车营销企业的关心。

新车交车后的回访步骤如下：

（1）第一步：汽车销售人员在交车半小时后打电话确认客户是否已经安全到达目的地。

（2）第二步：交车 1 天内，汽车销售人员向客户发出感谢信，表示感谢。通过这封感谢信，汽车销售人员不仅知道了客户购车的消息，更重要的是使客户了解到汽车销售人员所代表的企业做事规范、令人满意、值得信赖，进而影响客户身边的人当中的某一个成为潜在购车客户，即时扩大了企业的知名度。

（3）第三步：交车后 3 天内再次电话致谢，询问客户对新车的感受，提醒新车首次保养，询问新车上牌情况，并问客户是否需要帮助；如实记录客户的投诉并给予及时解决，如解决不了，则及时上报，并给客户反馈。

（4）第四步：在交车后 7 天内汽车销售人员与客户电话联系，询问车辆情况，介绍维护业务等。

（5）第五步：交车 1 个月后再次与客户进行联系，询问车辆情况。

汽车销售人员在电话联系中直接告知客户自己的姓名、职位和经销商的名称，明确告知打电话的原因，确认客户是否有时间交谈。如果客户没有时间，则询问客户什么时候方便可再安排一次电话回访，最后将回访结果记录到调查表里（如果客户表示不愿意联系，不要继续纠缠）。

（三）重视日常联系

1. 特殊日子面访

可以找一个合适的时机，如客户的生日、购车周年等去看望客户，了解车辆的使用情况，介绍公司的最新活动以及其他相关信息，最后将面访结果记录到调查表里。

2. 定期回访

每两个月与客户联络一次，提醒客户作保养，了解客户的车辆使用情况。汽车销售人员要投客户所好，选择适当的时机与客户互动，如一起打球、钓鱼等。通过这些活动，增进友谊，变商业客户为真诚的朋友，协助解决客户的疑难问题。

3. 不定期关怀

（1）节日关爱：在节假日向客户转达汽车营销企业对其的问候，让客户时刻感受到汽车营销企业的关爱。节日包含但不限于春节、“五一”、父亲节、母亲节、端午节、中秋节、国庆节等，另针对客户的职业，可在教师节、护士节、医师节等节日进行问候。

（2）生日关爱提醒：遇到客户的生日或客户家人的生日时要及时发出祝贺，在客户的爱车周年也不要忘记有创意地给予祝贺。提前记下客户的农历和阳历生日日期，在两个日期都进行提醒。

（3）天气突变关怀：在天气发生突变时以短信方式进行提醒，并提醒如有任何问题可拨打服务站的电话。

另外，汽车销售人员应及时通知客户汽车营销企业所举办的免费保养活动、汽车文化讲座和相关的活动以及有新车上市活动；邀请客户一起参与年终客户联谊会等。

在回访时为了显示专业化及方便事后整理资料信息，通常要使用一些函件，如“购车致谢函”“免费保养函”“定期保养通知单”“车况问询函”“业务代表接替服务函”“回厂维修致谢函”等。

与客户保持长期的、融洽的关系，在客户对其所使用车辆有好感时，请其推荐有购车意愿的潜在客户，并在客户有换车意愿时促成客户购买新车。

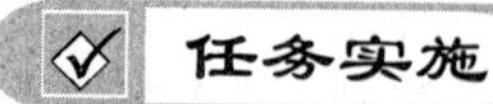

一、任务描述

你作为某汽车营销企业的汽车销售人员，刚才已向一位客户交付了一辆新车，请策划回访计划，进行客户关系管理。根据回访计划实施情景教学。

二、任务目的

（1）培养学生销售回访的组织能力。

（2）培养学生回访话术的组织能力。

三、任务实施步骤

第一步：准备。

（1）教师编写情景模拟脚本，设定客户信息。

（2）分配角色，确定扮演任务。

（3）分组。

（4）向观摩的学生分配观察任务。

第二步：编写计划。

（1）学生拟写交车回访过程计划。

（2）学生拟写客户关怀实施计划。

第三步：实施。

（1）教师组织学生进行交车回访及客户关怀的情景模拟教学。

（2）学生根据交车回访过程计划进行客户回访。

（3）学生实施客户关怀实施计划。

第四步：描述与点评。

（1）观察的学生点评。

（2）教师点评。

四、成果与检测

（1）以小组为单位写出回访过程计划。

（2）在全班组织一次回访过程的实施模拟。

（3）进行任务模拟的学生和进行观摩的学生进行点评。

（4）根据学生在模拟或交流中的表现进行评估。

五、评估标准

评估标准见表 9－1。

表 9－1 任务实施评估标准

评估指标 \ 评估等级	评估标准	分值/分	得分/分
售后回访过程计划	资料准备充分，回访步骤完整，问题解决合理	好（16～20）	
		中（12～－15）	
		差（0～11）	
规范联系过程计划	资料准备充分，联系过程的步骤有条理，有针对性，问题解决合理	好（16～20）	
		中（12～15）	
		差（0～11）	
在任务模拟中的表现（在观摩点评中的表现）	表现自然大方，能够完成计划中的任务（表述完整，语言流畅）	好（24～30）	
		中（18～23）	
		差（0～17）	
运用知识的能力	能够熟练地运用知识解决问题	好（16～20）	
		中（12～15）	
		差（0～11）	
学习态度	态度认真，积极努力，能够完成任务	好（8～10）	
		中（6～7）	
		差（0～5）	

任务二 管理客户关系

任务分析

中国汽车消费已经由高速发展进入稳定发展时期，在市场总体需求增速放缓的情况下，汽车生产、销售、服务企业间的竞争也变得更为激烈。在此情形下，谁能赢得更多的客户资源，谁就能赢得竞争。而要赢得客户，企业必须建立一套科学系统的客户关系管理方法，以有效开发新客户，保留老客户。

相关知识

一、客户关系管理概述

（一）客户关系管理的含义

客户关系管理（Customer Relationship Management，CRM）是一个不断加强与客户交流，不断了解客户需求，并不断对产品及服务进行改进和提高以满足客户需求的连续的过程。CRM 的内涵是企业利用 IT 技术和互联网技术实现对客户的整合营销，是以客户为核心的企业营销的技术实现和管理实现。CRM 的本质是营销管理，是一种以客户为导向的企业营销管理的系统工程，其能够提高客户的满意度，改善客户关系，提高企业的竞争力。客户关系管理注重的是与客户的交流，为方便与客户沟通，客户关系管理可以为客户提供多种交流的渠道。

CRM 是一个获取、保持和增加可获利客户的方法和过程。CRM 既是一种崭新的、国际领先的、以客户为中心的企业管理理论、商业理念和商业运作模式，也是一种以信息技术为手段，可有效提高企业收益、客户的满意度、雇员生产力的具体软件和实现方法。

CRM 最初是由 Gartner Group 提出的，其作为全球较权威的组织，给出如下两种定义：

定义 1：“客户关系管理（CRM）是为增进盈利、收入和客户的满意度而设计的，企业范围的商业战略”。由此可以看出，Gartner Group 强调 CRM 是一种商业战略（而非一套系统），它涉及的范围是整个企业（而非某个部门），它的战略目标是增进盈利，提高销售收入，提升客户的满意度。

定义 2：“CRM 是一种以客户为中心的经营策略，其以信息技术为手段，对业务功能进行重新设计，并对工作流程进行重组”。这个定义从战术角度阐述了 CRM。

Gallup 定义 CRM 为“策略+管理+IT”。这个公式的策略是指战略，管理是指战术，IT 是指工具，三个方面各不相同，却又缺一不可。这个定义与 Gartner Group 的定义是相通的，只不过更简洁。Gallup 认为新型的企业与客户的关系是以客户为中心的互动关系，通过满足客户的需求、提高客户的满意度来吸引和留住客户，从而建立和保持企业的竞争优势。这其实就是从以产品为中心到以客户为中心演变的体现。

综上，可以将 CRM 理解为理念、技术、实施三个层面。其中，理念是 CRM 成功的关键，它是 CRM 实施应用的基础和土壤；信息系统、IT 技术是 CRM 成功实施的手段和方法；实施是决定 CRM 效果的直接因素。三者构成 CRM“铁三角”，如图 9－3 所示。CRM 是一种基于企业发展战略的经营策略，这种经营策略是以客户为中心的，不再是产品导向，而是客户需求导向；信息技术是 CRM 所凭借的一种手段，这也说明了信息技术对于 CRM 不是全部条件，也不是必要条件；CRM 通过以客户为中心的业务流程重组，实现增进盈利、提高销售收入、提升客户的满意度的目的。

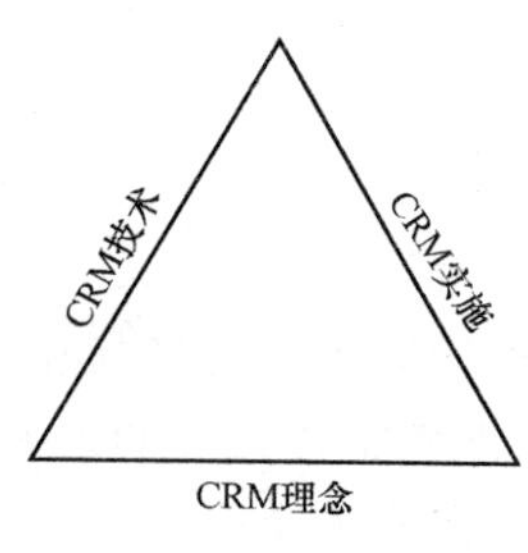

图 9－3　CRM“铁三角”

（二）汽车企业实施客户关系管理的必要性和重要性

（1）汽车客户差异化需求的拉动。随着我国经济的发展和汽车技术的变迁，消费者面临着越来越多的选择。在这种买方市场的环境中，产品同质化的程度越来越高，很多企业推出的营销策略和手段也大同小异，客户变得越来越理智，对企业的要求也日益提高，不再满足于产品本身，这些都使企业面临着越来越大的竞争压力，如何提高客户的满意度与忠诚度，并最终增强企业的竞争力，已经成为摆在企业管理者面前的一个重要问题。客户关系管理正是基于这种需求而产生的。

（2）汽车市场竞争的加剧。产品的生命周期越来越短，产品的质量差距不断缩小，企业竞争力从产品转向服务。企业之间为留住客户而展开竞争，如果不能有效实施客户关系管理就将面对客户资源的丧失、盈利能力的萎缩等难题。

实施客户关系管理可以为汽车企业带来很多优势：

（1）可以提高销售额。汽车企业可获得多渠道的客户信息，确切了解客户的需求，提高销售成功的概率，进而提高销售收入。

（2）可以增加利润率。由于对客户有更多了解，汽车销售人员能够有效地抓住客户的兴趣点，进行有效销售，避免盲目地以价格让利取得交易成功，从而提高销售利润。

（3）可以提高客户的满意度。CRM 系统提供给客户多种形式的沟通渠道，同时又确保各类沟通方式中数据的一致性与连贯性，利用这些数据，销售部门可以对客户要求作出迅速而正确的反应，让客户在对购买产品满意的同时也认可并愿意保持与企业的有效沟通关系。

（4）可以降低市场销售成本。由于对客户进行了具体甄别和群组分类，并对其特性进行分析，市场推广和销售策略的制定与执行避免了盲目性，节省了时间和资金。

（5）实施客户关系管理可以与客户建立和保持一种长期良好的合作关系，掌握客户资源，赢得客户的信任，正确分析客户的需求，制定出科学的企业经营战略和市场营销策略，生产出适销对路的产品，提供令人满意的客户服务，从而迅速提高市场占有率，获取最大利润，增强企业核心竞争力。

二、客户关系管理的方法

（一）客户管理指标设置

客户关爱部通过数据测算和市场趋势分析，协同服务部设置客户管理指标，利用指标进行客户关系管理。

客户关爱部利用 ICRM 系统进行客户细分，并且进行前期客户调研，收集客户有效数据。

服务顾问通过黄卡的建立和客户关系的维系、开拓，掌握客户的第一手资料。客服部收集客户信息，进行数据分类汇总分析，以达成有针对性的客户关爱和管理，设置管理指标，如客户保养到期提醒率，提醒进站率，客户流失率，客户增购、换购率，定保回站率，首保回站率，基盘客户回站率。通过分析管理来控制各项指标数据以达成保有客户管理和客户生命周期利润最大化。

（二）精准保养提醒及预约管理

汽车行业的根本就是客户，客户是企业的根本资源，也是企业最大的“无形资产”。客户流失也就意味着企业资产流失，因此流失客户管理分析十分重要。进行流失客户管理的目的就是避免客户流失，提高企业的盈利水平和竞争力。研究表明，75%的客户会把导致流失的不愉快事件向其他人（家人、朋友、邻居、同事、其他客户）述说，而在潜在客户购车以及后续利益交涉中，家人、朋友等的建议又是影响潜在客户判定的主要因素，所以流失客户管理不但重要，且必须及时，以降低影响。有些客户还会把不愉快的事件向自己找到的新的商家述说，以使这种事件不要在新的商家身上发生。只有 7%的客户会把导致流失的不愉快事件向原来的商家述说。因此建立精准保养提醒制度非常有必要。

如何界定流失客户？对一家投资几百万元，甚至过千万元的汽车营销企业而言，比拼车价的时代早已过去，取而代之的是售后服务的隐性争夺。出于维修成本的考虑，随着车龄的增加，更多车主在保养维修时不再选择汽车营销企业。通常每位客户每年回厂 4 次及以上，也就是说客户每季度回厂一次，对于三级市场的特殊性，可以将 6～12 个月未回厂的客户定为存在流失风险客户，将 12 月以上未回厂的客户定义为流失客户。

1. 假性流失提醒（6 个月未到店）

客户关爱专员提前一天导出 6 个月未进站客户，分配至服务顾问跟进流程及保养提醒流程。

2. 流失预警提醒（8 个月未到店）

客户关爱专员提前一天导出 8 个月未进站客户，分配至服务顾问跟进流程及保养提醒流程并进行流失预警提醒。

3. 流失回访

客户关爱专员每日根据系统提示，导出流失客户，进行回访调研，分析汇总流失原因，并根据流失原因制定招揽方案。

在保养提醒以及假性流失电话的基础上，增加流失预警以及真性流失调研电话，利用 ICRAM 系统设定问卷，每日通过系统监督回访员的回访情况。

客户关爱专员保持有效的数据以把握客户精确信息，提升精准客户管理和邀约进站率。具体步骤如下：

（1）客户关爱专员提前一天从系统中导出保养客户提醒名单，分配至相应服务顾问。

（2）服务顾问建卡/找出已有黄卡，提醒客户保养并主动预约，并进行电话录音。

（3）服务顾问针对尚未到保养里程的客户，根据客户的行驶习惯预算客户保养时间或询问客户大约保养时间并记录在黄卡上以便下次跟进。

（4）服务顾问于每日下午 14:00 前将黄卡及电话录音交给客户关爱专员录入系统。

（5）客户关爱专员录卡并抽检回访录音的真实性。核对黄卡与系统，客户已到店免抽检，未到店的跟进黄卡内容，检查真实性。

（6）进行绩效考核。售后回访专员作满意度回访时询问客户是否收到保养提醒/是否预约进店，然后通过客户关爱专员每月测算的保养提醒率、提醒到店率、主动预约率、预约到店率指标控制来达成基盘客户的稳定及增长。

（三）预约战败及流失客户管理

服务顾问找出预约未进站客户，打电话跟进原因，因为时间问题或突发事件未进站的，另行预约其他时间。对于因为其他原因未进站的客户，服务顾问作战败处理，战败卡交由客户关爱专员。接着客户关爱专员做作败客户回访，并统计战败原因，汇总分析。根据不同原因，客户关爱部有的放矢地通过不同措施进行招揽，就此形成闭环。

将客户管理维系做成一个循环（图 9-4），通过循环管理来培养忠诚客户和稳定基盘客户。

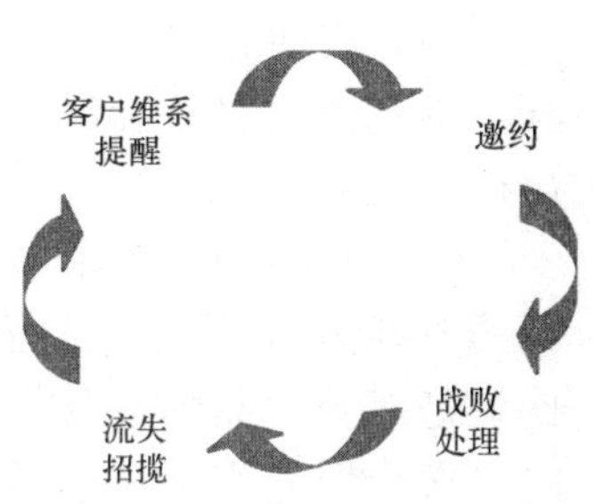

图 9-4 客户管理维系循环

1. 流失客户分析

（1）保修期内客户流失。对于多数新车主来说，选择汽车营销企业的主要原因是《车辆客户手册》中规定，“如果车主在保修期内不在厂家指定的维修站进行养护，视为自动放弃保修索赔权利”。由此，新车主在保修期内大多会在汽车营销企业进行维修保养，汽车营销企业的客户流失率自然相对较小。

在此期间的流失，原因一是销售渠道问题。一家汽车营销企业所销售的车辆中，大概有 30%是通过二级市场销售出去的，汽车营销企业无法掌握相关客户资料，这部分车主也很少会回到供货的汽车营销企业维修保养。原因二是“地域局限”。比如某家汽车营销企业当月的销量中，销售的 40%～50%的客户是“当地人”，也就是居住在汽车营销企业所在区域的车主，其余客户则可能是通过朋友介绍等其他渠道来店购买车辆，这近半数的客户可能不会在该店进行维修保养。原因三是客户因对汽车营销企业软/硬件设施或服务产生不满而更换汽车营销企业，这属于非正常的客户流失。因为对于汽车营销企业来说，其售后客户往往都是店面所在地周围几千米半径内的住户，考虑到维修保养的便利性，这部分客户大多不会轻易更换汽车营销企业进行保养。

（2）过保客户流失。

① 维修费用过高。汽车营销企业及特约维修站硬件设施好，配件来自原厂，有汽车厂家的支持和监督，其最大优势是维修、配件质量有保证。但是汽车营销企业的价格相对比较高，这往往是车主在保修期后不愿去汽车营销企业维修保养的最主要的原因。仅以后保险杠喷漆这项业务来说，普通 20 万元价位以下的车型，在汽车营销企业需要 450～1 000 元不等，而在一些快修店做此业务，收费仅为 200～300 元。尤其是在工时费方面，汽车营销企业与快修店相比没有太大的优势。即使经销商为了维系客户，通过打折方式进行让步，但总体费用依旧过高，仍然让一些客户望而却步。所以在保修期外，除非大修，汽车营销企业想要留住日常保养客户有一定的难度。但在一辆车的正常使用中，需要大修的机会毕竟不多，一般情况下都是一些例行的保养和小修，车主不愿花费时间和精力去汽车营销企业维修，因此可能造成客户流失。

② 等待时间过长。由于厂家指定新车的各种维修保养必须在特约维修站进行，一旦该品牌汽车在市场上的保有量达到一定程度时，车主进行维修保养就需要长时间等待，从而造成保外流失客户。

③ 无高端车可选。在品牌影响力方面，越是低端汽车品牌的客户，流失率越大。同时，汽车品牌能否在产品选择上提供更多更高端车型，也会在车主换车时间接造成汽车营销企

业客户流失。对于一些汽车品牌来说，其销售的车型只限于几款同级别车型，而无更高级别的车型供消费者选择时，消费者必然会去购买其他品牌车辆，由此汽车营销企业也会流失一部分客户。

④ 店面搬迁。更换店址不仅影响汽车销售，更对售后客户保有量产生重大打击。想要从搬迁的影响中恢复过来，恢复搬迁前的客户保有量，需通过短信、电话、活动等多种手段挽回客户，这样的过程至少需要花费半年左右的时间。

（3）言而无信让客户丧失信心。客户最担心的是和没有诚信的企业合作，而恰恰有些汽车推销人员喜欢向客户随意承诺，结果又不能及时兑现，一旦企业有诚信问题发生，客户往往立即选择离开。

（4）对客户的需求缺乏深入了解。不了解客户的真正需求，这是很多企业失去客户信赖的重要因素之一。虽然一些企业标榜自己始终从客户的实际需求出发，实际上，这种标榜只是对企业品牌及其产品或服务的一种宣传，当市场宣传手段与客户的真正需求脱离之时，客户便会产生被愚弄的感觉。因为，很少有客户会认为一家无法满足其实际需求的企业是值得他们信赖的企业，这些企业的产品和服务自然也不会得到客户的认可。

当企业对客户的需求缺乏足够的了解时，如果企业还不能及时而清醒地意识到这一点，而只是自顾自地继续以市场宣传手段来迷惑客户，那么客户就会自然而然地走到竞争对手那里。

（5）企业文化中缺少务实精神。缺少务实精神的企业文化是导致一些企业失去客户信赖的又一重要因素。在这类企业中，由于始终没能形成务实的企业文化，企业内部各个工作岗位的员工很难在眼前的工作岗位上踏踏实实地付出努力，他们更多的是带着较强的个人功利主义从事各项活动。

当企业内部无法积淀积极务实的企业文化，企业内部员工缺少应有的、务实的职业精神时，企业的各项生产和经营活动就变得相当短视。无论是企业整体，还是其各个部门，以及大多数员工，都会以一种十分短浅的眼光只关注眼前利益的实现，而不会考虑到企业长期的持续性发展。在这种浮躁的企业文化下，企业为了短期利益的实现往往会不惜损害客户的利益，这样的企业自然不会得到客户的信赖。

（6）忽视客户的意见和不满。对客户提出的意见及表达的不满敷衍了事，这也是企业失去客户信赖的一个原因。客户如果愿意花费时间和精力表达他们对企业的不满和抱怨，这对于企业来说其实并非一件坏事。至少，这证明客户仍在关注企业，以及企业的产品和服务。如果企业愿意针对客户的意见和要求进行改进，客户对企业的信任程度往往会大幅提升。然而大多数企业不是对客户提出的意见和不满置之不理，就是以十分消极的态度对待，甚至一些企业认为，这是客户在存心找麻烦。事实上，当客户连这样的“麻烦”都不愿意找时，企业也就彻底失去了客户的信赖。

有些企业似乎已经认识到了这一问题的严重性，所以其采取了一些办法去对客户的需求进行调查，结果，这类调查往往成为流于形式的摆设。这是因为，在调查过程中，企业更多地考虑对企业产品或服务的宣传，而不是真正了解客户的真实意见。虽然在调查的过程中，调查员们总是表现得相当郑重其事，可是当接受调查的客户认真填写完这些表格之后，这些表格往往被企业的档案整理人员束之高阁，甚至被当作废纸处理，客户的真实意见根本没有得到企业的重视。久而久之，客户也认清了企业的这种做法，他们不会再相信企业会真正考虑他们的意见，因此，当企业企图以这类形式了解客户的真实想法之时，客户往往会拒绝合作。

3. 流失客户招揽

（1）价格因素。对于因价格因素流失的客户，根据不同车型，利用不同额度的优惠券吸引客户到店。招揽客户时要突出客户的幸运，招揽话术："很幸运，公司总部抽到您，您可享受进店保养赠送 100 元代金券补助的优惠。本通话带有录音，如果您自愿放弃本次活动，为了证明这部分补助不被我们克扣，录音需反馈总部。"

（2）距离远因素。对于因距离因素流失的客户，招揽话术："很幸运，公司总部抽到您，您可享受进店保养赠送 100 元代金券以作路途补助的优惠。本通话带有录音，如果您自愿放弃本次活动，那么为了证明这部分补助不被我们克扣，录音需反馈总部。"

（3）服务因素。如果服务质量问题导致客户流失，通过客户反馈的问题，分析原因，找出根源，落实责任人改进短板，并感谢客户提出宝贵的建议和意见，诚恳地邀请客户给予提升机会。日常要做好绩效考核工作，做到赏罚分明，提高各责任人的工作质量。

（四）12 个月定保回升率提升管理

1. 12 个月定保回升率的定义

12 个月定保回升率=在评测期（表 9－2）内进站进行常规保养的基盘客户数量/基盘客户数量×100%

备注：基盘客户是指考核期前第 12 个月进站进行质量担保保养或常规保养的客户。

表 9－2 评测期

考核期	2017.1	2017.2	2017.3	2017.4	2017.5	2017.6	2017.7	2017.8	2017.9	2017.10	2017.11	2017.12
评测期	2016.2—2017.1	2016.3—2017.2	2016.4—2017.3	2016.5—2017.4	2016.6—2017.5	2016.7—2017.6	2016.8—2017.7	2016.9—2017.8	2016.10—2017.9	2016.11—2017.10	2016.12—2017.11	2017.1—2017.12
基盘客户	2016.1	2016.2	2016.3	2016.4	2016.5	2016.6	2016.7	2016.8	2016.9	2016.10	2016.11	2016.12

2. 12 个月定保回升率提升管理方案

提前一个月导出定保回站基盘客户（删除重复项），查询是否已到站保养及前期回访分配情况。如已到站，服务顾问继续按正常进度跟进。如未到站，询问流失原因，进入流失客户管理模块，按流失客户流程跟进。

（五）基盘客户数据库的建立与数据调研

建立数据库所需信息获得途径：客户购车时的销售档案、客户首次来站服务登记信息、定期及不定期维护信息、每次接触特质事件等，可采用直接观察、行为记录、面谈、电话调查、邮寄调查、问卷调查等方法获得。

（1）新车成交入会，俱乐部专员采集客户信息。要不定期更新，不让客户资料"沉睡"，信息越全面越好。

① 客户信息：如姓名地址、邮编、电话、购车日期、身份证号、出生日期等。

② 车辆信息：如车型、底盘号、发动机号、变速箱类型、车身颜色、牌照号、拍照取得日期、首保日期及里程等。

③ 额外信息：如兴趣爱好、受教育情况、家庭成员、主要纪念日、忌讳等。

（2）服务顾问对于进店的客户进行信息采集，主要是维修信息，如购车日期、故障日期及里程、派工单编号、维修项目、费用等。

（3）客户关爱部回访进行信息采集。客户关爱部进行信息采集并汇总数据，信息类别及内容如下：

① 车辆信息：车型、年限、里程数、常用环境。

② 客户信息：性别、年龄、职业、体育爱好、其他爱好、现住址、喜欢的通信工具、消费习惯、驾龄、家庭成员、孩子的特长和兴趣爱好。

在过程中要对客户进行分类，了解客户的性格和行为习惯，以便与客户建立朋友式的关系。了解客户的喜好，如喜好的来店时间、服务方式、维修接待方式、结账方式，驾驶习惯，爱喝的饮料，爱看的杂志、电视节目，喜爱的休息方式等。

客户分类原则：将行为类似的客户分成一个组；将给企业带来的价值相同的客户分成一个组。

常用的客户分类方法主要是按消费金额分，其他还有按行为习惯分、按兴趣爱好分、按消费频率分、按风险程度分等。在分类时以时间、服务距离、车型、车辆档次、维修类别、信用度、维修价格等作为划分的标准。根据客户的类别有针对性地对其提供服务。

（六）客户关爱活动与微信平台

1. 客户关爱活动

客户关爱部要主动对客户进行关怀，拿出诚意，相关负责人在一定的时间内和客户进行电话、信函联系，开展跟踪服务。相关人员定期与客户进行面对面沟通，这样效果最佳。提醒并咨询客户需要注意的事项，定期给其分享有价值的信息。具体可以根据客户不同的兴趣爱好，组织不同的客户关爱活动，将客户群体集中管理，建立车主俱乐部，增加客户的信赖。客户关爱活动分为讲座类、球赛健身类、公益类、采摘类、自驾游类、美容类、儿童类等。通过对客户及其家人的关爱，不断提升与客户的友好亲密关系，达到培养忠诚客户的目的。

还可以给客户提供以下咨询服务：

（1）询问客户用车情况和对服务的意见；

（2）询问客户近期有无新的服务需求需效劳；

（3）告之相关的汽车使用知识和注意事项；

（4）介绍近期为客户提供的各种服务，特别是新的服务；

（5）介绍近期为客户安排的各类优惠联谊活动，如免费检测周、优惠服务月、汽车运用新知识晚会等，内容、日期、地址要陈述清楚；

（6）咨询服务；

（7）走访服务。

2. 微信平台

在信息社会，微信的重要性不言而喻，网络专员可加速微信服务号内容充实的速度，推进“加粉”工作，利用平台进行服务预约、爱车课堂宣传、活动邀约，以及其他信息的发布。

（七）老客户转介绍管理

应充分利用老客户的口碑宣传，利用政策吸引老客户转介绍，降低新客户的开发成本，提升成交率。将老客户转介绍开口率考核纳入电话回访内容当中，包括新车转介绍、保养维修转介绍、续保转介绍等，都有相应的奖励机制。

参考阅读 9－1

情境一　客户抱怨汽车油耗高

客户：实际油耗为什么这么高？

维修接待人员：经济油耗是指在特定的测试条件下（无风、路面平直等），车辆以经济速度匀速行驶一段路程所计算出的平均油耗。检验油耗不能以市内路况为准，因为等待红绿灯、开空调等都会影响油耗。关于油耗的计算方法，建议将油箱加满油，在路况较好的路段（高速等）行驶 100 kg 左右，再将油箱加满（和上次加到同样的位置），用第二次加的油量除以跑的里程，即得出百千米油耗的大致数值。影响油耗的因素有很多，如是否在磨合期，车辆路试的车速、路况、风速、载重等，驾驶习惯、驾龄，使用大功率电器的频率（如空调、音响等），油品等提高车辆燃油经济性的要领：合理控制跟车距离，尽量避免紧急制动；不要对车辆外观进行任意改装；高速行驶时不要采用关闭空调打开窗户的方式；避免急加速，猛踩油门；定期对空调散热器、发动机水箱表面进行清洁；定期对轮胎气压进行检查，气压低会增加车辆行驶的阻力。您的爱车仍在磨合期内，车上各部件都需要磨合，油耗相对而言会稍高一些，建议您使用一段时间后再观察，谢谢！

参考阅读 9－2

情境二　实际油耗比使用手册上的油耗高

客户：为什么实际油耗比使用手册上的油耗高？

维修接待人员：使用手册上的百千米油耗是一个理论油耗值，它是指在合理的时速（90 km/h 等速行驶）、良好的路况下驾驶时所得到的值。在您的实际驾驶过程中，由于实际的驾驶条件与理想条件有很大的差异，例如：空转 1 分钟需 10～30 ℃的燃烧，负载 100 kg（城市），耗油增加 0.5 L/100 km，5 分钟怠速可以行驶 1 km 路程；汽车过冷会浪费汽油，温度应控制在 28 ℃左右；空气滤清器严重阻塞，会导致汽油的混合比不良；注意时速的控制，一般为 90～100 km/h，频繁刹车会增加耗油。因此，我们建议您除了注意以上问题外，还可以适当作记录，如一次加油 50 L 后，实际驾驶了多少千米，路况、时速和其他行驶状况如何等。这样反复记录几次，您会得到比较明确的数据。

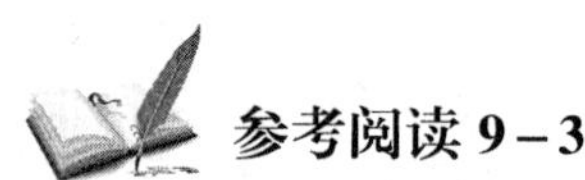

参考阅读 9－3

情境三　配件价格高

客户：你们的配件价格太高了！

维修接待人员：本企业使用的都是正厂配件，所有配件均通过严格的质量检查，可以使整车在运行中保持最佳状态，同时也可以延长车辆寿命。相对副厂件而言，由于受供货渠道、运营成本的影响，汽车营销企业的备件价格相对会高一些，但在我店更换的备件均享受一年的质量保证，副厂件价格是低，但是现在汽车配件市场鱼龙混杂，假货较多，一般人很难辨别，因此很容易买到伪劣产品，再者汽车维修是一项技术性很强的服务，如果您使用了伪劣配件或维修不当，很容易导致汽车故障。因此建议您还是购买正厂配件。

参考阅读 9－4

情境四　抱怨维修工时费高

客户：维修工时费太高了！

维修接待人员：所有维修项目均按厂保修标准工时制定，这个工时的制定标准，不只是考虑维修的实际施工时间，还包括维修施工的技术难度、故障的检查等因素，而且在维修过程中，小到螺丝，大到车辆的每一个部位，均按整车生产厂的标准数据进行操作，可以保证您的车辆保持最佳的使用状态，进而延长车辆的使用寿命，因此还是建议您严格按照厂家的要求，定期到汽车营销企业或服务店进行维护与保养。

参考阅读 9－5

情境五　抱怨维修技术不好

客户：同一个问题修了多次，总是修不好！（属于间歇性故障）

维修接待人员：您好，因为有些问题属于间歇性故障，需要多次试车才能确认故障原因，因此您每次入厂之后，都会有专人对您进行回访，就是想追踪车辆检修的结果，如果仍有问题，我店一方面会将您的情况积极向厂家进行反馈，另一方面也会帮您考虑采取其他检修方法。

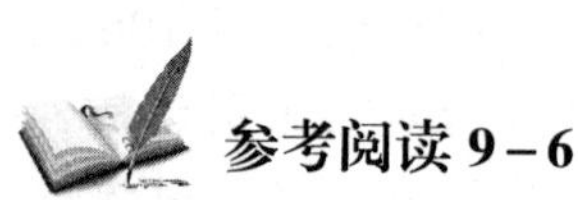

参考阅读 9－6

情境六　技术、配件及其他原因造成的抱怨

客户：我等了这么长时间，为什么还没修好？

维修接待人员：您好！您的心情我非常理解。对于您所遇到的问题我们感到非常抱歉。请容许我为您解释一下。在您等待的过程中，我们的维修技工为您的爱车作了全面检修，但是现在所遇到的问题是（对应解释延误提车的原因），还需要您等待×个小时，如果您有急事的话我们可以用公车把您送到目的地。

方案一：客户同意，要求在站点等待。

维修接待人员：请麻烦您再等一段时间，我们会随时告知您维修进程。您看这样行吗？

方案二：客户仍要投诉。

维修接待：×先生/小姐，您看这样行不行，我已经把这个情况告诉我们的领导了，他对此事也非常重视，如果您有其他要求，可以跟我们的领导进一步沟通，我相信我们一定会给您一个满意的答复。

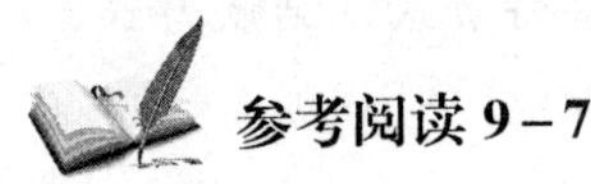

参考阅读 9－7

情境七　汽车不易启动

客户：为什么汽车不易启动？

维修接待人员：对不起，在夏季车辆不好启动的确是一件令人烦恼的事。这样的问题通常与燃油品质不佳，引起气门积碳有关，发动机难以建立正常的气缸压力，所以不易启动。严重时其甚至会造成气门摇臂断裂。从安全和经济的角度考虑，建议您使用高标号汽油，或使用厂家推荐的燃油添加剂，这样可以减少气门积碳现象。

参考阅读 9－8

情境八　磨合期要注意的问题

客户：新车的磨合期为多久？要注意些什么？新车的最高时速是多少？

维修接待人员：新车不强制要求有一定的磨合期，但正如人在婴幼儿期间最容易受到损伤，需要精心呵护一样，我们还是建议在 5 000 km 之内需注意以下事项：避免急加速或急刹车，也不要总是以一种速度（高或低）行驶，当然更不要牵引任何其他东西，以使新车各部件适应环境的能力得到调整提升。

任务实施

一、任务描述

某汽车营销企业为了更好地服务客户，寻找新客户，留住老客户，要建立客户档案，并根据客户档案的客户分类有区别地服务客户，以便让客户得到最贴心的服务。

二、任务目的

（1）培养学生建立客户档案的能力。

（2）培养学生对客户进行分类的能力。
（3）培养学生分析各类别客户需求的能力。

三、任务实施步骤

第一步：记录客户信息。

客户档案的建立和维护过程是客户购买新车时，接待人员负责登记资料、建立档案；维修人员在维修完成时记录并更新档案。客户档案可供查阅客户资料、进行跟踪提示。要不定期更新客户档案，信息越全面越好。

第二步：细分客户。

在此步骤中要对客户进行分类，了解客户的性格和行为习惯，才能与客户建立朋友式的关系。应了解客户的喜好，如喜好的来店时间、服务方式、维修接待方式、结账方式、驾驶习惯，爱喝的饮料，爱看的杂志、电视节目，喜爱的休息方式等。

第三步：客户关怀。

要主动对客户进行关怀，拿出的诚意和关爱，相关负责人在一定的时间内和客户进行电话、信函联系，开展跟踪服务。定期与客户面对面沟通，这样效果最佳。提醒并咨询客户需要注意的事项，定期给其分享有价值的信息。

四、成果与检测

（1）以小组为单位写出客户档案建立方案（包含制定客户分类的规则、各类客户服务要点）。
（2）教师编写脚本，在全班组织一次客户关怀的模拟。
（3）进行任务模拟的学生和进行观摩的学生进行点评。
（4）根据学生在模拟或交流中的表现进行评估。

五、评估标准

评估标准见表 9－3。

表 9－3　任务实施评估标准

评估等级 评估指标	评估标准	分值/分	得分/分
客户档案建立方案	内容完整、翔实，分类合理，应对有针对性	好（16～20）	
		中（12～15）	
		差（0～11）	
客户关怀计划	资料准备充分，联系过程的步骤有条理，有针对性，问题解决合理	好（16～20）	
		中（12～15）	
		差（0～11）	
在任务模拟中的表现（在观摩点评中的表现）	表现自然大方，能够完成计划中的任务	好（24～30）	
		中（18～23）	
		差（0～17）	

续表

评估等级 评估指标	评估标准	分值/分	得分/分
运用知识的能力	能够熟练地运用知识解决问题	好（16～20）	
		中（12～15）	
		差（0～11）	
学习态度	态度认真，积极努力，能够完成任务	好（8～10）	
		中（6～7）	
		差（0～5）	

思考题

张先生是一汽大众迈腾的车主，他最近一次来保养汽车是 8 个月以前（进行 30 000 km 保养），你作为特约维修服务站的服务顾问与张先生联系，了解他 8 个月未进站的原因，请预设客户可能提出的问题，并撰写相应的应对话术。

参 考 文 献

[1] 王红. 推销技巧 [M]. 武汉：武汉大学出版社，2004.
[2] 戚叔林. 汽车市场营销 [M]. 北京：机械工业出版社，2010.
[3] 李刚. 汽车及配件营销实训 [M]. 北京：化学工业出版社，2010.
[4] 陈永革. 汽车市场营销 [M]. 北京：高等教育出版社，2007.
[5] 韩宏伟. 汽车销售实务 [M]. 北京：北京大学出版社，2006.
[6] 陈淼. 汽车营销技巧一点通 [M]. 北京：国防工业出版社，2006.
[7] 郭奉元. 现代推销技术 [M]. 北京：高等教育出版社，2005.
[8] 徐克茹. 商务礼仪标准培训 [M]. 北京：中国纺织出版社，2010.